JN072946

クエンティン・タランティーノ
映画に魂を売った男

QUENTIN TARANTINO
THE ICONIC FILMMAKER AND HIS WORK
by Ian Nathan

イアン・ネイサン＝著
吉田俊太郎＝訳

FILM ART
フィルムアート社

Brimming with creative inspiration, how-to projects and useful information to enrich your everyday life, Quarto Knows is a favourite destination for those pursuing their interests and passions. Visit our site and dig deeper with our books into your area of interest: Quarto Creates, Quarto Cooks, Quarto Homes, Quarto Lives, Quarto Drives, Quarto Explores, Quarto Gifts, or Quarto Kids.

First published in 2019 by White Lion Publishing,
an imprint of The Quarto Group.
The Old Brewery, 6 Blundell Street
London, N7 9BH,
United Kingdom
T (0)20 7700 6700
www.QuartoKnows.com

Designed by Sue Pressley and Paul Turner, Stonecastle Graphics Ltd

写真クレジット

本書に使用されている写真はザ・コーバル・コレクション（The Kobal Collection）のアーカイブに所蔵されているものです。そのアーカイブは、映画産業を創り上げた人々のビジョンと才能とエネルギー、彼らが創作した映画という形のレガシー、彼らが創設した映画会社、彼らが撮った宣伝写真などの上に成り立っています。コーバルは、私たちが映画芸術をより良く理解するに必要とされる写真資料を収集、保管、整理しています。

本書に使用されている写真を撮影した（有名無名問わず）全ての写真家に、そして本書に使用されている宣伝写真を作成した映画製作会社・映画配給会社に感謝いたします。手抜かりや見過ごしなどが生じる場合もあることを、あらかじめお詫び申し上げますと共に、ご指摘いただいた際には後の版で訂正させていただきます。

CONTENTS

上：ロサンジェルス・ギャングと謎のブリーフケースが登場する
『パルプ・フィクション』のジョン・トラヴォルタとサミュエル・L・ジャクソン

まえがき
「映画の鼓動は人の鼓動と同じでなければだめ……」[1]
クエンティン・タランティーノ

クエンティン・タランティーノの2本目の映画をイギリスのマスコミがようやく観ることができたのは、
1995年の夏の終わりだった。私たちはそのときようやく、自分たちが相手にしている者のすごさを理解した。
もちろんさまざまな噂は誰もが耳にしてはいた。前年の春にカンヌで大勝利をおさめた
元レンタルビデオショップ店員にまつわるあの喧伝を聞き逃すことなど不可能だったのだから。

実際の話、この時アメリカとヨーロッパの両大陸で巻き起ころうとしていたタランティーノ現象は、私たちイギリスのマスコミにも周知の事実だった。私はその2年前にロンドン映画祭で『レザボア・ドッグス』の惨憺たる試写会に出席していたが、Mr.ブロンドがカミソリを振るったところで、嫌悪感に口を曲げながらかなりの人数の観客が立ち上がり劇場を後にしている。一方で、残った私たちの方は、ゾッとしながらも心を奪われ、座席で身動きひとつとろうとさえしなかった。『レザボア・ドッグス』は凄みのある作品である、という事実は誰もが認めるところだろう。しかしロンドンで『パルプ・フィクション』が上映されたあの夜の試写会は別格で、私にとっても、あんな体験をしたのはあの一度きりだ。それは礼儀正しい映画の上映会などではなく、アドレナリン沸き立つロックコンサートか、容赦なく急上昇しては急降下するジェットコースターか、または、ハードなドラッグを一発かましたようなものだった。それはアマンダ・プラマーが狂ったように拳銃を振り回し、ディック・デイル&デルトーンズが奏でる「ミザルー」（最後

上：『レザボア・ドッグス』の撮影時にハーヴェイ・カイテルと会話するクエンティン・タランティーノ。この映画はタランティーノの監督処女作だったが、これほどの蒼々たる顔ぶれを相手にしても平然と仕事をしていた。彼のDNAにはフィルムメイカーとしての自身の才能にたいする強い信念がしっかりと書き込まれているに違いない。

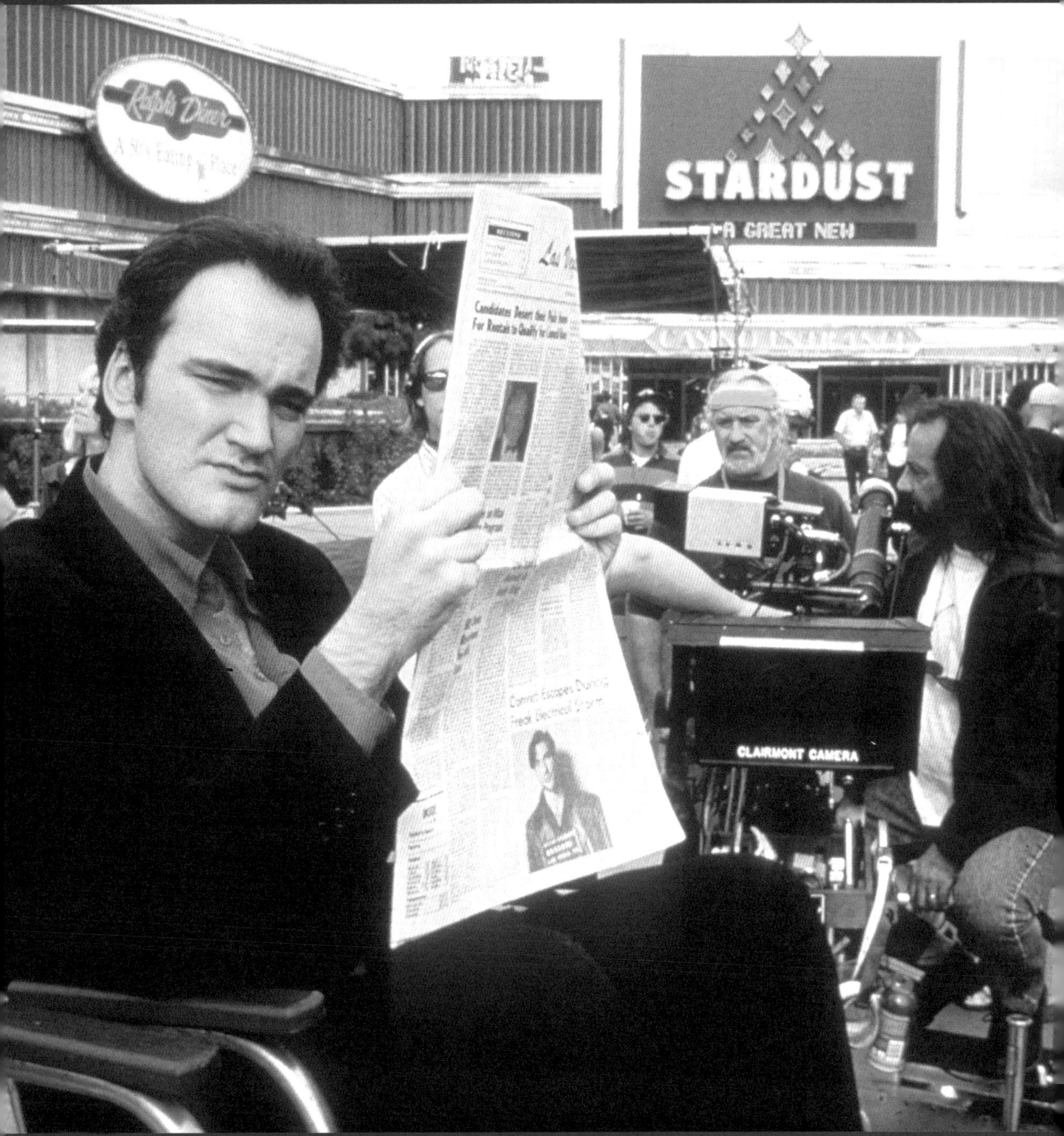
Ralph's Diner
STARDUST
A GREAT NEW
CLAIRMONT CAMERA

までしっかりとそして軽薄に残り続けるあの楽曲）のサーフ・ギターの音色が波うった瞬間からタランティーノオタクとなった者たちの、アルファギーク友愛会入会儀式といったところだ。コンセントに差し込まれて感電したかのように、自然発生的な喝采があの会場を渦巻いた。

ヴィンセント（ジョン・トラヴォルタ、その手は観客の涙をさそうほどビビって震えている）が、ミア・ウォレス（ユマ・サーマン、彼女の青白い顔は血とヘロインで汚れている）めがけて、サイの皮膚さえ貫けそうな皮下注射針を突き立てようと構えた時、そこには純粋な悲鳴が沸き起こったが、その畏怖とスリルは、特殊効果によって生み出されたものではない。それは恐ろしさとユーモアが入り混じった何かによって生み出されていた。私たちは腹をよじって笑ったのだ。

その夜、私たちは劇場を後にしながら、まるで覚醒したような気分になっていた。

１作目から、そしてあの２作目でも、また今でもずっと、タランティーノはまったく彼独自のやり方を曲げることなく作品を創作するアーティストだ。たとえ頭に銃を突き付けられたとしても、創作のルーティンを変えることなどできないのだろう。

タランティーノはタランティーノにしかなり得ない。おしゃべりな性格という値札のついたあのクエンティン・タランティーノにしかなり得ないのだ。

彼の逸話は伝説になった。カウンターに座り、カルト映画の名作やヨーロッパの映画作家の肩を持って論じていたカリフォルニア州マンハッタン・ビーチにある一風変わったレンタルビデオ店から、一夜にして、マーティン・スコセッシ以来のダイナミックな映画の代弁者となった。もちろん実際のところは、それよりもずっと複雑で、ずっと興味深い成り行きなのだが、要点としてはまあ間違ってはいない。この伝説は希望を抱くアウトサイダーたちに一縷の

望みをもたらせている。

そこがタランティーノ伝説のカギで……彼には楽観主義がついて回っている。彼は映画オタクたちの救世主となった。

代弁者たる彼は、ものすごい数の映画で出来上がった人間だ。これまで作られた全ての映画を彼は観たのだろうか？　そこまでではないにせよ、それに近いところまでいっているのではないだろうか。彼の血管には映画フィルムが流れている。カミソリで切ったら、きっと映画が流れ出てくるのだろう。彼の（今のところの）一番のお気に入り映画は『続・夕陽のガンマン』だが、どんな作品も拒むことをしない彼は、ドライブインシアターで上映されるどぎつい煽情的な映画にも、単館上映の珠玉の芸術作品と同じくらい多くの良さを見い出すことができる。

ありがたいことに、彼はずっとそのカルトぶりを保ち続け、成熟させて続けていて、決して妥協はしない。彼のベスト作品とは常に彼の最新作であり、私がこの章を書いている現時点では、最新作にあたる8作目の『ヘイトフル・エイト』（2015）がベストだ。彼は矛盾で出来上がっており、その矛盾はハリウッドには決して解くことができないものだ。彼は矛盾で出来上がっており、その矛盾はハリウッドには決して解くことができない矛盾だ。芸術と商売、馬鹿話と人間性、暴力と笑い、それぞれが結ばれたマリアージュ。どのストーリーも、巧みな術策が凝らされていながらも、リアルに感じられるものばかりだ。映画というイリュージョンに人生のリズムを吹き込み、そこから何が生まれるのかを見極める才能が彼にはある。

彼はいつも大好きなジャンルを歪曲させながらそこに自らのストーリーを入れ込んでいる。そんな彼がいつも規範としているジャンルは、犯罪映画、ホラー映画、ウエスタン映画、戦争映画（それらに属するサブジャンルも含む）だ。とは言いながらも、

上：ユマ・サーマン演じるミア・ウォレスと「5ドルもするミルクシェイク」。『パルプ・フィクション』の大勝利によって、タランティーノが単なる一発屋ではなく、芸術と商業を結びつける革命児であることが明らかになった（しかも彼は今なおそれを継続中だ）。

本質的には、人間の愚行や差別意識について描いた映画であったり、コミュニケーションや言語や暴力や人種や暗黒街の倫理や正義の怒りを描いた映画であったり、形態を作り直しながら時代と共に舞い踊ることを描いた映画であったり、アメリカという名の大難問を描いた映画であったりもする。

　大勢のフィルムメイカーが自らの創作プロセスについて語ることに苦しむものだが、それとは違い、インタビューされるタランティーノの答えは超明瞭だ。どの問いに対する答えも、すでに頭の中で書き上げた自伝の一節を引用しているかのように明快なのだ。タランティーノであることについて、タランティーノ以上に適した存在はいない。そこには滝のようにあふれる自我があり、また、それに見合うだけの精力がある。

　ただし、気をつけなければならないのは、彼自身もまた自らの神話を作ろうとしているという事実であり、実はそこが面白いところでもある。本書は彼のこれまでのキャリアを祝福する本であると同時に、まだ比較的少ないと言える彼の作品同士の繋がりや繋がりのなさについての答えを、また、彼のインスピレーションとなっているあらゆるものについての答えを一気に噴き出してくれる消火栓がどこにあるのかを解読しようという試みでもある。

　彼が有言実行の徒であることについては議論の余地はない。作品を作る度に新たな何かを加え、論争を求めながら（そしてまた、暴力、人種差別、倫理観の汚染［彼の映画は見かけによらずとても倫理的だ］についての非難を面倒くさそうに払いのけながら）、彼はこの25年の間、映画界屈指の意味深く忘れがたい作品を作り続けてきた。

『パルプ・フィクション』でトラヴォルタが演じるひどくせんさく好きな殺し屋ヴィンセントの言葉を借りるなら、それは「プリティ・ファッキン・グッド・ミルクシェイク」[2]なのである。

「俺は映画学校じゃなく、
映画に通ったんだ」

ビデオ・アーカイブス

なぜクエンティン・タランティーノという名前がついたのか？　その答えは単純明快だ。コニー・タランティーノ（以降は愛敬を込めて「コニー」と記する）は妊娠後期の時点でウエスタン・シリーズ「ガンスモーク」に夢中だった。このシリーズで3シーズンにわたり若きバート・レイノルズが演じていたのが、コマンチ族と白人のハーフの鍛冶屋クイント・アスパーだった。コニーはチェロキー族のハーフで、その事実は、後に彼女の並外れた息子を包むミステリアスなオーラにも貢献することになる。ただし、これついて問われても彼女は「興味本位の質問だ」[1]として詳しく話そうとはしない。

　　れはともかく、単純に「クイント」では響きがカジュアル過ぎると彼女は感じていた。また、ウィリアム・フォークナーの『響きと怒り』を読んでいた彼女は、「クイント」と似てはいるが、もっと響きが立派で、『響きと怒り』のストーリーの枢軸を成すコンプソン一族の聡明で内省的でどこか神経質な息子「クエンティン」という名前に行き着いた。つまり、クエンティンにクエンティンという名前がついたのは、高尚な文化と低俗な文化が混ざり合っての出来事だったわけだ。安っぽいテレビシリーズと、登場人物の様々な意図が整然と入り組む偉大なアメリカ文学作品が結びついていたのである。母親のコニーも子供時代の友だちの多くも、彼のことを「Q」と呼んでいた。1963年3月27日にテネシー州ノックスビルで彼が足をばたつかせながら産声を上げ、この世に出てきたとき、コニーはまだ16歳だった。Qがこの土地で過ごしたのは2歳までだ。『レザボア・ドッグス』がヒットし

上：1963年、テレビの西部劇シリーズ「ガンスモーク」の出演陣と共にポーズをとるコマンチ族のハーフ、クイント・アスパーに扮したバート・レイノルズ。タランティーノの母は妊娠中このシリーズに夢中だったが、きっと胎児にも影響していたに違いない。

始めたころに出始めた彼にまつわるエキゾチックな数々の逸話の中には、まだ年端も行かない彼が田舎者の祖父と共に割に合わない密造酒運びの仕事をしていたという話がある。まだオムツをしていた頃から、彼はすでに法の向こう側にいたという逸話だ。コニーはきっとそれを全否定するだろう。

タランティーノにはノックスビルで暮らした記憶がまったくなく、祖父母のことも覚えていない。彼の出現時にプロフィールとして語られていたハックルベリー・フィンの色合いが濃い逸話は、どれもジャーナリストたちによる空想だ。ただしデニス・ホッパーが後に彼について「90年代のマーク・トウェイン」[2]と称した発言は、それほど見当外れなものではなかった。タランティーノもトウェインも、鮮烈に、時には物議をかもす形で、アメリカ的な表現形式を実行する偉大なアメリカ人ストーリーテラーなのだから。皮肉屋な母コニー（ちなみに彼女はジャッキー・ブラウンや『キル・ビル』のベアトリクス・キドーといったタフな女性登場人物の元型である）に言わせれば、タランティーノとテネシーのゆかりは、ただそこで生まれただけという程度のものだった。彼がテネシーで生まれた理由は単純で、彼女が生まれ故郷であるテネシー州の大学に進学したからだ。

各地を渡り歩いて子供時代を過ごしたコニー（テネシーで生まれ、オハイオで育ち、カリフォルニアで教育を受けた）が結婚したのは、愛からではなく、法的に独立した未成年者になるため（両親からの法的な束縛を断ち切るため）だった。それについて彼女は「進歩的なこと」[3]だったと語っている。5歳年上の法学部の学生で時々役者の仕事もしていたトニー・タランティーノとの結婚生活はそれほど長く続かなかった。実のところ、彼は当時、自分の息子が生まれたことすら知らなかった。思いがけず妊娠したことがわかったときに2人の関係は終わっていた。「子供を持つことはできないと彼に言われたのよ」[4]

と彼女は咎める口調で語っている。

大学を卒業したコニーは、そそくさと陽光と自由のあるロサンジェルスに舞い戻り、空港近くのみすぼらしい都市部、サウス・ベイ・エリアに暮らし始めた。彼女はしばらくエル・セグンドで暮らした後、トランスに落ち着いた。多文化的ではあるものの、この地区は裕福な中流階級が暮らす地域だった。彼女は、タランティーノ伝説を掘り起こそうとする者たちに、熱心にその事実を伝えようとする。彼女自身もそれからすぐに医療業界のとても良い職業に就いている。『パルプ・フィクション』でタランティーノは怒り心頭のジミーを演じているが、もうすぐ帰ってくるという彼の妻ボニーが看護師という設定なのもまたママへのオマージュなのだ。つまり、この土地に越してきた新参者のタランティーノ家は、貧困してもいなければ、サウス・セントラルの道端で耐え忍ぶ生活を送ることもなかったのである。

しつけや倫理基準や不屈の闘争心が養われるという意味で、タランティーノに大きな影響を与えた唯一の存在がコニーだった。彼女は、どれも頼りにならない男たちと何度か再婚している。最初の再婚相手だった地元ミュージシャンのカーティス・ザストゥーピルは、まだ幼いクエンティンを義理の息子としてかわいがった。タランティーノは20歳になった時、クエンティン・ザストゥーピルを名乗っている。コニーは息子にジェロームというミドルネームを加えることにしたが、その理由は単にイニシャルの「QJZ」という組み合わせを雰囲気的に気に入ったからだ。タランティーノは自身の芸名をクエンティン・ジェロームにしようかと本気で考えた時期もあったらしい。

子供だったタランティーノは、義父であるカートのミュージシャン仲間たちとよく一緒に過ごし、彼らの他愛ない冗談や戯れ合いを聴いていた。幼い子供だったとはいえ、不敬な言葉には生来的にパワー

が宿っていることを彼は学び始めていた。まだ3歳だった彼は、母親から何かをしろと言われるたびに、平然と「ブルシット！」と言い返していたという。そのころのことを思い出すたびにコニーはため息をつく。彼女は石鹸で彼の口を洗うことさえ実際にやってみたことがある。もちろんそれは徒労に終わった。彼はただニヤリと笑ってみせただけだった。

テレビの前に座った彼は、身動きもせず映画や「燃えよ！カンフー」（もちろん主演はデヴィッド・キャラダイン）や「人気家族パートリッジ」といったテレビ番組を一身に浴びていた。驚異的な記憶力を発動して、ポップカルチャーの埋蔵物を自分の中に蓄積し始めたのだ。『パルプ・フィクション』でブッチ・クーリッジ（ブルース・ウィリス演じるキャラクター）の子供時代が最初に描かれるシーンでは、ブッチはまるでゾンビの子供ででもあるかのように1950年代の気味悪いアニメ番組「Clutch Cargo」の画面に夢中になっている（その番組を観ていた実体験をこの監督はしっかりと覚えていた）。

ある日タランティーノの寝室のドアを通して、みだらな言葉を使った呪いの言葉がコニーの耳に入った。コニーが息子の部屋に押し入ってみると、そこにはGIジョーのコレクションを使ってシーンを作っているまだ小さなクエンティンがいた。こいつらがみだらな言葉を使うのは僕とは一切関係なく、このキャラクターたちが普通にそういう喋り方をするのだから仕方ないと彼は言い張った。彼は14歳のとき、初めての脚本となる「キャプテン・ピーチファズ・アンド・ザ・アンチョビ・バンディット」を書いてみた。カーチェイスもあれば、CB無線の隠語もあれば、ピザ・パーラーに強盗に入る主人公も登場する脚本で、ちょうどバート・レイノルズ主演のアクション・コメディ『トランザム7000』をパロディ化したような作品だった。

自由精神の持ち主であるコニーは、ベビーシッターを雇って息子に留守番させるよりも、自分が観に行く映画には、それがどんな作品であれ、彼を連れて行くことにしていた。当時のアメリカのレイティング・システムでは、大人の同伴さえあればR指定映画であっても年齢に関係なく入館することができたのだ。

「『脱出』にはマジで超ビビったよ」[5]と彼は振り返っている。彼がその作品を観た映画館はタルザナ6〔Tarzana6〕で、二本立て上映が主流になるより少し前の時代に『ワイルドバンチ』と同時上映されていた。当時まだ9歳だった彼は、ネッド・ビーティ演じるキャラクターが『脱出』の最もショッキングなシーンでレイプされても、それが何のことだかさっぱりわからなかったが、それでもなお、そのイメージはこの天才児の記憶にしっかりとファイリングされていた。コニーの3人目の夫、ジャン・ボッシュは、本格的な映画中毒だった。たいていは、金曜日になると熱心なタランティーノを連れて3時上映回、6時上映回、8時上映回、そして深夜上映回まで、とにかく映画を観まくっていた。この2人が一緒に観た映画の中には、『エイリアン2』、『ダイ・ハード』、「ゴッドファーザー」シリーズ、それに『スカーフェイス』や『ボディ・ダブル』といったブライアン・デ・パルマ監督作品もあった。

クレイジーなロサンジェルスの都市地区としては典型的なことだったが、トランスは中流階級地域である一方で、高速道路の向こう側わずか1マイル先には、サウス・セントラルを囲むようにしてスラム化した悪名高いコミュニティがいくつも点在していた。タランティーノは、当時彼が頻繁に通っていたそれらの地域にある映画館に「ゲトー・シアター」[6]という趣のある総称をつけている。それらの劇場では毎週、新作カンフー映画やブラックスプロイテーション映画やホラー映画が上映されていたが、彼はどの上映作も決して見逃すことなく、それはもう熱

P12：クエンティン・タランティーノが子供のころ熱心に見ていたテレビ番組が彼の芸術の下地になっている。お気に入り番組の数々が彼の作品群全体を通して常に引用されて（またインスピレーション源になって）いる。デヴィッド・キャラダインは「燃えよ！カンフー」に主演していたことから「キル・ビル」にキャスティングされているし、この「燃えよ！カンフー」については『パルプ・フィクション』でも引用されている。

右：『トランザム7000VS激突パトカー軍団』でサリー・フィールドに甘い言葉をささやくバート・レイノルズ。14歳のタランティーノにインスピレーションをあたえて、彼に初めて脚本を書こうと思い立たせたのがこの映画シリーズだ。「キャプテン・ピーチファズ・アンド・ザ・アンチョビ・バンディット」という題名の彼の初脚本作品には、ピザ・パーラーに強盗に入る口が達者なアンチヒーローが登場する（この作品は今もまだ実写化されていない）。

心に通っていた。また、少し遠めの場所にはアートハウス系映画館もあり、彼はそこでフランス映画やイタリア映画に身を浸している。彼のテイストは幅広く折衷的だ。煙のくすぶる映写機の閃光の下で、ジャンルを歪曲させた夢のようなジャン＝リュック・ゴダール作品を初体験した彼は、実に深い感動を覚えたという。

映画とは「女と銃である」というゴダールの有名にして洞察的な言葉は、タランティーノが福音のように大切にしている訓戒だ。彼の映画に「女」が登場するまでには2作目を待たなければならなかったことはさておき……。

彼が呼ぶところの「標準的なハリウッド映画」[7]も熱心に観てはいたが、心から楽しんでいたのは禁制品的な悦楽を味わえる『リインカーネーションの恐怖』や『アンジェラ・マオの女活殺拳』といった作品だった。「マジな話、ハリウッド映画では絶対に見れないものを見ることができるからね」[8]と彼は熱弁している。エクスプロイテーション映画は、輝く彼の目には、アート映画と同じくらい毒々しさのないものに映っていたのだ。時にはどちらがどちらだかわからなくなることさえあったほどだ。その境界線こそが、タランティーノが後にフィルムメイカーとして腰を据えた国境線だった。

後に自身のアプローチについて語った際、彼はこう白状している。「他に適当な言葉が見つからないから"美的感覚"とでも呼ぶけど、それが養われはじめた頃の俺は、とにかくエクスプロイテーション映画が大好きだった」[9]。特に好きだった側面は、突然やってくる意外で衝撃的な出来事だ。彼の映画

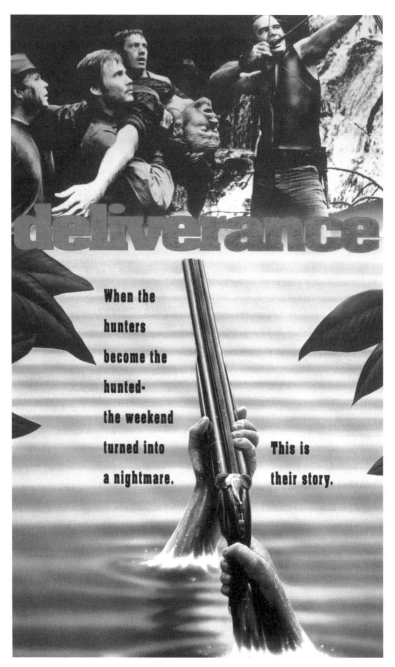

上：山奥の地元民に攻撃される休暇中の都会人を描いたジョン・ブアマン監督の名作にして暴力的な『脱出』のストーリーは、この上なく感受性豊かなクエンティン・タランティーノの脳裏に焼き付いた。自由精神の持ち主である母コニーに連れられて、わずか9歳の時に観たのだから尚更だ。

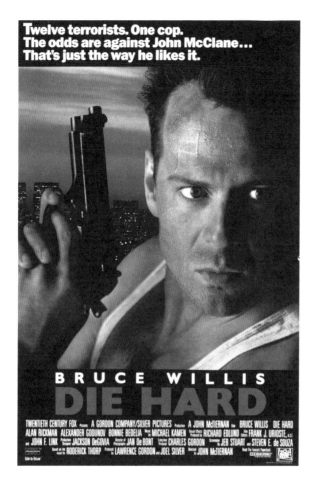

はどの作品も観客に心地よさを提供するために作られたものではない。むしろアドレナリン注射で衝撃的な発作を起こさせ、私たち観客をまどろみから覚醒させるような作品ばかりだ。

　彼は孤高の番人となった。カーティスがそうしたように、ジャン・ボッシュも母と別れてタランティーノの元を去ったのだ。彼は放任された。「学校には映画の話をできる友だちがひとりもいなかった」と彼は嘆いている、「話し相手になれる大人も周りには皆無になった……誰か自分と同じような大人と出

上：コニーの3度目の結婚相手で映画ファンだったジャン・ボッシュと共に観て強いインパクトを受けた3本。後に『パルプ・フィクション』で光り輝くブルース・ウィリス主演の『ダイ・ハード』、ブライアン・デ・パルマ監督作の『スカーフェイス』、また、『ワイルドバンチ』で描かれる5人の崩れゆく男らしさは『レザボア・ドッグス』への影響を見ることができる。

会うためには、自分自身が成長しなければならなかったんだ」[10]。

　彼は世間の人々とそういう会話をするために自分で映画を作り始めたのかもしれない。彼の映画には他の映画についての話題がたくさん出てくる。そう

やって私たちのようなオタク仲間や親友を作っているのだ。

タランティーノは幼少時代から十代になるまでの間に、何百本、いやおそらくは何千本もの映画を観ている。映画館の暗闇の中で学ぶべきことを学んでいるときが一番楽しかった。

貪欲な読書家でもあった。コニーは彼に古典の名作を読ませたがったが、彼自身は犯罪小説に惹かれていた。パルプ・フィクション（安価な三文小説雑誌に掲載される小説）とも呼ばれる類の小説だ。彼が引き起こした最初の警察沙汰は、Kマートでエルモア・レナードの『ザ・スイッチ』を万引きしようとしたときのことだが、それもまた象徴的だ。店は警官を呼んだが、コニーが15歳の息子をひと夏ずっと謹慎させると警察に約束してお咎めなしとなった……それは彼にとって、ひと夏映画を観ることができないことを意味していた。

読まずに溜まっていた本を読破することに費やした自宅謹慎期間が解けると、タランティーノは、演じたいという思いを初めて表に出し、地元のコミュニティ劇団に入団を希望した。

彼が早熟で聡明な少年だったことは間違いない。IQは160もあったが、学校は彼にとって牢獄のようなところだった。生まれながらのアウトサイダーで、見た目は野暮ったく、スポーツも嫌いだった。教室での彼はすぐに授業を乱す集中力のない生徒だった。とにかく集中することができなかった。彼の初脚本の原稿は音楽性としたたかさに溢れていたが、綴りや文法は交通事故レベルにひどいものだった。後の作品の題名『イングロリアス・バスターズ』

（原題「Inglourious Basterds」の「Inglourious」は正しい綴りは「Inglorious」、また「Basterds」は「Bastards」とされるべき）でも彼の綴りの問題は十分に証明されている。発音だけを頼りに文字を綴っており、それは完全な独学だった。「読書と歴史は得意だった」[11]と彼は振り返っている。歴史は映画に似ていると彼は考えている。

タランティーノは頻繁にずる休みをしては、法律すれすれの悪さをする街のチンピラのような自己イメージを演出していた。しかし、たいていは家にこもってテレビを観たり、出かけても映画を観に行ったりする程度だった。16歳のとき、彼はコニーに退学したいと告げた。コニーは勇敢にも、彼のはったりを迎え撃つことにして、仕事をするならいいよと言って受け入れた。教育のない人生は「ピクニックみたいに楽しいものではない」[12]ということを彼

右：クエンティン・タランティーノはフランス人監督ジャン・リュック・ゴダールに深い尊敬の念を抱いていたので、彼とローレンス・ベンダーが作った製作会社の社名は、このフランス人映画作家による1964年の名作『はなれればなれに』（原題の『Bande à part』はシンプルに「アウトサイダーの集団」という意味）から、ア・バンド・アパートと名づけられた。

右：1972年の香港のアクション映画『アンジェラ・マオの女活殺拳』は、タランティーノが近所の「ゲトー・シアター」まで観に行った数々のエクスプロイテーション映画の中でも典型的な作品だ。彼はこの手の映画の事物の見せ方に深い感銘を受けている。それはハリウッド映画では決して見ることのできない描かれ方だ。

女は息子に思い知ってほしかった。

　というわけで、一連の半端仕事が始まった。最初の仕事は、いかにもタランティーノらしい仕事だ。まだ16歳だったが、年齢をごまかして嘘をつき、トランスにあるポルノ映画館プッシーキャット・シアターの仕事を手に入れたのだ。コニーはそのことをまったく知らなかった。母親には「劇場の案内係の仕事」としか伝えていなかったからだ。タランティーノはここのスクリーンに映し出されるものにはまるで興味を持てず、そのあまりの安っぽさは、こうであるべきだと彼が信じている映画への冒瀆にしか思えなかったので、絶えずスクリーンに背を向けていたという。

　LA暗黒街入りを目指した彼の極悪行為には、あの未遂に終わったKマート書籍売場万引き事件のほかにも、たまりにたまった駐車違反金の未払いがあった。そのせいで彼は結局、郡刑務所に10日間服役することになった。刑務所暮らしの洗礼はかなりのショックだったが、そのおかげで7千ドルの違反金の滞納分がすっかり清算されただだけでなく、刑務所内で使われる特殊用語のス

トックも頭のファイルに仕入れて刑務所を後にすることができた。

　そしてまた、ずっと深い思いが彼の中で芽生えた。それは、馬鹿なことをするのはやめて、演技をしたいという強い欲求だった。その夢を求めて彼はコミュニティ劇団からジェームズ・ベスト・シアター・センターの演技教室に移った。ベストはかつて、お昼

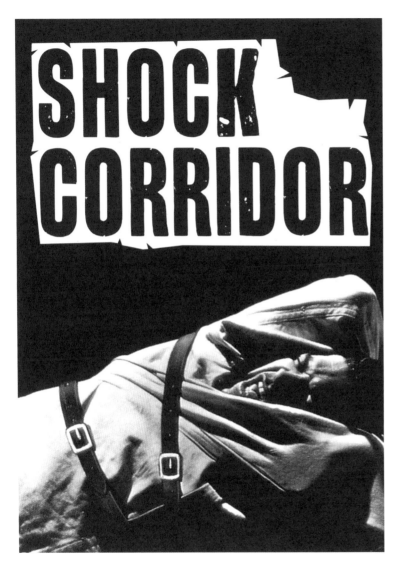

上と右：クエンティン・タランティーノに最初に演技を教えたジェームズ・ベストは、それ以前、人気テレビ番組「爆発！デューク」で笑いを提供する保安官を演じていた。もちろんタランティーノは知っていたことだが、ベストは他にも『戦火の傷跡』や『ショック集団』といったエッジの効いたフィルムメイカー、サミュエル・フラーの人気作品にも出演していた。

時の笑劇テレビ番組「爆発！デューク」で間抜けな保安官のロスコー・P・コルトレーン役を演じて称賛された人物だ。「彼はトルカ・レイクにあるハニーベイクド・ハムの隣の建物で演技教室を開いてたんだ」[13]とタランティーノは小粋なLAならではのディテールを交えながら振り返っている。タランティーノはベストの大ファンだった。「爆発！デューク」よりも、むしろ『戦火の傷跡』や『ショック集団』といったサミュエル・フラー監督の初期作品が大好きだった。人々の心を鷲掴みにするアンチヒーローが登場するフラー監督の第二次世界大戦映画の数々は、後に『イングロリアス・バスターズ』に少なからず影響を与えている。

　ベストの演技指導は、メソッド演技法ではなく、むしろカメラに向かってどう演じるべきかをしっかりと実践的にトレーニングする方法論的なアプローチだった。ベストはバイトで食いつないでいる役者たちに、出番が5分ほどのテレビ番組の端役を紹介して、実際に生活できるよう手助けもしていた。『トゥルー・ロマンス』（タランティーノが書いた脚本の中で最も赤裸々な自伝的作品）では、マイケル・ラパポート演じるLAの売れない役者が、実在するテレビ刑事ドラマ「続・パトカー・アダム30（原題：The Return of T.J. Hooker）」の逃走車のドライバー役のオーディションを受けるシーンがあるが、これは助けの手を差し伸べていたベストへのオマージュでもある。

　ある授業でタランティーノは1955年のアカデミー賞受賞作品『マーティ』の1シーンを演じてみろと言われた。この作品の監督はデルバート・マン（タランティーノはその事実を強調したいことだろう）、脚本は尊敬を集めた路上詩人パディ・チャイエフスキーだ。この映画の原作である戯曲版のペーパーバックを持っていたロニーというクラスメイトは、タランティーノの記憶力のすごさだけでなく、タラン

上：1955年のアカデミー賞受賞作品『マーティ』のアーネスト・ボーグナインとベッツィ・ブレア。ある演技クラスでパディ・チャイエフスキーによるこの映画の素晴らしい脚本の1シーンを演じてみるように言われたタランティーノは、自分で考案した長いモノローグを勝手に加えて演じた。

ティーノが勝手に付け加えた噴水について語る長いモノローグに感心した。「あのモノローグは最高だったよ」[14]と彼はタランティーノに伝えた。自分の書いたものを他人に褒められたのは生まれて初めてのことだった。

　ベストからは、カメラ用語の基礎も学んだ。「ラック・フォーカス（ピント送り）」とか「ウィップパン（急激に動かすパン）」といった用語だ。彼は練習として、実在する映画の数々に自分で勝手に書き加えた滔々としたモノローグを自分で演出して試すようになった。それは自身のイマジネーションの中を幽霊のようにさ迷うような作業だ。それまでと比べてずっと発展的に、本物のストーリーテラーのように思考するようになり始めていたのだ。

　それはともかく、役者としては、ほとんど仕事を得ることができなかった。『レザボア・ドッグス』以前、演技クラスに通っていた10年間に彼がプロ

上：セルジオ・レオーネの豪華なマカロニ・ウエスタン『ワンス・アポン・ア・タイム・イン・ザ・ウェスト』のジェイソン・ロバーズ。クエンティン・タランティーノがマカロニ・ウエスタン映画の数々から影響を受けたという事実は、彼のウエスタン映画だけではなく、『パルプ・フィクション』や『イングロリアス・バスターズ』といった他のジャンルの映画にも感じることができる。

の役者として得た唯一の仕事は、テレビのシチュエーション・コメディ「The Golden Girls」のあるエピソードに登場するエルヴィスのモノマネ芸人の役柄だけ、という悲しい結果に終わっていた。まるでマンガのヒーローのように突き出た顎のライン、せり出た額、好感は持てるがどこかぎこちなさのある挙動の持ち主であるタランティーノは、主役を張る役者として生まれてきたとは言い難い。彼もそのこ

とに気づいていた。それでも自分に向いた役があるはずだと夢見ていたのだ。悪役や逃走車の運転手役なら金を稼げるかもしれないと。

　潮目が急激に変化した。タランティーノは、監督になりたいという発想に目覚め始めていたのだ。彼は他の生徒よりもずっと映画を知っていた。彼は、他の生徒よりもずっと大きな愛着を映画に対して抱いていた。

　「俺のアイドルは主演俳優たちではなかったんだ」と彼は言っている、「俺のアイドルはブライアン・デ・パルマのような監督たちだった。俺は映画に出たいと思うのはやめることにした。映画を作りたかったんだ」[15]。

上：名監督レオーネ。タランティーノに最も強い影響をあたえた映画監督をひとりだけあげるならば（ブライアン・デ・パルマとジャン:リュック・ゴダールも僅差に位置するが）、やはり、オペラ的でありつつもクールに西部劇を再構築してみせたこの偉大なイタリア人映画作家ということになる。

左：レオーネ監督による最後にして最も野心的なこのマカロニウエスタン映画は、監督術についてタランティーノに多くを教えてくれたが、後にタランティーノは、よくよく考えた末に、『続・夕陽のガンマン／地獄の決斗』こそが全映画の中で一番好きな映画だと宣言している。

　デ・パルマと同じくタランティーノにとても大きな影響をあたえたのが、ハワード・ホークスや、派手やかなマカロニ・ウエスタンの名手セルジオ・レオーネといった、ジャンルを飛び越えた名監督たちだった。彼が挙げるベスト3映画はその時の気分によって変化するが、彼という存在を産み出した父的な存在として挙げられる名前は一貫して変わらない。監督になろうと決めたその日、まるで映画の神様からのお告げのように、レオーネの『ワンス・アポン・ア・タイム・イン・ザ・ウエスト』がテレビ放映されていた。「あれは映画とはどう監督すべきものかについて書かれた教科書のような作品だ」とタランティーノは絶賛している、「しっかりと計画されつ

くした映画だよ。どうやってキャラクターが画面に入ってくるのか、どうやって画面から出て行くのか、あの日はそういうことを学ぶためにあの映画を観ていたね」[16]。

『キャリー』やジョン・トラヴォルタ主演のサスペンス『ミッドナイトクロス』（タランティーノがベスト3に挙げている映画の1本）といった作品で、傑出した映画的なカメラムーブとジャンルの壁を破ってみせた偉業とも言える破壊力を併せ持つ、1970年代のアイコン的映画監督デ・パルマについては、この監督が毎回最新作の宣伝のために行なったインタビュー記事をすべてスクラップブックに保管するほどタランティーノは入れ込んでいた。

　デ・パルマの映画の封切日には、必ず2度、映画
館に観に行った。まずは一番早い上映回を自分だけ
で観てから、2度目は友人と一緒にレイトショーを
観るのだ。タランティーノとデ・パルマがやったイ
ンタビュー・ビデオが残っているが、その映像では、
単なる熱烈なファンだった頃の自分に戻ってしまっ
たタランティーノからのむやみやたらな絶賛に、デ・
パルマはおずおずと苦笑いを浮かべることしかでき
なかった。

　当時、タランティーノは大胆にも、自分が大好き
な一連の監督たちに「今、ある本をまとめている」
と言ってインタビューを申し込む手紙を送りつける
ことまでしていた。決して嘘をついていたわけでは
なく、本当にいつの日かそういう本を書こうと真剣
に思っていたらしい。ジョー・ダンテやジョン・ミ
リアスといった監督がその申し込みを受けている。
タランティーノは、どうやって彼らがキャリアを積
み上げたのかということについて、微に入り細を穿っ

て矢継ぎ早に質問を浴びせ、本物の監督を相手に映画について話ができることを純粋に喜び興奮していた。

そんな中、タランティーノは別の演技クラスに鞍替えしている。新たな師となったアレン・ガーフィールドは、『カンバセーション…盗聴…』でフランシス・フォード・コッポラ監督の下で、また『ことの次第』ではヴィム・ヴェンダース監督の下で演じた経験のある俳優だ。さらにタランティーノは、ビバリーヒルズに転居している。そうすることで自分がより映画の源泉に近づいたように感じたかったのだ。

プロの役者としては失業状態にあり、監督をしたいと切望し、最低賃金の一連の仕事で日々を食いつないでいたこの時期の彼にとって、安らぎの場所となっていたのは、マンハッタン・ビーチのノース・セプルベダ・ブールバードにある、石板みたいに味気ないショッピングセンターで元自転車屋の店舗だったところに店を構えるエキセントリックなレンタルビデオ店、ビデオ・アーカイブスだった。1983年に開店してから1994年に人知れず廃業するまで、このアーカイブスはアート系映画やエクスプロイテーション映画や入手困難な無名映画の宝庫だった。そこの粗末な木製棚は、ほとんどタランティーノの大脳皮質の中身を具現化しているようだった。ここではシュワルツェネッガーよりもヌーヴェルヴァーグの方がずっと優勢だったのだ。

思い返せば、私はこれまで、レストランでも重役室でも酒場でも、タランティーノの人生について色々な人々と様々な形で話を聞いてきたが、どこで誰から話を聞いても、このビデオ・アーカイブスがアメリカで最もイカれたレンタルビデオ店だったらしいことだけは間違いなさそうだ。黒字になったことはほとんどなかったが、タランティーノにとってそこはサウス・ベイで見いだすことのできる最も天国に近い場所だった。

店員たちは、まるで潮の満ち引きのように、ほとんど店に顔を出さないマネージャーのランス・ローソンの気分次第で、雇われては解雇され、再び雇用されていた。4ドルの時給で、ランド・フォスラー、ジェリー・マルティネス、ステヴォ・ポリイー、ロウランド・ワッフォードといった顔ぶれがレジに立っていた。次いで、トム・ペティまがいの長髪をたなびかせた美大を中退したばかりのヒッピー系の男、ロジャー・エイヴァリーがそこで働き始めた。彼は8ミリカメラやストップ・モーションや脚本執筆を無作為に楽しんでいた。しかし、そんな彼らの中心で太陽のように輝いていたのは、全知の大きな頭脳を持つ、だらしない身なりのタランティーノだった。ある日彼は、店に入るやデ・パルマについてランスと語り合い始めた。そしてその4時間後にもまだ白熱の議論は続いていたという。翌日には、店に入るやレオーネについて語り出すといった具合だ。彼はあふれるばかりの想いを映画に注いでいただけでなく、たとえば『トップ・ガン』を借りに来た客にそれを思いとどまらせ、代わりにゴダールの名作で一夜を楽しんでみたらどうかと冒険を勧め説得することに長けていたので、マネージャーのランスにとっては、彼を雇わないという選択肢など一切思い当たらなかった。

ビデオ・アーカイブスの店員たちは、店のスクリーンで再生する作品を自分たちで決めており、それはまるで自分たちだけのミニチュア版映画祭を開いているようなものだった。そこで展開された激しい論争の連鎖が彼らの培養になっている。タランティーノはこの場所で映画の教養を更に高めていたのだ。

そこは子どもが自由に振舞うことを許されたお菓子屋さんのようなものだった。

「俺たちは映画学部世代の次にくるビデオ店世代だった」と語るのは、当時タランティーノの一番のライバルであり、間もなく最も親しい友となったエイヴァリーだ、「映画作家を志望する者たちの中で、コンピュータやビデオや光ファイバー網で育った最初の世代さ」[17]。

ビデオの存在がすべてを変えていた。あのプラスチックの映画カセットが到来する以前までは、これまで作られた映画の数々がほとんど載っているカタログを手にすることなど不可能だった。映画館での上映が終わってしまえば、あとは囚人も同然で、テレビで放映される幸運を待つしかなかった。16ミリプリントを借りて鑑賞するなどというのは、金持ちだけの趣味だった。それがビデオの出現により、突如として、2万本などという大量の作品の中から好きな作品を選んで再生することができるようになったのだ。映画史家のピーター・ビスカインドによると、スコセッシやスピルバーグといった、いわゆる「ムービー・ブラット世代」の思考法を形成してきた学者たちによって精選された「偉大な伝統」[18]という聖書を、映画学校に通うことをせずにあえて無視する新世代の監督の登場の先触れが、ビデオの出現だったのだという。あのレンタルビデオ店のオタクたちは、カンフー映画もルノワールも同等の熱烈さで楽しんでいた。映画文化において「野蛮さを洗練性に昇華させた影響力」[19]は完全に無視され、「新たなブルータリズム」[20]が生まれたのである。

ビデオ・アーカイブスの店員たちは、実現が難しそうな未来に目を見据えながら全員が脚本を執筆していた。しかし彼らの風変わりな討論やお約束のお笑いを作品のサブ・プロジェクトにまで昇華させたのはタランティーノだけ。彼は何気ない冗談のやり取りという名の音楽にしっかりと耳を傾けていた。

また、自分の脚本を自分で映画にしようと本気で考えていたのもタランティーノだけだった。少なくとも彼の書いた脚本要素が残っていると言うことのできる映画『マイ・ベスト・フレンズ・バースデー』は、クレジットカードとローンとビデオ・アーカイブスの給料のなけなしの一部をかき集めた5千ドルちょっとの製作費で作られた。この作品はタランティーノがジェームズ・ベスト・シアター・センターで知り合ったクレイグ・ハマンという脚本家とコラボして作ったものだ。

役者として食えるようになりたいという似たような夢を抱いていたこの2人は、すぐに意気投合した。2人とも映画に関して歩く百科事典と言えるほどの知識を持ち合わせていたし、作品はこうやって作られるべきだという伝統的なセオリーを無視する（彼らに言わせれば）「健全さ」も持ち合わせていた。この2人が共同で書いたその作品は、ディーン・マーティンやジェリー・ルイスらが主演していた1950年代の映画のようなスタイルのバディ・コメディだった（当時のタランティーノのマイブームはスクリューボール・コメディ映画だったのだ）。基本的には、ハマンが1984年に書いていた自伝的な短編の脚本を書き直したもので、ある男が親友に思い出に残る誕生日を迎えてもらおうと、良かれと思って立てた計画が、捧腹絶倒のおかしな方向へ進んでしまうという内容だ。

クレジットによると、タランティーノは監督・製作・編集、ハマンは製作、ランド・フォスラーが時々撮影監督、エイヴァリーがその他もろもろ、となっている。タランティーノとハマンが、それぞれクラレンス（お節介で迷惑な友人）とミッキー（誕生日を迎える男）を演じている。クラレンスがまずミッキーのためにしてやるのは、雇った娼婦に彼の家の鍵を渡すことだ。鑑識官のように目ざといファンであれば、その内容に『トゥルー・ロマンス』の指紋

上：友人であり、脚本執筆パートナーであり、ビデオ・アーカイブスの同僚でもあったロジャー・エイヴァリー。エイヴァリーは初期のタランティーノにとって重要なコラボ相手だったが、『パルプ・フィクション』のクレジットを巡ってその友情は損なわれてしまった。とは言え、彼らはアカデミー賞オリジナル脚本賞を一緒に受賞している。

を発見することができるだろう。

　金銭的に購入可能だという理由で白黒フィルムで作られた『マイ・ベスト・フレンズ・バースデー』は、ほとんどのシーンがタランティーノの自宅で撮られた。究極の理解者であるコニーは、3カ月の間この家を出ていなければならなかった。その時点から、タランティーノが言うところの「とにかく断続的に撮影ばかりしていた」[21]3年間を経て、彼らはついに撮影フィルムを現像できるだけのお金を調達した。作品を観たタランティーノの失望はひどいものだった。スクリーン上に映し出されたのは、頭の中でイメージしていたものとは程遠かったのだ。ちっとも面白くなく、いかにもアマチュアっぽく、物語の筋にはネバダ州の面積にも匹敵しそうな大きな穴があった。現像所の事故で残りのフィルムが台無しになったとき、タランティーノは悪あがきすること

をやめ、この作品を完成させないまま放っておくことにした。そこには後悔だけが残った。「自分のやっていることをわかっていなかったんだ」[22]と彼は当時を哲学的に振り返っている。とは言え、映画作りにとって、失敗に勝る経験はない。

　その経験によって彼は、何をすべきなのか、いやむしろ、何をしてはいけないのかということを感覚的に身に着けることができた。ハマンとの友情の方は修復されることはなかったが、タランティーノはより熱心に脚本の執筆に取り組むようになった。もっと後のことだが、この2人の仲互いが少しの間だけ中断されたことがある。タランティーノは、『パルプ・フィクション』の製作中に、ヘロインを過剰摂取したらどうなるのかをユマ・サーマンとジョン・トラヴォルタに教えるため彼を招いている。それはともかく、タランティーノが創作欲を爆発させて熱心に

脚本を書き始めたきっかけはエイヴァリーにあった。エイヴァリーが自分で書いた作品の内容について語ったのが根源だ。「ジ・オープン・ロード」というタイトルのその作品は大作と呼べるほどのものではなく、逃避行中のカップルを描いた短編だった。タランティーノが、俺に書き直させてくれないかと持ちかけると、エイヴァリーはそれを了承した。「何カ月も経ったころ」とエイヴァリーは振り返っている、「クエンティンが手書きの原稿の束を持って戻ってきたんだ……ほとんど判読不能で、音をそのまま拾った綴りはスペルミスだらけだったよ」[23]。

　その驚異的とも言える500ページのほとばしり（タランティーノ本人以外でそのままの状態のものをそっくり読んだことがあるのはおそらく世界でエイヴァリーひとりだけだ）は、タランティーノの頭の中にあったフィクション世界を煮詰めた原液スープのよ

ビデオ・アーカイブスの店員たちは全員が脚本を執筆していた……。自分の脚本を自分で映画にしようと本気で考えていたのはタランティーノだけだった。

左：オリヴァー・ストーン監督作『ナチュラル・ボーン・キラーズ』のミッキー（ウディ・ハレルソン）とマロリー（ジュリエット・ルイス）。クエンティン・タランティーノが書いたこの映画のオリジナル脚本は、彼が初期に執筆した脚本のひとつだが、実は『トゥルー・ロマンス』の脚本版では、作中でクラレンスがこの映画の脚本を書いている描写もあった。

うなものだった。いかさま賭博師や殺し屋からなるLAの暗黒街、娼婦に泥棒、さらには実在する様々な映画作品やテレビ番組や犯罪小説や思いがけない出来事やポップカルチャーが散りばめられていた。その原稿には『トゥルー・ロマンス』と『ナチュラル・ボーン・キラーズ』がそっくりそのまま入っていたし、後に『パルプ・フィクション』となるものの原石もあった。そしてまた、これもビデオ・アー

カイブスで日常的に展開されていた会話のやり取りを拡張させたものであることにもエイヴァリーは気づいたという。

「俺の書いたオリジナルの痕跡は影も形もなかったね」と彼は笑う、「だけど彼は、俺が書いたものに勝って余りある、ほとばしる感情の魂を、あの脚本に吹き込んでいたんだ」[24]。

エイヴァリーの執拗な願いを聞き入れて、タランティーノはその原稿を実行可能なものに分割し、タイプライターで清書して、複数の脚本という形に整え直した。そうやって最初に生まれたのが『トゥルー・ロマンス』だ。次いで、『ナチュラル・ボーン・キラーズ』。それに次いでタランティーノは、後に『パルプ・フィクション』となるものを一時棚上げして、企てが失敗に終わった後で集まった宝石強盗の一味を描く、というアイデアを発展させる作業に取り掛かった。

タランティーノがビデオ・アーカイブスの店員から一気にスターダムにのし上がったという逸話は有名な伝説になっているが、実際に彼が1989年に『レザボア・ドッグス』を作り始めたのは、あのレンタルビデオ店を去って久しくしてからのことだ。居心地よく守られていたレンタルビデオ店の空間を敢えて出て生きることには、様々な危険がともなっていた。フィルムメイカーになるためには、実践的な行動を起こさなければならないが、かと言って、家賃も払わなければならない。彼は当座の間、低レベルな映画配給会社インペリアル社で同社の最下層ビデオ作品の数々を販売する仕事をして食いついだ。販売店に電話をかけ、アイオワ州ダビュークに暮らすある主婦が特定のインペリアル社作品を探していると主張するなど、お得意のアドリブを生かしてビデオ作品を売りさばいていた。

インペリアル社の製作部門を通じて業界の知り合いを増やすことができた彼は、プロの脚本家として

上：『パルプ・フィクション』で、不安を隠し冷静に振舞うヴィンセントを演じるジョン・トラヴォルタ。『パルプ・フィクション』の脚本もまた、元をたどればクエンティン・タランティーノがビデオ・アーカイブス時代に初めて本気で書いたあの原稿がルーツだ。

食べていけるようになり、『トゥルー・ロマンス』の脚本に脚本家組合の定める最低脚本料の3万ドルで買い手がついたときには、自分の手でこの作品を監督したいという願望を諦めている。彼はまた、『ミッドナイト25時／殺しの訪問者』（セクシーな元囚人を描いたルトガー・ハウアー主演の卑下なサスペンス映画）をノンクレジットで書き直す仕事をもらい、次いで、ホラー映画のメイクアップを専門にする特殊効果会社KNB EFXグループに雇われて、彼らの

会社のコマーシャルを兼ねた映画作品『フロム・ダスク・ティル・ドーン』の脚本を書き上げた。もはや脚本に関しては、まるで何機もの飛行機が上空を旋回しながら着陸許可を待っているロサンジェルス空港さながらの盛況ぶりだった。そこでタランティーノはビデオ・アーカイブス時代の仲間ランド・フォスラーと組んで『ナチュラル・ボーン・キラーズ』の製作を試みているが、これは失敗に終わった。

　タランティーノはまだ、「俺に手紙を送りたいなら住所は"ロサンジェルス映画業界の辺境"だ！」と悲しそうな顔で自虐ジョークを飛ばす状況にあった。しかし『レザボア・ドッグス』は特別な作品になるだろうと彼にはわかっていた。やり方さえ誤ら

なければ、ようやくチャンスが巡ってくる可能性があると。

　運命の方から彼にまったく手を差し伸べてくれないのなら、『トゥルー・ロマンス』の脚本で得た3万ドル（何にどう使おうが誰からも文句を言われないこのお金）を利用するまでのことだ。名も知れぬ映画祭で上映されて終わるだけの可能性もあるが、上手くいけば、監督として名を成すことができるかもしれない。

　「いつか自分で映画を撮る日が来ることはわかっていた。それはもう前からわかっていたんだ。あの時、その作品がこれだと俺は思った。これならできる、とね」[25]。

上：トニー・スコット監督作『トゥルー・ロマンス』におけるマンモス規模のメキシカン・スタンドオフ〔互いに銃を向け合った緊張状態〕。『トゥルー・ロマンス』は、この時代のタランティーノにとって事実上最初の脚本であり、彼もこれを自分の初監督作にしたいと考えていた。この作品はまた、彼にとって最も自伝的な作品でもある……もちろんメキシカン・スタンドオフは除外しての話だが。

「この映画は自分のために作ったんだ、みんな勝手に楽しんでくれたらそれでいいけどね」[24]

『レザボア・ドッグス』

クエンティン・タランティーノ現象が本当の意味で始まったのは、あるパーティでの偶然の出会いからだ。監督になりたいというフラストレーションをためていた彼は、そのパーティでカリスマ性を放つローレンス・ベンダーという名のブロンクス出身の若き駆け出しプロデューサーと知り合い、話をした。ベンダーもまた役者の夢をあきらめた口だったが、彼の場合は少なくともニューヨークで演劇作品（中にはクリストファー・ウォーケン主演の『真夏の夜の夢』もある）の舞台に立つという栄光を浴した経験もあれば、プロ・ダンサーとしての仕事も少し齧ってもいた。

ダンサー独特のスレンダーな骨格と思慮深いエルフのような容姿を持つ彼は、タランティーノが陽だとすれば、陰にあたる存在だ。後にビジネス・パートナーとなるこの2人だが、タランティーノは興奮しやすく散漫な性格である一方で、ベンダーの方は東海岸独特の悪知恵を持ち計画性に長けていた。

役者として大成することを目指してロサンジェルスに移ってきたが、それが実を結ばないと悟ったベンダーは、映画製作に方向転換していた。それを順調にスタートさせ、何もないところから2本の映画を製作しているが、その内の1本はベンダーとタランティーノの共通の友人であるフィルムメイカー、スコット・スピーゲルが監督した恐怖映画『処刑！血のしたたり』（殺人鬼が深夜のスーパーマーケットを徘徊する話）だった。ちなみに、もうひとつの

上：悲運をたどるMr.ブラウン役で自身初監督長編映画のオープニングを飾るセリフを吐く28歳のクエンティン・タランティーノ。クレジット前に展開されるこの朝食シーンは、この男たちは確かに犯罪者ではあるが、日常的な会話をする人間味のある男たちでもあることを伝えるためのシーンだ。この時点ではまだ、どの男たちも、自分がこの強盗の端役になり得るかもしれないことをまったく知らない。

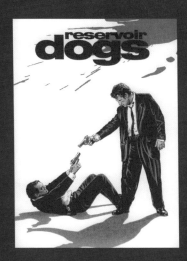

上と左：ポスター広告を席巻した黒いスーツと
サングラスの有名なイメージは、日常的な現
実を元にしたものではなく、映画的な神話から
引用されたイメージだ。この服装で統一すれ
ば警察が目撃者から話を聞いても全員が同じ
容姿に見えたと答えるだろう、というのがタラ
ンティーノの持論だったが、実際に犯罪者だっ
たことのあるエディ・バンカー（Mr.ブルー）は、
犯罪者が強盗をするために特別な衣裳を着る
という発想を笑い飛ばしたという。

上：共犯パートナー……監督のクエンティン・タランティーノと製作のローレンス・ベンダーの間で瞬く間に話がまとまり、どうにかして『レザボア・ドッグス』を映画化するという内容の契約書を紙の切れ端で作って署名した。この時その後20年も続くことになるパートナーシップが誕生した。

作品は、『Tale of Two Sisters』〔日本未公開〕という題のチャーリー・シーンの詩を下敷きにした出来の悪いファミリー・ドラマ映画だ。

　ベンダーとタランティーノが出会ったそのパーティもスピーゲルのパーティだった。タランティーノがスピーゲルと知り合ったのはインペリアル・エンターテインメント社で働いていたときのことだ。実はタランティーノは『処刑！血のしたたり』の大ファンで、すでに4回も見直していた。しかも2人はそれ以前にも一度会ったことがあることをベンダーは思い出した。それはいかにも彼ららしく、ある映画（二本立てレイトショーの3D映画）の列で一緒だったのだ。さらにベンダーは『トゥルー・ロマンス』というタイトルの「マジでクールな」[1]脚本をすでに読んでいた。「あれを書いた人もタランティーノと

いう名前だけれど、きっと別人だよね」とそのパーティで彼は言った。

　「俺の脚本だよ！」[2]と唯一無二のタランティーノは叫び、ピエロのようにニヤリと笑った。

　スピーゲルの提案もあって、ベンダーは『ナチュラル・ボーン・キラーズ』のオリジナル脚本を読むことにした。その脚本はその時点でもう2年間も枝にぶら下がり続けた果実のように萎れ果てていた。ベンダーはタランティーノがこの脚本で描こうとしている内容に同調することができず（書き直すことを強く勧めている）、もしかするとこの監督志望者は、

この連続殺人ロマンス作品で「才能の枯渇」に突き当たってしまったのかもしれないと疑い始めた。タランティーノが今執筆中の『レザボア・ドッグス』というタイトルの脚本について話し始めたのは、そのときのことだ。

「絶対に低予算で撮れる映画だ」と彼は確約した、「すべてガレージの中だけで展開されるからね。強盗をした男たちが全員そのアジトに戻ってくる、どうやら強盗は最悪の失敗に終わったらしい状態でね。強盗自体は一切描かないんだ」[3]。

そこがミソだった……この映画は全編、強盗直後の余波だけを描いたものなのだ。

タランティーノは、この脚本を書くにあたって、たとえば発砲の瞬間など、痛ましい結果に終わった強盗そのもののシーンをサブリミナル的にほんの僅かでさえも描くことを一切放棄していた。リハーサルでは、チョークで宝石店の見取り図を描きながら、出演者たちにその強盗がどういうものだったのか考えておくことを奨励しているが、それは何をどう失敗したのかという記憶感覚を作り上げるためのものでしかない。

まだ執筆中だったこの作品に感銘を受けたベンダーは、この企画を一緒にやろうと持ちかけた。後援者を探すのに1年の猶予をくれないかとベンダーは言ったが、タランティーノは1年も待つ気にはなれなかった。良いことが起こりそうで起きない事態や空約束の類をもう何年も経験してきたタランティーノは、自分の手で自分の運命をつかみ取りたいと心に決めていた。彼はベンダーに『レザボア・ドッグス』について2カ月だけ待つ約束をした。2カ月後に後援者が見つかっていなければ、自分で勝手に撮り始めるつもりだったのだ。そうなったら自分がMr.ピンク（最終的にはスティーヴ・ブシェミが演じた、おしゃべりでチップを払うことを嫌う「プロフェッショナル」）を演じようとも決めていた。

ベンダーはナイスガイ・エディー（携帯電話を振り回す短気なこの男の光沢のあるシェルスーツを実際に着たのはクリス・ペン）だ。どこかのガレージか倉庫を探して、他のキャストはビデオ・アーカイブスの仲間や、演技クラスで知り合った売れない俳優たちを使い、ほとんどゼロに近い資金で撮ってやろうと彼は目論んでいた。

この2人の契約に弁護士は一切介していない。ベンダーが紙の切れ端に同意書を書き殴り、2人ともそれにサインをしただけだ。その後20年以上も続くことになるパートナーシップが生まれたのが、その瞬間だった。

完成した脚本はベンダーの信頼をまったく裏切らなかった。むしろ並外れていた。複雑だが可笑しく、暴力的にして悲劇的でもあるこのジャンル作品は、ユージン・オニールにも匹敵するほどのセリフで満たされていた……あの高名な劇作家にサウス・ベイの貧民街の方言を使いこなせたかどうかは別としての話だが。2カ月という月日は、ハリウッドで何らかの決断が下されるには瞬きほどの短さでしかないが、ベンダーはブルックリンで培った気概をフル稼働させて働きかけた。間もなくすると、かなりの前進があった。『断絶』も撮っているカルト映画監督モンテ・ヘルマンがこの脚本を読み、笑いから残忍さへと突如として変化する要素を特に気に入り、ぜひ監督させてほしいと言ってきたのだ。

ハリウッドのハンバーガー店でヘルマンとランチをしながらミーティングをしたタランティーノの気分は沈んでいた。もちろんタランティーノはヘルマンの映画の大ファンだったが、この脚本はタランティーノがこよなく大切にしていたものであり、どうしても自分で撮りたいという思いをあきらめきれずにいたのだ。そういう気持ちを隠そうとしていることを察したヘルマンは、プロデューサーという立場から彼の映画製作を援助しようじゃないかと申し

出た。そればかりか、自宅やテキサスにある土地を抵当に入れて、あと数十万ドル作ろうとさえ申し出た。

ようやくタランティーノに運が向いてきたのだ。

ベンダーは役者として大成したいという野心を完全に手放していたわけではなかったので、演技クラスに通い続けていた。ある日のレッスン後、彼は今自分が映画化を実現させようと取り組んでいるこの強盗サスペンスについて、演技コーチのピーター・フロアに喋った。フロアは、誰でも好きに選んでも良いとしたらその作品の主演は誰にしたいか、とベンダーに尋ねた。

「誰でも好きに選んでも良いのなら」とベンダーは考えながら答えた、「絶対にハーヴェイ・カイテルだな」。

するとフロアがベンダーの目を見つめ返した。この時まさに奇跡が起ころうとしていた。「私の妻のリリーはアクターズ・スタジオ時代からずっと彼と知り合いだよ。その脚本をまず妻に読んでもらって、もし彼女が気に入れば、彼女から彼に届けることができるかもしれない」。

フロアの妻、リリー・パーカーは、渡された脚本を心から気に入り、かの有名なニューヨークの演技学校時代からの知り合いであるカイテルにその脚本を届けた。ある日曜の午後、ベンダーが帰宅して留守電のメッセージを再生すると、そこにはどこかで聞いたことのある声が入っていた。「ハーヴェイ・カイテルです。『レザボア・ドッグス』の脚本を読ませてもらったよ。これについて君とぜひ話をさせてもらいたいんだが」[4]。

運が完全に彼らの方を振り向いた。もちろん、その運はタランティーノの才能から生まれたものだ。世界中のどこを探しても、彼以外にこのような作品を書ける者はいなかった。カイテルは、これほど刺激的な脚本にはもう長年お目にかかっていないと

上：ドラッグ・レーシングを描いたヘルマン監督の名作カルト映画『断絶』の主演俳優ジェームス・テイラーとモンテ・ヘルマン。ヘルマンはベンダーを介して最初に『レザボア・ドッグス』の脚本を読んだ人物のひとりであり、この脚本でユーモアとバイオレンスが見事にミックスされているところを気に入った彼は、これを映画化するために自宅を抵当に入れることまで申し出た。

右ページ：もちろんタランティーノはそもそもヘルマンのことを崇めていた。だが、そうであってさえも、ヘルマンが『レザボア・ドッグス』を監督したいと表明した際には、自身の思いを率直に伝えることをためらわなかった。この作品は自分で監督したい、と言うだけで十分だった。タランティーノの情熱にほだされたヘルマンは製作総指揮としてこの企画に残ることにした。

言った。友情や贖罪を実にうまく扱っている、とも。そこにはスコセッシの初期作品に見られるあの激しさに共通するものがあると彼は感じていたのだ。カイテルはこの脚本の映画化に自分も一役買おうと申し出た。

タランティーノは歓喜した。ベンダーと同じで、彼にとってもカイテルは一番と言って良いほど大好

「誰でも好きに選んでも良いのなら」とベンダーは熟考した、「絶対にハーヴェイ・カイテルを選ぶだろう」
——ローレンス・ベンダー

上：1990年のノワール・サスペンス映画『黄昏のチャイナタウン』の名優ハーヴェイ・カイテル。『レザボア・ドッグス』が実現したのはカイテルが奇跡的にも参加したからだと言っても過言ではない。カイテルは最初は Mr. ピンクか Mr. ブロンドを演じたいと思った（脚本には登場人物に具体的な年齢は付されていなかった）が、間もなく、Mr. ホワイトが自分にとって適役だと気づいた。

右ページ：1976年のマーティン・スコセッシ監督の名作『タクシードライバー』でロバート・デ・ニーロと共演する若手時代のハーヴェイ・カイテル。カイテルはタランティーノという若造の新人監督に、若手時代のスコセッシと共通する特質を見い出していた。それは、ある種の激しさ、ある種の脆弱性、そしてある種の洞察力だ。

きな俳優だったからだ。「最初に『タクシードライバー』や『デュエリスト／決闘者』で彼を見たのは15歳の時だった」[5]。それ以降、もちろん、彼の出演するすべての作品をタランティーノは観ていた。

　カイテルが参加したことで、ライブ・エンターテインメント社がこの企画に一気に乗り気になった。同社の製作部門バイス・プレジデントで好人物のリチャード・グラッドスタインは、たとえカイテルが参加しなかったとしても、タランティーノが「まったく最悪な大バカ野郎」[6]でさえなければ、おそらくこの映画の製作に（もっと低予算になったとは言

え）乗り出していただろうと語っている。ライブ・エンターテインメント社はすでに、ヘルマンが監督した『ヘルブレイン／血塗られた頭脳』をはじめとする作品でホラー畑を耕し、ビデオ業界でかなりの成功をおさめていた。グラッドスタインのオフィスには毎月のように何百本もの脚本が送られていたが、ヘルマンは機転を利かせて、タランティーノの脚本をグラッドスタインの自宅住所宛に送っていた。郵便受けから歩いて戻りながら最初のページをめくってみると、そこには「『レザボア・ドッグス』 脚本・監督：クエンティン・タランティーノ」[7]と書かれ

ており、しかもその下には「決定稿」と記されていた。無名のくせしてなんて大胆なやつだ、と彼は思った。

間もなくするとグラッドスタインはこの男が大胆になれたのも当然だと納得した。グラッドスタインは『レザボア・ドッグス』をノンストップで一気に読み通してしまった。「とにかくぶったまげた」[8]と彼は語っている。タランティーノの熱のこもったこのサスペンスには、プロの犯罪者たちの寄せ集め集団（彼らがギャング団ではないというところにグラッドスタインは感心した）が登場する。彼らはロスの宝石店からダイアモンド強盗をするためにそれぞれ雇われた男たちだ。このヤマをより安全にこなすため、彼らはお互いの素姓をまったく知らない。見事なまでに可笑しいあるシーンで、各人につけられた色のコードネーム（Mr.ホワイト、Mr.ブラウン、Mr.ピンクなど）について、俺はもっとクールな色で呼ばれたいと口論になる。腹を立てているMr.ピ

ンクに、この強盗を仕切っているジョーが苛立って「Mr.イエロー（意気地なしの意）にならなかっただけでも感謝するんだな」[9]とキレる。

このようにこの作品はキャラクター主体で展開する性質のものだったので、もしタランティーノがたとえば16種類の異なるキャスティングをすれば、きっと16本の異なる映画が出来上がることだろう。しかし、このストーリーの緊迫感をきちんと伝えられるかどうかは、この不運な強盗集団の化学反応を導き出せるかどうかに、そしてまた彼らの「タフガイの実存主義」[10]を導き出せるかどうかにかかっていた。「適切なバランス感覚が必要だ」と彼は主張した、

下：撮影現場でタランティーノと共に潜入捜査刑事フレディ・ニューエンダイク（別名：Mr.オレンジ）のバックストーリーに取り組むティム・ロス。この写真からもタランティーノ作品に典型的に登場するふたつのモチーフが処女作から使われていたことがわかる。フレディが着ている「マッハGoGoGo」のTシャツと、もう発売中止になっている1970年代のシリアル・ブランドだ。

「全員がまったく違う存在でなければだめなんだ、違うリズム、違う見た目、違う性格、違う演技スタイルでなければね」[11]。

　完璧な Mr.ホワイトが見つかり、カイテルもその役に最も興味を持っていると明言したことで、タランティーノはこの大恩人であるカイテルを中心にキャスティングを考えることができた。マリブにあるカイテル所有のビーチハウスを会場にして、ロスで一連のオーディションが行なわれ、マイケル・マドセン（ずっと後に脚本リークを疑われて彼らから訴訟を起こされたことがある俳優）がサイコ野郎のMr.ブロンド役に決まった時点で、カイテルの提案により、タランティーノとベンダーはニューヨークに移り、より癖の強い東海岸の役者たちのテイストを試してみることにした。カイテルは彼らの航空券やホテル代まで喜んで支払おうと申し出た。マンハッタンの有名なロシアンティールームで酒を飲みなが

ら、機が熟したと感じた2人は、カイテルに、この映画の共同製作者としてもクレジットさせてくれないかと持ちかけた。「君たちがそう言ってくれるのをずっと待っていたんだよ」[12]とカイテルは答えた。

　タランティーノには決して失敗することのないキャスティングの才があることが、この『レザボア・ドッグス』で証明された。彼はこのキャラクターたちのことを頭の中で熟知していた。彼らは彼が創作した男たちであり、彼自身の延長でもある。だからこそ、ピッタリの役者が部屋に入ってきた瞬間、直観的にそれを感じることができるのだ。

上：ウィルシャー・ブルーバードのジョニーズ・コーヒーショップで横柄なポーズをとるドッグたち。左から、Mr.ホワイト（ハーヴェイ・カイテル）、Mr.オレンジ（ティム・ロス）、Mr.ブラウン（クエンティン・タランティーノ）、Mr.ピンク（スティーヴ・ブシェミ）、Mr.ブルー（エディ・バンカー）、ジョー（ローレンス・ティアニー）、Mr.ブロンド（マイケル・マドセン）、そしてナイスガイ・エディ（クリス・ペン）

ニューヨークでのオーディションでは、地元生まれのスティーヴ・ブシェミがあの圧倒的なキャラクター、Mr. ピンク役に選ばれただけでなく、Mr. オレンジの候補者としてサミュエル・L・ジャクソンともミーティングしていた。ジャクソンはタランティーノが思い描いていたMr. オレンジ像ではなかったが、後の映画で実を結ぶことになる種がこの時すでに蒔かれていたのだ。

　タランティーノがイギリス人俳優ティム・ロスと面会した場所は、その次のキャスティング・セッションが行なわれたロサンジェルスのフォックス社の撮影所だった。ブロンドとピンクのどちらの役を演じたいかと問われたロスは、「オレンジ」[13]と答えた。タランティーノはその答えを予想していなかった。Mr. オレンジは『レザボア・ドッグス』のドッグたちの中で最も具現化するのが難しい存在であり、そうであってしかるべきキャラクターでもある。

　ロスはこの役柄の複雑さを気に入っていた。Mr. オレンジが「フィクションの中にいるフィクション」[14]であるという事実を気に入っていたのだ。観客の認識を一転させるヒネリによって、オレンジという人物はほぼ主人公と言えるような存在に変化する。本名をフレディ・ニューエンダイクといい、ネズミの巣窟に潜入して捜査しているこの刑事のバックストーリーが描かれるチャプターでは、本物の犯罪者らしく見せるために嘘の逸話を本物らしく語るリハーサルをしている。

　他のドッグたちと同様に、フレディ・ニューエンダイクもまた、強盗の一味に加わるためにオーディションを受けている。彼らは自らのセリフを覚えている、つまりは芝居を演じているのだ。こういったメタフィクションは次作『パルプ・フィクション』でもルーティンのように繰り返されている……ジュールスとヴィンセントは、獲物のいるアパートの部屋に踏み込む直前に、「キャラクターになりきる」た

めに間を置いている。

　「これはこのギャングスターの男たち全員に貫いているモチーフだ」[15]とタランティーノは説明している。彼らは、犯罪者と、役者と、テレビで見たルーティンを真似る子供を掛け合わせたような存在なのだ。

　ドッグたちの残りのメンバーにキャスティングされた俳優は、犯罪小説家で元犯罪者（真のドッグ）のエディ・バンカー、クリス・ペン（ショーン・ペンの弟）、1950年代に活躍したキャラクター俳優（で今では不平家）のローレンス・ティアニー、そしてタランティーノだ。そもそも彼は役者の仕事にあぶれていた自分を助けるために監督になったのではなかったか？　そう、彼は自分のためにMr. ブラウン役をとっておいたのだ。彼自身の堂々たる登場シーンのために、Mr. ピンクのものだったセリフの一部を切り取って自分のセリフに変えてさえいる（そのセリフとは、かつてのビデオ・アーカイブスの面々との会話そのもののような、マドンナの「ライク・ア・ヴァージン」というタイトルに込められた真の意味についてもったいぶって話す、この映画のオープニングのそれだ）。

　あの歌のタイトルの真意はともかく、この映画のタイトルの真意はどこにあるのだろうか。『レザボア・ドッグス』というタイトルには、何か込められた意味があるのだろうか？　このタイトルは作品自体を書く以前に決められていた。その映画を観たいと自分でも思えるような響きを気に入っていたからだ。後はそのタイトルに見合ったストーリーを作ればいい、という発想だった。では、この言葉自体の真の意味は何なのか……。間違いなくタランティーノにとって何らかの意味を持つものらしいが、彼はそれについて教えようとはしない。この映画がヒットした後で、このタイトルの意味について彼に向かって持論を展開する人々があまりにも多いことに、彼は「ノックアウトされた」[16]という。自分から話しさ

えすれば、その瞬間にすべての憶測はピタリとおさまったことだろう。

　もちろん、製作費担当者たちやマーケティング担当者たちとのミーティングもあり、そういったハリウッドのダサい連中からも、この意味の曖昧なタイトルについて疑問視する声があがっていた。「ザ・ビッグ・シュートアウト（大銃撃戦）」に変えたらどうだ？という提案さえあったという。

　彼は笑いながらこう振り返っている、「どの提案もごめんだったから、俺は言ってやったんだ、これはフランスのヌーヴェルヴァーグのギャングスター映画で使われている表現のひとつで、「ドブネズミ」という意味で、『勝手にしやがれ』にも『はなればなれに』にも出てくるよ、ってね」[17]。その真っ赤な嘘を彼らは信じた。彼らはそういう映画をまったく観てはいなかった。

　コニーの説によれば、このタイトルの源はもっとひどいもので、それすなわち、この息子の最悪のフランス語の発音から来たものだという。ビデオ・アーカイブス時代にルイ・マル監督の『さよなら子供たち』の原題（AU REVOIR LES ENFANTS）を彼は「レザボア・ドッグス」と発音していたのだと。

　撮影開始からわずか数週間の時点で、タランティーノはユタ州で開かれるサンダンス・インスティテュートの権威ある（何千人もの応募者の中から6人のフィルムメイカーだけが選ばれる）狭き門を通った。それは将来性のあるフィルムメイカーを啓蒙するための2週間にわたる実践コースで、選ばれた参加者たちが仮のシーンを撮影し、有名フィルムメイカーの講師団からフィードバックを受ける形で進められる。タランティーノは『レザボア・ドッグス』からの様々な場面をすべて長回しテイクで撮影し、彼独特の癖の強い冗長なスタイルを見せつけた。最初の講師団から、長回しでなくシーンを小分けするべきだと指摘されて彼は落胆した。しかしテリー・ギリアムら

がいた次の講師団は、彼の撮ったものに心を躍らせた。「自分を信じろ」[18]とギリアムは彼にコメントしている。刺激的なセリフだけにとどまらず、ここには特別な何かがあると彼らは感じていた。

　『レザボア・ドッグス』は1991年の猛暑の夏に撮影された。メイキング・シーンには、1970年代風の薄汚いロサンジェルスのロケ地で、汗をかくことを嫌ったティアニーとペンがカメラが回る直前までシャツを脱いでいる姿が映っている。そこはハイランド・パークの遺体安置所だった（残念ながら1994年のロス地震後に取り壊されている）。布の覆いの下には棺があり、またMr.ブロンドが劇的にダンディに本性を表すシーンで腰かけていたのは霊柩車の屋根だ。彼らが一番初めに撮ったのはマドセン演じるヴィック・ヴェガ（Mr.ブロンド）がジョーのオフィスに到着して、ナイスガイ・エディ（彼の親友）と子供同士のようにレスリングを始めるシーンだった。賢いベンダーは、こういうシンプルなシーンから撮影を始めるべきだということを知っていたのだ。保守的に開始しておき、その様子をパトロンたちに見せておけば、心配されずに済むからだ。たとえ、ローアングル、建物の出入口を用いた撮影、鏡、360度回転といった手の込んだショットを駆使しようとも、倉庫の熱く芝居がかった要素とストリートの鋭いダイナミズムのコントラストを描くことで、自分は監督を首になってしまうかもしれないとタランティーノは純粋に心配していたという。

　5週間後、この初映画作品をクランプアップさせたとき、世界は彼にとってまるで違うものになっていた。

　ライブ・エンターテインメント社が受け持ったのはビデオリリースだけだったので、劇場公開を実現させるためには、サンダンス映画祭が最大の機会となった。インディペンデントの配給業者たちが、自分の単館映画館の上映スケジュールを埋めようと、

上：何年もの努力の末、ついにクエンティン・タランティーノは初監督作品を撮ることになった。しかも自分の思うがままにだ。出演陣と撮影クルーはロサンジェルスの荒廃地区、そして後に1994年のLA大震災で崩壊したハイランド・パークの遺体安置所を使って5週間の撮影を予定した。

そしてあわよくば、その内1本でもメインストリームを刺激するに足るDNAを持った作品が手に入れば儲けものだという発想で、毎年1月になると雪に包まれたパークシティにやって来る。獲得合戦が熱狂に発展することも少なくはなく、その一番の大手はニューヨークを本拠地に置くミラマックス社だった。サンダンス映画祭で見い出したスティーヴン・ソダーバーグ監督のヒット作で人々の好奇心を存分にそそった映画『セックスと嘘とビデオテープ』の好機を逃さなかったのも、『クライング・ゲーム』を巧妙にマーケティングして性別を捻じ曲げたヒネリというショッキングな価値観で大きな成功をおさ

めたのも、ミラマックスだ。

　この会社を経営していた兄弟の内でも、よりうるさくて卑劣なハーヴェイ・ワインスタインは、この頃からすでに弱い者いじめタイプのビジネス・スタイルで知られていた。彼は、世間でも良く知られているように、後に失墜するが、それ以前は、タランティーノのキャリアにとって、もうひとりの後見人的存在と呼べるほどの人物だった。

　タランティーノにとって、初めて映画祭に解き放たれたことは、ディズニーランドのフリーパスを貰ったようなものだ。彼は数々の映画を観たり、様々な人々と話をしたり、弁舌を振るってビデオ・アーカイブスの最高な馬鹿話を再現したりもした。この映画祭にいた誰もが、このニヤリと笑いながら喋る不細工な男と彼が作ったワイルドな映画を話題にするようになった。彼の映画が上映されると、話題はもっ

44　クエンティン・タランティーノ

ぱら『レザボア・ドッグス』のことだけになった。この映画のとげとげしいマッチョイズムは、小うるさい往年のサンダンスの価値観を激しく攻撃し、喧騒と耳削ぎのシーンに会場を後にする者たちが続出した。

しかし、サンダンスの観客が本当の意味で衝撃を受けたのは、『レザボア・ドッグス』がスリリングな映画であるという事実の方だ。セリフが泡のようにとりとめなく続き、因習的ジャンルが柔軟に捻じ曲げられ、パフォーマンスは辛らつだが脆弱さも兼ね備え、ものすごいリアルさと恥ずかし気なく描かれる自意識がピリピリと混ざり合っている……雪に閉じ込められた閑静なこの町でこんな作品が上映されたことは、それまで一度としてなかった。1992年のこの年、最優秀映画に選ばれた『イン・ザ・スープ』は確かに限られた人々の心に刺さったかもしれないが、配給業者たちが最も熱心に追いかけたのは間違いなく『レザボア・ドッグス』だった。結局、ミラマックスが迅速に動いてこの映画をかっさらった。

評論家たちはすでに絶賛していた。道徳性の欠如を問題視する声が出てくると、「ニューヨークタイムズ」紙のヴィンセント・キャンビーのような猛者たちがタランティーノを絶賛して擁護した、「タランティーノ氏には燃えるようなイマジネーションがあるが、彼はそれをコントロールできるだけの強さと才能も兼ね備えている」と。彼は文化的意識と誇らしいほどの無謀さで燃え盛るハリウッド・フィルムメイカー界のニューウェーブの使者として認識された。「ロサンジェルスタイムズ」紙のケネス・トゥランの記事に言わせれば、『レザボア・ドッグス』とは「映画という形の名刺に等しいものであり、彼がここに存在すること、そして彼が決して侮れる存在ではないということを宣言するという、リスクを顧みない不敵な行為」だったのだ。

タランティーノはどうやら完璧な形で出現したようだ。単なるキャラクターやセリフの妙などではなく、そこには巨匠らしさがあった。『レザボア・ドッグス』は、基本的には、リアルタイムで展開されるほぼ1時間ほどの出来事（あの倉庫で、生き残った男たちが、さっき起こったばかりのこと、これからすべきこと、そして崩壊へとたどる運命に悪戦苦闘することに費やす時間）と、それを補足する形で、潜入捜査の準備をするニューエンダイクや、出所したてのヴィック・ヴェガや、タイトル・クレジット前の朝食シーンでペチャクチャ喋るこの男たちのイントロダクションといったシーンが使われている。この映画の時間の流れは、リアルタイムの時間の流れと混在している。そのギャップを埋めているのが、ずる賢そうな犯罪者という類型的なキャラクターたちによる日常的なおしゃべりだ。

強盗以前に起こった出来事としてこの映画に描かれているエピソードはどれもフラッシュバックではないとタランティーノは主張している。この映画の流れとは本質的に異なるそういったパートのことを、彼は小説のチャプターにあたるものとして捉えており、それぞれを異なる目線から描いている。「語り手として俺がやろうとしているのは、聞き手にこういう形で情報を得てもらいたいと俺が思っている順番に出来事を並び替えることなんだ。だからチャプターは必ずしも時間順というわけではないのさ」[19]。

時間を並べ替えることで観客を敢えて混乱させることもできる。マドンナの曲についてやチップの良し悪しについてドッグたちががみがみと言い合いする姿を見て気持ちが和んでいた私たち観客は、ロスの苦悶に満ちた悲鳴を聞き、逃走車の後部座席でブタのように血を流している彼の姿を見て、衝撃を受けて目を覚ます。そこには混乱を呼ぶ効果がある。まるでずっと意識を失っていた自分が突如として目覚めたような気分になるのだ。

この脚本では、人種への悪口、同性愛者嫌悪の中傷、性差別、その他の古色蒼然とした言葉がためらいなく使われているが、それらはむしろ音楽のようだ。タランティーノは、お行儀の良い臆病な政治的正当性が重要視されはじめたあの時代にあって、自分が批判を受けることになることは心得ていた。彼はインタビューを受けるごとに、キャラクターの人となりからその人物のセリフが湧き出てくるに任せて書いただけだと主張している。レイバンのサングラスで本性を隠した根性の曲がったタフガイたちが、タランティーノの多大な記憶に蓄積されているポップカルチャー論を、ロサンジェルスのスラングを交えながら長談義する。タランティーノはメソッド演技法のライター版とも言える「メソッド・ライター」だ。このキャラクターたちの声は、まるで川のように彼の中から溢れ出てきたものなのだ。

自分が生み出したキャラクターたちが観客や評論家に大きな刺激をあたえたという事実に彼は興奮した。彼はハリウッドのフィルムメイキングで多用されている彼が呼ぶところの「スクエアダンス」[20]的な考え方をぶち壊したいと思っていた。そして悪名高き目玉シーンである耳削ぎの場面は、(スクエアダンスの音色ではなく)彼が演奏するバイオリンでも観客を躍らせることができることを証明するものとなった。この映画が血の洪水に溺れれば溺れるほど、観客はどんどん麻痺していった。タランティーノが作り上げる神経を苛立たせるようなスリル感は、あくまでも暴力への予感であり……その先にある本当の暴力を想像させるものでしかない。

実際の話、タランティーノは決定的な瞬間からはカメラを逸らしている。耳を切り取るところをしっかりと目の当たりに捉えたテイクもあるにはあったが、このシーン全体が緊張感に満ちた振付で展開されていたので、そのテイクを使う必要はまったくなかった。ラジオ(それはこの映画の奇妙なもうひと

りの登場人物とも呼べる)からは、頭に残るスティーラーズ・ホイールの「スタック・イン・ザ・ミドル・ウィズ・ユー」の物憂いサウンドが流れ、それに合わせて踊り出すマドセンの動きには冷酷で静かな彼の心理がにじみ出ている。そして、そのほとんどくつろぎ切った表情(なんと素晴しい演技だろう)と、ブーツに冷たいカミソリが隠されていることの開示によって、理屈抜きの決定的瞬間を遅延させて観客を焦らす。

マドセンは、このシーンを撮影するのに必要とされる5時間ずっとこのキャラクターになり切るため、囚われた警官マーヴィン・ナッシュを演じるカーク・バルツと話し合い、バルツを車のトランクに入れて周辺をグルグルと運転することで犠牲者と加害者の関係性を築くことにした。バルツはこのアイデアを受け入れたことを後悔したに違いないが、マドセンは結局45分にわたって街を運転し、タコ・ベルに立ち寄ってコーク(これで炭酸飲料を顔色ひとつ変えずに飲むというアドリブも思いついた)を買ってから、ようやく撮影現場に戻り、皆が呆然と見ている前であざだらけの共演者をトランクから解放した。タランティーノはそれに大満足だった。

上映会場を途中退席した大勢の人々は、あの暴力への予感に耐えることができなかった人々だ。一方でその場に残った人々は、悲鳴を上げるべきか笑い声を上げるべきか決めかねていた。それはまさにタランティーノの思惑通りだ。私たち観客は、あのリズムに合わせて足を動かしながら、あの暴力の共犯者になっていたのだ。

「俺は観客に予想外のパンチをくらわせたんだ」と彼は得意げに語っている、「観客は俺に止められるまでずっと笑っているしかないのさ」[21]。

これはいわゆるバイオレンスではない。スタイルなのだ。タランティーノの独学映画教育の初期段階で彼の一番のお気に入りだったのは、アボットとコ

ステロがフランケンシュタインやミイラと遭遇する
1940年代の『凸凹』コメディ映画シリーズだった。
「ホラー映画のコンセプトとコメディをひとつにま
とめた天才的作品だね……ふたつの最高なテイスト
が合わさって、ひとつの最高なテイストが生まれて
いるんだ」[22]。

　売店カウンターに掲げられる宣伝文句かと思える
ほどの絶賛ぶりだ。

　それはともかく、『レザボア・ドッグス』の成功
に続く何カ月もの期間は、暴力を魅力的に描くこと
は危険だという批判への反論に費やされることに
なった。

　小難しい道徳論を全部俺に背負わせるのはどうか
している、と彼は言い返している。彼に言わせれば、
どんな映画でもスクリーン上で描かれる暴力はすべ
て、日常から切り離された、とても映画的なもので

上：俳優になろうと何年も努力してきたタランティーノが、自分自身をキャ
スティングできる機会を見合わせることなどするわけがなかった。心は
Mr.ピンクを演じたいと思っていたが、彼の理性が、大きな役についてし
まったら様々な仕事をこなすのに支障をきたすだろうと判断し、悲運な
Mr.ブラウンを演じることにした。

あり、ミュージカル・ナンバーのようなものだった
のだ。

　「マーチャント＝アイヴォリーのクソ映画の方がずっ
と不快で攻撃的だと思う」と彼はサンダンスで上映
後に行なわれたQ&Aの席で、まだ酔いしれている
観客に向かって吠えている、「暴力は映画で描ける
ものの中でも屈指の素晴らしいものだ……」[23]。芸術
家に手錠をかけるという行為は芸術の息の根を止め
る行為と同じなのだ。

　彼の映画それ自体を残忍だと批判することは、腹
を撃たれてこの作品における実時間のほとんどで致

死量の血を流し続けるMr.オレンジの、ゆっくりとした、べたつくような、リアリスティックな死を軽視することに他ならない。撮影隊は毎日撮影が終わるとロスを床から引きはがして血だらけの床を清掃し、翌朝また撮影前に血だまりを床に注いでいた。ロスの苦痛の唸り声や死に物狂いの叫びは、この映画の冷たい化粧張りを突き抜けただけでなく、Mr.ホワイトの情緒的な危機に観客の焦点を向けてもいる。

　友人間の忠誠と裏切りというパワフルなテーマが、不敬な口ぎたない言葉の数々や、意識的にクールに作られたイメージや、ズドンと射貫いてくる興奮によって巧みに包み隠されている。タランティーノが創り上げたこの犯罪者たちの世界では、どんな善行も罰を免れることはないが、それは彼のその後のキャリアの中で全作品に一貫するテーマとなった。彼が描くフィクションの暗号を解読してみると、そこには子供に無関心な実の父親と不定期な継父たちを持ち、映画という慰めを見つけた孤独な一人っ子の存在を容易に突き止めることができる。

　「この映画は自分のために作ったんだ」と彼は言う、「みんな勝手に楽しんでくれたらそれでいいけどね」[24]。

　タランティーノが自分のやり方でしか映画を作ろうとしないことは明白だった。ミラマックスは、耳削ぎシーンを取り除きさえすればメインストリームでのヒットも手中にできるはずだとうるさく忠告した。もしもこのとき信念を捨てることを容認していたら、おそらくその後も自分の作品を自分でコントロールすることは一切できなくなっていたことだろう。あのシーンは、フィルムメイカーとしての彼を

右：ジョージ・ベイカー・セレクションが演奏する「リトル・グリーン・バッグ」のグルーヴに乗って仕事に向かうレザボア・ドッグたちがイーグル・ロック・ブルーバードを歩く不滅のイメージは、クエンティン・タランティーノのキャリアだけでなく、一時代そのものを築くものになった。

上：Mr.オレンジ（ティム・ロス）とMr.ホワイト（ハーヴェイ・カイテル）が最悪な結果に終わった強盗から抜け出そうと必死で前進する。この映画は現代を舞台にしたものではあるが、タランティーノは車やロケ地の選択を通して、偉大なる1970年代の犯罪サスペンスのバイブスを吹き込もうとしている。

定義するシーンとなった。「あの瞬間に」と彼は当時を振り返って再認識している、「俺のその後の全キャリアが決定づけられたんだ」[25]。

　その後カンヌとトロントの両映画祭を経て、『レザボア・ドッグス』はアメリカで公開され、ビジネス上の華々しい大成功とまではいかない、普通に満足のいく程度の結果を残した。1992年10月23日に公開されたこの映画は、製作予算を回収するには十分だが、それ以上とまではいかない、283万2029ドルを売り上げた。ブレイクしたのはタランティーノ本人の方だ。当意即妙の受け答えと厚かましいまでの正直さと古いマンガのような表情でマスコミを魅了し、彼が認めたものなら何から何まで、「クール」（その中でも著しいものは「ファッキン・クール」）というラベルの貼られたおもちゃ箱に入れられるようになった。

　アメリカでの公開に続き、タランティーノはワールドツアーに出た。まずはヨーロッパ全土の映画祭の数々、次いでアジアにも足を延ばしている。彼は

上：ドッグたちの人間関係が崩壊して行くのを目の当たりにする人質の警官マーヴィン・ナッシュ（カーク・バルツ）。タランティーノは、妨害を受けたあの強盗で具体的に何があったのかを観客に伝えずにおくことを重視した一方で、リハーサルでは、出演者たちが何がどう失敗したのかという共通認識を持つために、強盗の具体的な行為を確認している。

疲れも見せずに立ち止まることなく、世界を自分の目で見られる機会や、決して彼のことを黙らせようとしない人々を相手に映画について喋り続けられる機会を得て興奮した。彼の名声はうなぎのぼりだった。露出過多になりすぎることは、危険であるところか、むしろ彼という人物像を中心に膨らんでいったカルトにとって有益なことでしかなかった。

『レザボア・ドッグス』はアメリカ国外でスマッシュヒットした。フランスでは、この「恐るべき子供」の素晴らしきデビュー作は丸一年も公開が継続された。イギリスでは、この映画が受けたことが契機となってタランティーノ現象全体に広がっている。俗

悪ビデオ陰謀論（特定のビデオ作品にたいして、それを真似た犯罪を助長するとメディアが煽ったイギリスでの出来事）と重なったことから、最終的にこの作品のビデオ化は禁止された。ハーヴェイ・カイテル主演でタフガイたちの実存主義が描かれた『バッド・ルーテナント／刑事とドラッグとキリスト』も同じ憂き目にあっている。タランティーノはその事

上：現実的に考えてこの映画で描かれている1時間余りの実時間の間に出血多量死することは免れそうにないMr.オレンジ（ティム・ロス）を介護するMr.ホワイト（ハーヴェイ・カイテル）。毎朝ロスは血に染まった床に仰向けに寝そべらなければならなかった。この残虐な血だまりは毎日の撮影が終わるたびに清掃されている。

実に興奮した。「何であれ簡単に手に入ってしまうものだと、その興奮やカルト的熱狂は簡単に萎れてしまうからね」[26]。この映画は英国で何カ月間も上映され、600万ドルの興行成績を上げた。この数字はアメリカでの売り上げの2倍だ。

　タランティーノが凱旋すると、アメリカも盛り上がっていて、フィルムメイカーの卵たちが働くビデオ・アーカイブスの電話は鳴りやまなかった。タランティーノはそれまでのミーハーなメインストリームにとって代わる新たなロックスターとなり、『レザボア・ドッグス』のビデオは、前代未聞となる90万本を売り上げた。これは予想の3倍に上る売り上げだ。

上：この映画の最初のメキシカン・スタンドオフを繰り広げるMr.ピンク（スティーヴ・ブシェミ）とMr.ホワイト（カイテル）。この映画のアメリカでの劇場公開売上はまずまずの成績でしかなく、クエンティン・タランティーノ現象が巻き起こったのはヨーロッパでのことだった。

のだろうか？」というこの記事にたいするタランティーノの反応は、この記事を大々的に肯定するものだった。彼は臆面もなく「俺はこれまで作られたすべての映画から盗んでいる」[27]と「エンパイア」に語っている。

「どれも別れた 元カノみたいなもの……」

『トゥルー・ロマンス』『ナチュラル・ボーン・キラーズ』
『フロム・ダスク・ティル・ドーン』

『レザボア・ドッグス』以降、クエンティン・タランティーノが書いた3本の脚本が前代未聞の早さで映画化された。3本とも『レザボア・ドッグス』のドッグたちが吠え始めるずっと以前に書かれたものだ。そしてまた、3本とも自分の処女映画にしようという実行可能な野望から生まれたものだった。この3本をまとめて、1990年代前半に彼がハリウッドを揺るがせた衝撃の実例と呼ぶことができる。

タランティーノの脚本の真価を本当の意味で引き出せる映画監督はただひとりしかいなかった。それはクエンティン・タランティーノだ。ハリウッドから注目されることは、時には、ハリウッドに無視されること以上に最悪な事態にもなり得る。

タランティーノが書いたあの変幻自在な犯罪エピック「ジ・オープン・ロード」〔未完脚本〕をエキスにして1987年に書かれた最初の脚本は『トゥルー・ロマンス』だ。驚くべきことではないが、これは彼にとって最も自伝的なストーリーだ。クラレンス（この名前は『マイ・ベスト・フレンズ・バースデー』から引き継がれた）がタランティーノの分身であることは明白で、この男は愛を切望し、誕生日には千葉真一映画の二本立てを鑑賞する（その後でパイを食べに行く）ことを儀式とし、（ロサンジェルスのビデオ店ではないが）デトロイトのコミックブック店で働いており、その店のボスの名前まで同じランスだ。彼自身、躊躇することなく「あれは

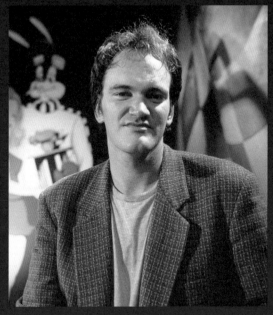

上：クエンティン・タランティーノはよく、一夜にして有名監督になった人物と称されているが、彼はそれ以前に何年もプロとしていくつもの脚本を書いており、『レザボア・ドッグス』が公開される以前から『トゥルー・ロマンス』と『ナチュラル・ボーン・キラーズ』の脚本は市場に出回っていた。

右：『トゥルー・ロマンス』で娼婦をやめた理想の女性アラバマ・ウィットマンを演じるパトリシア・アークエット。タランティーノがアラバマという名前を選んだのは、B級映画『女体拷問鬼看守パム』でパム・グリアが演じたキャラクターへのオマージュだ。脚本版の方にはクラレンスがその事実を指摘するセリフまであった。

上・左：ビデオ・アーカイブス時代、タランティーノと仲間たちは『トップガン』の背後にある同性愛のサブテキストについて語る長いモノローグを作り上げていた。そのモノローグはインディ映画『スリープ・ウィズ・ミー』に彼がカメオ出演した際に再現された。彼がスコットにこれについて話したことがあるかどうかは不明だ。

上・右：イギリス人映画監督トニー・スコットは、トム・クルーズを配した『トップガン』で興行的な特大ヒットを飛ばした監督でもあっただけに、彼が『トゥルー・ロマンス』のメガホンを取ったことを不思議に思う人も少なくはなかった。しかし共通の知り合いを介してタランティーノからこの脚本が送られてくると、他の人々もそうであったように、スコットはすっかり夢中になって一気に読み通した。

100パーセント、俺の自己意識さ」[1]と告白している。クラレンスがアラバマという名の娼婦と恋に落ちたところから、事物はより空想の世界に近いものへと向かい、クラレンスの指導霊であるエルビスの助言に従ってアラバマのポン引きを撃ち殺す（これは『タクシードライバー』に共鳴している）。次いでこのカップルは、大急ぎでロサンジェルスに向かい、よくしゃべる映画プロデューサーに本来はマフィアのものである大量のコカインを売りさばこうとする。

　このストーリーは、彼が言うところの「アンサーが先でクエスチョンが後」[2]の直線的構造を持つ『レザボア・ドッグス』のようなストーリーよりもずっと複雑な始まり方をしている。まだ2つ目のシーンで、ラスター・スタイルの白人のポン引きドレクセルが登場し、仕事仲間のフロイドと「オ○ンコを喰わない」[3]ことについて論じている（厳しいレイティングが課せられることを恐れて、このシーンは大幅にカットされた）。当時そういう複雑な展開の映画を歓迎する者はひとりもいなかった。この脚本を買おうとする者も、ましてや、この脚本をタランティーノが監督することを支援しようとする者もまったく現れず、断りの手紙の中には痛烈な内容のものもあった。「こんなクソみたいなものをよく私に送ろうと思ったものだ」という返信はこう続いている、「お前は

気でも狂っているんじゃないのか？」⁴。

　そんなわけで、この時点で執筆パートナーとなっていたロジャー・エイヴァリーとタランティーノは、複数の金持ち投資家から少しずつ資金を集めるという、彼ら以前にコーエン兄弟が『ブラッド・シンプル』でやった方法で『トゥルー・ロマンス』の製作費を調達する計画を立てた。6万ドルの予算で16ミリフィルムで撮り、それで名を成そうという発想だ。しかし、自作脚本を持ち込んでくる貧乏な若手の2人組がまたしても出現することにこの上なく用心していた映画関係者ばかりだったロサンジェルスでは、タランティーノたちの計画はすぐに行き詰まった。この脚本はハリウッドの偉そうな人々の手から手へと4年間さ迷った末に、スタンレー・マーゴリスという名の経験不足なプロデューサーの手に行き着いた。この脚本のスキャンダラスなオープニングにぶっ飛んだ彼だったが、親切にも自宅を抵当に入れて270万ドルを捻出した後に、後援者候補を相手にした不当取引と訴訟（作品の所有権が不明になってしまった）という迷宮に入り込んでしまう。タランティーノ自身『レザボア・ドッグス』の監督で多忙だったことから、スコット・スピーゲルは、B級サスペンス映画『地獄のマッドコップ』の監督として知られるビル・ラスティングをこの映画の監督に起用することを勧めた。タランティーノは彼の事も彼の作る映画も大好きだったし、この監督なら『トゥルー・ロマンス』にエクスプロイテーション映画的なチープな大混乱を吹き込むことができるだろうと期待した。しかし、ラスティングが、（タランティーノの書いた原稿ではクラレンスは頭をぶち抜かれて死んで終わるが）もっと明るいエンディングに変えた方が映画として売れるのではないかと提案した瞬間から、この監督へのタランティーノの期待は失われた。

　タランティーノは、それが誰であれ、自分の脚本を台無しにしようとする意見を軽く受け止めることは絶対になかった。

　1991年12月、映画業界のバイブル雑誌「ヴァラエティ」が、『トップガン』や『デイズ・オブ・サンダー』（タランティーノのお気に入り）という興行的特大ヒット作品を撮ったあのイギリス人監督トニー・スコットが『トゥルー・ロマンス』を監督すると発表した。共通の知り合いを見つけ出したタランティーノから送られてきた『レザボア・ドッグス』と『トゥルー・ロマンス』の両脚本を、スコットは夜中の4時から立て続けに読み通した。ロサンジェルスに飛び交う蛍の光も彼に完璧な読書環境を提供したようだ。彼はどちらの脚本のセリフにも夢中になり、まるで新手の路上詩人が現れたようだと絶賛した。スコットは翌朝「両方とも私が映画にしたい」⁵と電話をかけている。

　『レザボア・ドッグス』はもうこの脚本を書いた本人が監督することに決まっていたことから、スコットが撮るのはクラレンスとアラバマの物語、そう、タランティーノ作のラブストーリーということになった。スコットが乗ったので、ワーナーブラザーズも乗り、予算は1300万ドル（『パルプ・フィクション』よりも500万ドル多い額）に決まった。この取引がまとまる直前には、ミラマックスが700万ドルの予算でジェームズ・フォーリーが監督するのはどうかと持ちかけていたが、ワーナー＝スコットのタッグに屈服している。タランティーノが最終的に手にしたのは4万ドルだった。

　スコットが自分はこの映画の製作だけをしてタランティーノに監督を譲ろうと考えた時期も、短くはあったが、あった。『レザボア・ドッグス』以降のタランティーノは、彼がすでに書いていたこの脚本も監督する機会をオファーされていたが、すべて丁重に辞退するしかなかったのだ。彼の返答は、この脚本も自分の初監督作品にしようと思って書いたものばかりだから、今さら後戻りするつもりはないと

いう、実にドライなものだった。「どれも別れた元カノみたいなもので、もう彼女たちと結婚するつもりはない」[6]という、いかにもタランティーノらしい言葉が印象的だ。

いずれにせよ、スコットの目を通してタランティーノの世界観を見れるなんて、どうしようもないほど心がそそられる機会だ。スコットは『トゥルー・ロマンス』を自身の傑作の1本に挙げている。この作品の魂はタランティーノのものだが、この作品の巧妙にして熱狂的な心臓の鼓動はスコットのものだ。きびきびしたクラレンス（オタクというよりは映画スター感がずっと強い）をクリスチャン・スレーターが、元気のいい愛すべきアラバマをパトリシア・アークエットが演じた。『レザボア・ドッグス』のセリフにチラリと出てくる「アラバマ」とは実は彼女のことだ……Mr.ホワイトがジョーとの会話中に彼女の事を思い出して話している。「俺の中では、彼らは皆ひとつのユニバースの中で生きているからね」[7]とタランティーノは説明している。

この映画の脇役キャラクター群の一人として、短い出演ではあったが、サミュエル・L・ジャクソンもタランティーノ・ユニバースへのデビューを飾っている。脇役群には他にも、後に主役を張ることになるブラッド・ピットがいた。テレビ画面に夢中で文字通りソファから起き上がろうとしない、水パイプでラリっている怠惰な男を演じている。

スコットはこの脚本におとぎ話的な虚飾を付加して映画化した。彼はタランティーノを真にロマンティックな男だとみなし、（喜んで千葉真一映画を一緒に観てくれる）アラバマはタランティーノの理想の女性と解釈していた。そして皮肉なことに、スコットもまたラスティングと同じようにハッピーエンドを提案した。

「全員集まってそのことについて話し合ったよ」とタランティーノは振り返っている。スコットは時系

列順に並び替えて描くことも提案したが、それについてもタランティーノは平静だった。「トニーはエンディングを変えたいと言ってきたけど、それは興行的な理由からではなく、この主人公の若者たちが大好きだから、逃げおおせさせてやりたいからだと言うんだ」[8]。

それでもやはり、私たちの印象に最も深く残っている場面は、タランティーノのダークな芸術がそのまま描かれている場面だ。それは、デニス・ホッパー演じる、疎遠になってはいたが息子のことを心から思っているクラレンスの父クリフが、クリストファー・ウォーケン演じる粋な身づくろいのシシリアン・マフィア、ココッティを話術で誘導し、彼に自分のことを撃ち殺させるよう仕向ける場面だ。2人の経験豊かな役者が顔を突き合わせる演技のリズムが見事な編集で描かれている。

恐ろしいほど冷静に尋問を繰り広げる敵を相手に、ホッパー演じる元警察官が（かつてのビデオ・アーカイブスの得意技とも言えそうな術策で）それを迎え撃つ……それは、歴史的に見れば（ムーア人の時代に遡れば）お前たちシシリア人は「ニガーが産み落とした」[9]人種なのだという話を聞かせてやるというものだ。ウォーケンの氷のような物腰がゆっくりと崩れてゆく姿がこのシーンに魔法をもたらせている。彼は「人を殺すのは1984年以来だ」[10]と一度吠えてから平静を取り戻し、クリフの頭に弾丸をぶち込む。このシーンがとても面白いのは、ものすごく型破りだからだろう。とは言え、剛毅なタランティーノ節が今回も議論を呼んだことに変わりはな

上：この脚本はバイオレンスに溢れてはいるものの、トニー・スコットは
この作品にタランティーノのロマンティックな空想を見て取っており、アラ
バマは彼の理想の女性像だと理解した。だからこそスコットは、タランテ
ィーノのオリジナル脚本のクラレンスが死ぬというダークなエンディングを
覆し、おとぎ話的な虚飾をこの映画に植えつけている。

右ページ：大手映画会社のバックアップ、良好な映画評、そして、そもそ
もクエンティン・タランティーノがこれだけあれば十分だと思っていた6万
ドルを大幅に上回る予算がついていたにもかかわらず、この映画はさほ
どの観客を動員することはできなかった。

い。

　ウォーケンの独特な話し方（かつてタップダンサー
だった彼はセリフの途中で今にも本当にタップダン
スを踊り出しそうだ）は、彼がタランティーノ語を
巧みに操れる名手であることを証明している。タラ
ンティーノは、一瞬ではあったものの、ウォーケン
を『レザボア・ドッグス』のMr.ブラウン候補に挙
げていたが、スケジュールの都合でタランティーノ

上：クエンティン・タランティーノは、ホッパー演じる警備員とクリストファー・ウォーケン演じるマフィアのヴィンセンツォ・ココッティとの対峙場面について、彼が誇りに思っている場面のひとつだと公言している。この場面で語られる内容は、タランティーノが黒人の友だちの家に泊まりに行った時に、その友だちの母親から聞かされた話をもとにしたものだった。

作品出演は『トゥルー・ロマンス』に延期され、次いで『パルプ・フィクション』にも出演している。『パルプ・フィクション』で見事な長いモノローグを与えられたウォーケンは、彼独特のジャズ的シンコペーションで、若き日のブッチに父親が隠した腕時計の逸話を話し聞かせて楽しませてくれる。

　タランティーノからは高く評価された『トゥルー・ロマンス』だったが、興行的にはあまり芳しくなく、1200万ドルを少し超えた程度の成績に終わっている。アートハウス系映画館では、映画通たちがハリ

ウッドの微光を薄々感じ取ったのだろうか、チケットが売り切れになっている。しかし、メインストリームの観客はまだタランティーノの厄介なストーリーテリングに順応し切ることができずにいたようだ。そのドアが蹴り開けられる時は『パルプ・フィクション』まで待たなければならなかった。

　タランティーノが初監督映画にしようと目論んだ2つ目の脚本は『ナチュラル・ボーン・キラーズ』だ。しかし、自身の脚本を元にした映画としてタランティーノが享受した『トゥルー・ロマンス』とは違い、こちらの「元カノ」について、彼は公然と嘲っているだけでなく、個人的に屈辱だと考え、この作品から距離を置きたいがために、クレジットも「ストーリー原案」とだけしか受け入れなかった。彼の脚本を下敷きにしてオリヴァー・ストーンが改作し

たこの映画を、きちんと観ることさえ意識的に拒み、いつの日かホテルの有料放送〔ペイ・パー・ビュー〕で見ることにするよ、と言い放っている。

悪評が爆発する以前の『ナチュラル・ボーン・キラーズ』は、『トゥルー・ロマンス』の作中でクラレンスが執筆している脚本という巧妙な形で存在する作品だった。メタフィクションという形で存在したこのストーリーは、深く愛し合う連続殺人犯カップル、ミッキーとマロリーの物語で、彼らはルート58を下る途中、ある殺人後に逮捕される。逮捕後この2人は「アメリカン・マニアックス」というテレビ番組の司会者ウェイン・ゲールからしつこくつきまとわれる。このキャラクターはかつてチャールズ・マンソンをインタビューしたことでも知られる、実在の元弁護士でテレビ番組司会者のジェラルド・リベラをそのままモデルにしたような人物だ。

タランティーノは、ビデオ・アーカイブスの同僚であり、彼にとって最も近い友人のひとりでもあるランド・フォスラーとコラボして、この作中のフィクションを単独の脚本として仕上げることにした。実はフォスラーは、身分こそ「長編映画を企画する奴」[11]でしかなかったもののMGMで仕事をしていたので、映画業界では確実にタランティーノより先を行っていた。それだけに当然この脚本が映画化される望みは高いとタランティーノは思っていた。しかし彼らの脚本を読んだMGMの反応はすっかり困惑したものだったので、フォスラーはその職を辞してタランティーノとナチュラル・ボーン・フィルムメイカーズという会社を作った。彼ら同士の契約もまた、本質的にはタランティーノがローレンス・ベンダーと結んだパートナーシップと同じように、とてもカジュアルなタイプのものだった……しかし今回の場合は、その法的書面に対するゆるい考えが後に悪影響をあたえることになる。

タランティーノの成功後、彼の代理人は、彼が安

請け合いだけして実行できなかった約束という数々の面倒な案件を片っ端から解決して行かなければならなかった。彼は、たとえその相手が友人だとしても、相手との距離の取り方を学ぶ必要があったのだ。

フォスラーはその波に飲み込まれてしまったひとりだ。

『トゥルー・ロマンス』の頃は、最初はこの脚本に興味を示す者がまるでいなかったことから、タランティーノは生活のためにビデオ・アーカイブスに仕事のシフトを入れてもらうよう頼まなければならない状態だった。しかし、ベンダーと出会い、また『レザボア・ドッグス』で勢いがつくと、『ナチュラル・ボーン・キラーズ』のほとんどすべてをフォスラーに任さなければならなくなった。その餞別としてタランティーノは『ナチュラル・ボーン・キラーズ』に予算がついた場合の監督権を1ドルで彼に譲った。思いもよらないことに、この行動が連鎖反応のきっかけとなり、結果的にこの映画はオリヴァー・ストーンと法廷の両方に行き着くことになる。ジェーン・ハムシャーとドン・マーフィという強引な2人組の若手プロデューサーがこの企画に乗り、彼らがフォスラーのために50万ドル集めようと持ちかけた。間もなくすると、彼らはフォスラー抜きで会議を始め、彼の存在がほとんど無視されていることが明白になり始めた。孤立し、金もなく、生活に少し困窮していたフォスラーは、この映画の監督権を放棄する取引を持ちかけられ、それを受け入れてしまった。しかも彼は、世間知らずにも、その金を使って彼がこの脚本の中にある「コーリング・カード」の場面を撮影する権利を買い取った。そうすることで出資者に彼自身に監督としての力量がないわけではないことを証明したかったのだ。

その2日後、フォスラーはこの企画から完全に解雇された。彼はすぐにハムシャーとマーフィを訴え

た。タランティーノは激怒し、あの契約はあくまでもフォスラーがこの映画を3万ドルでゲリラスタイルで撮ることを前提にしたものであり、大規模な映画にすることを視野に入れたものではないと主張した。ハムシャーとマーフィがこの企画で大金を追うのであれば、自分にもそれなりの分け前があってしかるべきだと。最終的にフォスラーは買収されて沈黙し、タランティーノとの友情はめちゃくちゃになってしまった。

しかも事態はさらにひどくなっていく。『レザボア・ドッグス』が活況を呈したことで『ナチュラル・ボーン・キラーズ』にも勢いがつき、ショーン・ペン、ブライアン・デ・パルマ、デヴィッド・フィンチャーらも興味を示した。図太い才能を持つタランティーノの評判が広がり始めていたのだ。ストーンはハリウッドのあるパーティでこの脚本のことを聞きつけ、それを入手し、読んで感銘を受け、買う価値があると判断した。

ベトナム戦争三部作の3本目『天と地』を作り終えたばかりだった彼は、次は犯罪映画を作りたいという気分になっていた。それも自分が若い頃に脚本を書いた『スカーフェイス』や『イヤー・オブ・ザ・ドラゴン』に通じるような作品を撮りたいと思っていたのだ。

タランティーノの脚本はそのストーンの目的に完全に一致するものではなかった。むしろ、この脚本はロジャー・コーマン的な趣が強く、明らかに処女作っぽくもあり、また、タランティーノが考案したいかにも映画映画した世界観で語られていた。ストーンはその要素を捨て、彼がこの脚本に見い出した「人々が社会に感じている終末的な感覚」[12]の部分にフォーカスをあて、よりリアルな世界観で描きたいと考えた。彼は1990年代前半に暮らす現代人と暴力との関係、テレビとの関係、そしてメディア全体との関係にメスを入れたいと思ったのだ。後になっ

て、この映画がタランティーノのストーリー原案であるという事実そのものが、そこにめまいがするほど強力なアイロニーを付加することになる。その当時のタランティーノに貼られていたレッテルは、ハリウッドのダークサイドにいる者、イカした超絶バイオレンスの調達屋、といったものだった……そしてそれこそが、ストーンが自身の哲学のミキサーに放り込もうとしていたテーマそのものだった。

もっと端的に言うなら、ストーンは、この脚本を使ってオリヴァー・ストーンの映画を作りたかったのだ。彼はウェイン・ゲール（ロバート・ダウニー・Jr）やメディアの狂乱といった要素への比重を脇に追いやり、ミッキー（スキンヘッドの悪魔を熱演するウディ・ハレルソン）とマロリー（ギャーギャーわめくノッポなジュリエット・ルイス）のグロテスクなバックストーリーを加えた……アメリカン・スタイルのシチュエーション・コメディ風「アイ・ラブ・マロリー」のシーン（タランティーノがよくやるポップカルチャーを取り入れた演出を歪ませた悪例）と、英語ではないので良くわからないが暴力は時代を越えて自分に巡り戻ってくるものだということをほのめかすネイティブ・アメリカンのシーンがそれだ。

56日間の撮影と11カ月の編集を経て出来上がった映像の嵐、ショッピングモールの壁を飾ったニヤリと笑う2人の暴君のポスター、そこに描かれる入念に振付された悪行は、好きか嫌いかの真っ二つに分かれるタイプのものになった。評論家も同じく真っ二つに分かれている。現代の病巣を解剖してみせた

上：すでに広がり始めていたクエンティン・タランティーノについての賛否両論は、『トゥルー・ロマンス』で描かれたバイオレンスによって、特にアラバマに衝撃的な残忍さを割り当てたことによって、さらに物議をかもすこととなった。しかしパトリシア・アークエットはこの映画を熱烈に弁護している。「ヒーローを見たいのなら」と彼女は怒気を込めて語っている「この映画を観に来ないで」と。

左ページ上：ディック（マイケル・ラパポート）とラリった同居人フロイド（ブラッド・ピット）が、ドラッグを売りさばこうとするクラレンスにロサンジェルスでの拠点を提供する。完成した映画では（ピットのアイデアにより）フロイドがソファ以外のところにいる姿は一度も描かれていない。つまりこの写真はカットされたシーンだということがわかる。

左ページ下：本編に使われたシーンの好例がこちら。ピット演じる不朽のフロイドがいるべき場所におさまっている。このスーパースターはこの捧腹絶倒のラリった男役のカメオ出演でタランティーノ・ユニバースへのデビューを飾った。彼は後にこの脚本家が監督する『イングロリアス・バスターズ』と『ワンス・アポン・ア・タイム・イン・ハリウッド』に出演することになる。

「トニーはエンディングを
変えたいと言ってきたけど、
それは興行的な理由からではなく、
この主人公の若者たちが
大好きだから、逃げおおせさせて
やりたいからだと言うんだ」
——クエンティン・タランティーノ

右：ストーンは『ナチュラル・ボーン・キラーズ』の脚本を気に入ってはいたものの、クエンティン・タランティーノを中心に盛り上がったカルトの一員になるつもりなど毛頭なく、自分には元の脚本を大幅に変更する権利があると考えていた。

右ページ：『ナチュラル・ボーン・キラーズ』の宣材写真でポーズをとる連続殺人犯カップルのマロリー（ジュリエット・ルイス）とミッキー（ウディ・ハレルソン）。タランティーノはそもそも、この映画を殺人や大混乱で飾られたもうひとつの名ラブストーリーにするつもりだった。

並外れた作品という評価、または、狂った発想と毒々しい流血で描かれたけたたましいだけの作品という評価だ。この作品は、外見とスタイルがすべてではあるものの、そこには確かに手に負えないほどの力強さがあった。しかも全英映像等級審査機構の判断が下るまで英国での卸売が何カ月も禁止されたが、それはこの映画にとって皮肉以外の何物でもなかった。1994年の夏、『パルプ・フィクション』のわずか1カ月前にアメリカで劇場公開されたこの映画は、その悪名の高さによって米国内で5千万ドルを売り上げている（製作費は3400万ドル）。

タランティーノの反応は、もちろん、怒りだった。彼はハムシャーとマーフィによる脚本の流用を「卑劣な盗み」[13] と呼んでいる。彼はこの作品に対する責任を負うつもりは全くないと公言したが、ストーンはその行為を潔くないと反論している。脚本家が監督の選択を尊重するのは「サムライの掟」[14] なのだと。「映画学校へ行ってさえいれば」とストーンは言った、「ある程度の謙虚さは教えてもらえるも

のだよ」[15]。しかも、タランティーノにはこの問題にたいして推定40万ドルが支払われたはずだと彼は言っている（噂によると、この2人はその後ボードゲームを興じたある一夜に仲直りしたらしい）。

オリジナルの脚本を精査してみると、これはタランティーノの初期作品の中で最も政治的でわかりやすい作品だったと考えて間違いなさそうだ。彼は大学進学への道は選ばなかったものの、この作品にはアメリカの現代社会に対する彼の幅広い知識と想いを見て取ることができる。脚本版には、ミッキーにインタビュー出来ることになったゲールが、それがいかに重大なことを意味するのかを誇らしげに語るセリフがあるが、それはまるでタランティーノの熱い想いを収めた参考図書をそのまま流用したかのようだ。「……これはヒンデンブルク号爆発事故の報道にも匹敵する、トリュフォーがヒッチコックに録音機を向けたあのインタビューにも匹敵する、ロバート・キャパの写真にも匹敵する、ウッドワードとバーンスタインが地下駐車場でディープ・スロートと会っ

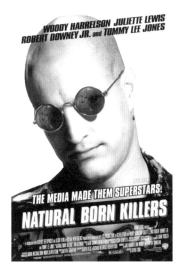

上・左：『ナチュラル・ボーン・キラーズ』はバイオレンスとメディアの関係を描くことを目的としていたが、悲しむべきことに、この映画の製作会社ワーナーブラザーズが2件の模倣殺人事件に言及したことで、その風刺性はすっかり影を薄めてしまうことになった

上・右：死によって永遠の存在に……ストーンはマロリー（ジュリエット・ルイス）とミッキー（ウディ・ハレルソン）のことを新たなボニーとクライド（『俺たちに明日はない』）と捉えていた。また、彼の大胆な編集アプローチもウォーレン・ベイティとフェイ・ダナウェイによるあの名画から大いに影響を受けたものだ。

たことにも匹敵することなんだ……」[16]。

　このセリフが失われたことの後悔は計り知れない。

　タランティーノに特殊効果会社KNBのボブ・カーツマンを紹介したのは、飽くことなくネットワークを広げ続けるスコット・スピーゲルだった。KNBはカーツマンがグレッグ・ニコテロとハワード・バーガーと組んで運営する会社だった。サム・ライミの『死霊のはらわたII』で描かれる悪魔的なジクジク感や、ケヴィン・コスナーによるアカデミー賞作品『ダンス・ウィズ・ウルブズ』の死んだバッファロー

も彼らが提供したものだ。カーツマンもまた、将来は監督をしたいと考えている業界の新参者のひとりだった。彼は後にジャンルを継ぎ合わせた「ギャングスターヴァンパイア」[17]映画となる『フロム・ダスク・ティル・ドーン』の20ページの原案をすでにしたためていた。基礎はすでに出来上がっていた……ヴァンパイアの集会の隠れ蓑となっているテックスメックス（テキサスとメキシコの国境地帯）の売春宿ティッティー・ツイスター、銀行強盗のゲッコー兄弟、そして、問題を抱えている牧師とその子供たちだ。カーツマンはその原案を映画脚本の形に拡張してくれる脚本家を探していた。その脚本を引っ提げて自身の監督デビューを各所に持ちかけるつもりだったのだ。

　翌日、彼のデスクに小包が届いた。それはある脚本家候補による2本の脚本サンプルだった。最初に手に取った『トゥルー・ロマンス』という表題の脚本を開いて読み始めると、彼の心はすぐに決まった。

もうひとつの『ナチュラル・ボーン・キラーズ』は単純に楽しむためだけに読んだ。カーツマンは、この世で初めてタランティーノにプロとしての仕事を依頼したのは自分のはずだと語っている。タランティーノは数週間で88ページの脚本を仕上げてきた。

初稿はチープなエクスプロイテーション映画の出演者に見合うよう書かれたものだったとタランティーノは告白している。彼の作品にしてみれば、キャラクターたちに深みがなく、プロットも方程式通りだった。「すべてはKNBの特殊メイク技術を見せつけるために作られたものだったからね」[18]と彼は主張しているが、そうであってさえも、大胆なセリフや衝撃的なバイオレンスやイカした形で他映画作品をオマージュすることは忘れていない。彼は何をするにも自分のやり方でなければ気が済まないのだ。牧師とその家族につけられたフラーという苗字は映画監督のサミュエル・フラーからとったものだし、ストーリーの前半はジム・トンプスンの小説『ゲッタ

ウェイ』をモデルにしたものだった。「2人の愛し合う男女ではなく、2人の兄弟にしたんだ」[19]と彼は誇らしげに説明している。カーツマンが書いた4段落からなる原案の原稿は、ティッティー・ツイスターでの恐怖の出来事に達する以前の一連の出来事だけに専心した内容だった。タランティーノは、後でホラーが展開されることをまったく予期させることなく、銀行強盗の兄弟を描いたサスペンス映画という覆いをかぶせて、ヴァンパイアたちをギリギリまで隠してみせた。この映画は彼の全キャリアの中で最も不意な形で現実とジャンル性を衝突させた作品となった。

カーツマンはこの脚本のクオリティはそれ以上のものだということは承知していたが、彼に払える金

上：衝撃的な番組作りをするオーストラリア出身のテレビマン、ウェイン・ゲール（ロバート・ダウニー・Jr：右）がミッキー（ウッディ・ハレルソン：左）にインタビューする。そもそもの低予算バージョンでは、この役はもっと重要視されており、タランティーノはゲール役を自ら演じようと考えていた。

上：『フロム・ダスク・ティル・ドーン』の製作中、監督のロバート・ロドリゲスは吸血鬼の巣窟、ティッティー・ツイスターのセットの外で音楽を演奏して幕間を楽しんでいた。テキサス生まれの多芸なこの監督は、映画監督になりたいという想いがあまりにも強かったため、子供の頃には家族所有のビデオカメラで短編映画を撮って宿題として提出していたほどだ（そんな彼はタランティーノに自分と似た魂を感じることになる）。

額は1500ドルしかなかった。その償いの一部として、『レザボア・ドッグス』に無償で彼の会社のスタッフを提供することを申し出ている。警察官マーヴィン・ナッシュの切断された耳とボロボロに傷ついた顔も、『パルプ・フィクション』の日本刀でつけられた傷も、『フォー・ルームス』の切断された指もKNBが提供したものだ。ところが、タランティーノの脚本という強力な武器があったにもかかわらず、カーツマンには、この映画の監督として名を残せるだけの牽引力はなかった。

タランティーノとロバート・ロドリゲスはそれ以前にトロント映画祭の若手監督によるパネルディス

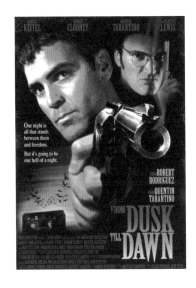

上・左：この題名（夕闇時から夜明けまで）のヒントとなったのは、映画のクオリティはともかく、とにかく夜の間はノンストップで上映することを約束する、ドライブイン映画館の広告看板の文句だった。

上・右：この映画に登場する悪名高きゲッコー兄弟……精神病的なリッチー（クエンティン・タランティーノ）と彼を気づかう兄のセス（ジョージ・クルーニー）。本当はホラー映画だが、メキシコに逃亡しようとする銀行強盗の兄弟を追う犯罪物語でこの映画の真の本性を覆い隠しておく、というアイデアをタランティーノはとても気に入っていた。

カッションを共にしていた。テキサス州オースティンを拠点に活動していたロドリゲスは、テキシカン（テキサスのメキシカン）の闇社会を舞台にしたサスペンス映画『エル・マリアッチ』で話題を呼んでいた。ロドリゲスによるとこの映画の製作費7千ドルの内2千ドルは彼自身がコレステロール低下剤の実験台になって工面したものだという。彼の映画に対する狂信的なまでの献身はタランティーノのそれと共通するものだった。

パネルディスカッション前に配られた、共に登壇する監督たちの経歴が記された書類を読んだロドリゲスは、まだ映画化されていないタランティーノの脚本についての記述に衝撃を受けた……国境の街を舞台にしたヴァンパイア映画というではないか。「1本分の料金で2本の映画を楽しめるようなものだ」[20]とその作者は気のきいた言い回しで語っている。見方によれば、狂気殺人映画という色合いも含めて1本分の料金で3本の映画を楽しめるとも言えるだろう。危険で子どもじみたリッチー・ゲッコーの精神病的な衝動は、すぐに抑制が効かなくなってしまう脅威を秘めているからだ。

この脚本を買い戻して監督してみないかというカーツマンからのオファーをタランティーノが断った（彼には元カノと踊りたいという願望はまるでなかった）段階で、ロドリゲスはタランティーノに、登場人物にもっと肉付けをし、チーチ・マーティンのマシンガントークも含めてセリフを新たに作り換えた第2稿を書くのであれば、ぜひ自分が監督したいと申し出た。後にこの2人には親密な関係が築かれてゆき、『フォー・ルームス』の1話をロドリゲスが監督したり、『エル・マリアッチ』のパワーアップ版『デスペラード』にタランティーノがカメオ出演したり、

『パルプ・フィクション』の音楽の分野にロドリゲスが手を貸したり、『シン・シティ』の1シーンをタランティーノが監督したり、2人で組んで無鉄砲な『グラインドハウス』という奇抜な作品に乗り出したりもすることになる。

その最初となったのが、喜ぶべきか悲しむべきか、『フロム・ダスク・ティル・ドーン』だった。1900万ドルの大金を出して後ろ盾についたミラマックスは、1996年1月に公開されたこの作品のことを、『パルプ・フィクション』と『ジャッキー・ブラウン』の狭間にあったこの時期にタランティーノ作品であることを派手に売り込む絶好の機会と見なしていた。この当時すでにロドリゲスとタランティーノに

は、売り上げに応じた報酬を得るバックエンド契約を結ぶに十分な影響力があり、また、ローレンス・ベンダーにもプロデューサーのひとりに名を加えることが保証された。この企画そのものが、少し早すぎるペースでまとまってしまった感があったのだ。

タランティーノが更なる魅力を感じたのは、狂気的なリッチー・ゲッコー役で自身初となる主演につけるチャンスだ。ジョージ・クルーニー演じるもっともまともなワルのセスに小声でささやくサイコ野郎だ（この兄弟関係は『レザボア・ドッグス』におけるMr.ブロンドと彼の仕事仲間との関係性に共通するものがある。しかもゲッコー兄弟が黒いスーツを着ているところまで一緒だ）。

脚本を書き直すということは、彼にとって、自分で演じようと思っている役柄に肉付けできる機会でもあった。しかし彼はクラレンスやウェイン・ゲールやMr.ピンクを書いた時のようにリッチーを書く

ことをしなかった。彼はこの映画の脚本を執筆する際に、特定の人物を思い描くことはなかったのだ。この映画のことを単純に「ホラー映画のために作られるヘッドバンギング・ホラー映画」[21] と捉えていた。ある友人がかつて「ホラーは映画のヘヴィ・メタルだ」と表現していた言葉が彼の頭に残っていたからだ。ホラー映画ファンならこの映画を6回は見るだろうと彼は確信していた。

その意味ではこの映画は彼にとって充実した経験になった。彼によれば、クルーニーは本当の兄のような存在になったという。以前にはセス役にジョン・トラヴォルタ（他にもスティーヴ・ブシェミ、マイケル・マドセン、ティム・ロス）もオファーされていたが、スケジュールの都合で観客が『パルプ・フィクション』の直後にこの2人の魅惑的なコンビ芸を見ることは叶わなかった。『ナチュラル・ボーン・キラーズ』でマロリーを演じたとはいえ、ジュリエット・ルイスについて彼には苦い想いはまったくなかった。タランティーノは（最初の内は）おとなしいケイト・フラー役に彼女を積極的に推している。タランティーノとジュリエット・ルイスは気の合う友人同士だっただけでなく、これまでエッジの効いた役ばかりを演じてきたルイスに敢えてその逆を行く役柄を与えるという発想を気に入っていた。ハーヴェイ・カイテル演じる信心の危機と葛藤する牧師、ジェイコブ・フラーとの対峙を彼は特に楽しんだ。

撮影期間中、タランティーノはメソッド演技法を実践する役者と化した。「クエンティンが撮影現場に来たことは一度もない」とタランティーノは言う、「あそこに来ていたのはいつもリッチー・ゲッコーだったんだ」[22]。

この映画は、彼が言っていた通り、ジャンルを歪曲させたヘッドバンギング映画として登場したが、どこか偽タランティーノ感のある作品が出来上がっていた。血で血を洗う第3幕はいかにも型にはまっ

たもので、主人公たちがティッティー・ツイスターの奥でヴァンパイアの大群と対峙する。ヴァンパイアたちはいかにもタランティーノ・スタイルで、永遠の生命を持つ者であるがゆえに自分探しをするという古典的な心情は一切描かれていない。そんなの当然だ、と彼は声高に語っている、「奴らは単なる肉食動物、不吉な獣の一団なんだ」[23]。そんなわけで、四肢が引き裂かれる殺戮の大流血（レイティングを懐柔するためKNBは緑色の血を採用した）と、卑俗なユーモアと、興奮して奇妙でエキセントリックに歯をむき出す者としてヴァンパイアたちは描かれた。

2600万ドルという興行成績は物足りない数字だった。間違いなくホラー映画ファンの間ではヒットしたが、それ以外の人々にはそれほど受けなかった。

評論家の中にはこの映画の安っぽい俗悪さを買う声もあった。「エンターテインメント・ウィークリー」誌のオーウェン・グライバーマンは、この2つの異なるスタイルのコンビネーションは、貸しビデオ店の正反対の棚にある2本の映画を掛け合わせたようだ、という面白い見解を示した上で、しかし「この作品は映画として始まり、映画風の何か違うものに発展して行く」と評している。さらに、この映画は単に観る者を不快にさせるだけで、それはまったくタランティーノらしくないと述べ、彼とロドリゲスはお互いから最悪の部分を引き出し合ってしまったのではなかろうか？　と結んでいる。

タランティーノの演技については今もなお議論が続いている。それはつまり、ほぼ評判が悪かったということだ。この神童の最大の欠点は、「演じたい」（それは「愛されたい」という意味だと解釈する者もいる）という切実な欲求を持っていることにあった。演じることを切望する映画監督……それはまさに絵に描いたような皮肉だ。「俺がその道を諦めようとしないことに憤慨している評論家がたくさんい

るんだ」[24]と彼は言及している。タランティーノはリッチー・ゲッコーで役者としてブレイクできると感じていた。このキャラクターは彼がこれまで演じた中で最も深く長くその人物になり切ったキャラクターだった。

　確かにリッチーはこの映画で最も興味深いキャラクターだ。タランティーノは本性である子犬のような喧嘩が今にも湧き出てきそうになるのを最後まで上手に抑え切って演じていた。このキャラクターは心から鬱憤を抱えている。アンソニー・パーキンスのノーマン・ベイツとか、『わらの犬』の割れた眼鏡レンズをかけたダスティン・ホフマンと同じような、二重人格のオタクだ。その見事に描かれていた神経過敏なサイコパスが、誰もが知るあの悪魔のように歪んだいつものタランティーノの顔に変貌してしまった段階で、この映画の観客は落胆する。殺人犯、強盗、誘拐された家族、それに生意気な言葉……この映画には興奮を呼ぶ神経質なエネルギーが確かにあった。しかし境界線を越えてホラー映画の即面を露わにした段階で、それらが失われている。

　ただし、タランティーノは一向に後悔などしていない。「有名人の余興だと評論家に言われたところで、俺はどうってことないね」[25]。そもそもスピルバーグから『デスペラード』（ちなみにこの作品でタランティーノは練りに練られたジョークを酒場で語っている）の彼は「シネマの語り部」[26]だと称賛されているのだし。

　彼は演じることに一度ならずもこだわりをみせたが、演じることによって監督のすべきあらゆることを学んでもいた。タランティーノが発する騒々しい声は実に様々な形で聴くことができる。役者として、脚本家として、監督として、また、スタンドアップ・コメディアンとしての腕前もトークショーで見せつけたこともある。それだけでなく、彼に言わせれば、「俺の中には評論家もいる」[27]のだ。

上：『フロム・ダスク・ティル・ドーン』のヴァンパイアは典型的なこざっぱりした服装の吸血鬼ではなく、特殊効果専門会社KNBが作り上げたグロテスクな肉食獣だ。実のところ、この映画はそもそも、同社の特殊メイク技術を見せつける目的の低予算B級映画として作られる予定だった。

右ページ：サルマ・ハエック演じるヴァンパイア版テーブル・ダンサーの「地獄のサンタニコ」という名前は、タランティーノがビデオ・アーカイブス時代に見たメキシコのホラー映画からとったものだ。ヘビが大嫌いだったハエックは、白ニシキヘビをまとって演じるこのシーンを撮り切るために、トランス状態でいなければならなかったと語っている。

　タランティーノは、映画評論を無視するのではなく、むしろそれらをきちんと読むことでインスピレーションを受ける監督であり、それは間違いなく稀な存在だ。サンダンス映画祭で『レザボア・ドッグス』でデビューして以来、彼はアメリカの一流映画評論家たちと個人的に知り合いになろうと心に決めていた。インターネット上で寄ってたかってくるオンラインのおしゃべりな自慢屋たちではなく、本格的な映画評論家たちだけに彼はこだわっている。タランティーノは、彼のこれまでのキャリアの中で屈指の大きな影響を与えてくれた人物のひとりに、1960年代から70年代にかけてアメリカの映画評論シーンの女長老と言うべき存在だったポーリン・ケイルの名を挙げている。

　『イングロリアス・バスターズ』でマイケル・ファスベンダー演じるアーチー・ヒコックス中尉の設定に至っては、元映画評論家という経歴の持ち主で「ドイツ人監督ゲオルク・ヴィルヘルム・パプストの作品の底流にあるものを考察した映画評論」[28]を書いた人物というバックストーリーになっている。

　タランティーノは自分自身の中にある評論家としての鉱脈を掘り下げることまでしており、自身の興味を刺激した作品について広範な評論を書いている。そういった原稿はいつか出版されるかもしれない。そこが彼らしさではあるが、彼が人々の総意に従うようなことはほとんどない。かつてアカデミックな映画雑誌「フィルム・コメント」から『ショーガール』の完全に徹底的な擁護」[29]の記事を書くオファーが来ることを期待していたほどなのだから。

左：大成功をおさめた『パルプ・フィクション』の次にタランティーノが何を監督すべきかを決めるまでの間、インディペンデント映画会社ミラマックスは、有名になりたての彼の知名度を目いっぱい利用して『フロム・ダスク・ティル・ドーン』のマーケティングをしている。この作品のことをタランティーノのクールさが爆発した暫定的な映画であり、それがたまたまホラー映画だっただけだと位置づけていた。

「このキャラクターたちはいつまでも おしゃべりをやめようとしないんだ……」

『パルプ・フィクション』

クエンティン・タランティーノの2本目の監督作品は、1作目と同じように、ビデオ・アーカイブス時代に考え出されたコンセプトに生命を吹き込んだものだ。この作品の一部は『トゥルー・ロマンス』と並行して（時には『トゥルー・ロマンス』の一部分として）書かれたもので、また、彼が『レザボア・ドッグス』で印象的なデビューを飾っていた間は、一時的に脇へ置かれてイマジネーションがゆっくりと煮込まれていた。

「**俺**が書いたものはすべて」と彼は告白している、「少なくともその中の20ページは俺が別の作品の中で書いたものなんだ」[1]。そもそもの計画は、1963年のマリオ・バーヴァ監督の3話からなるホラー・オムニバス映画『ブラック・サバス／恐怖！三つの顔』のようなアンソロジー映画でありながらも、「ブラック・マスク」誌をはじめとする古い犯罪小説雑誌に対するタランティーノ自身の偏愛を愛でた作品を書くことにあった。「ブラック・マスク」誌は、レイモンド・チャンドラーやダシール・ハメット、もっと現代的なハードボイルド小説家で言えば、エルモア・レナードやジム・トンプスン（彼は一時は三文小説作家とされていたが、文芸シーンの門を守る用心棒たちを上手く騙して文壇に押し入った人物だ）といった作家がホームグラウンドとしていた伝説の雑誌だ。

タランティーノがそもそも考えていた犯罪モノの複数の短編で構成されたアンソロジー映画という発想には、映画を完成させる上での費用効果もあった。まず一本の短編を撮った上で、次の短編を作るため

上：若い頃のトレードマークだった前髪が格好良く決まっているクエンティン・タランティーノ。『パルプ・フィクション』のコンセプトのほとんどは、『レザボア・ドッグス』が完成する頃にはすでに決まっていたが、その脚本を完全に変貌させたのは、初めてヨーロッパを訪れた経験が刺激になったからだ。この作品は突如として彼にとってとても私的なものになった。

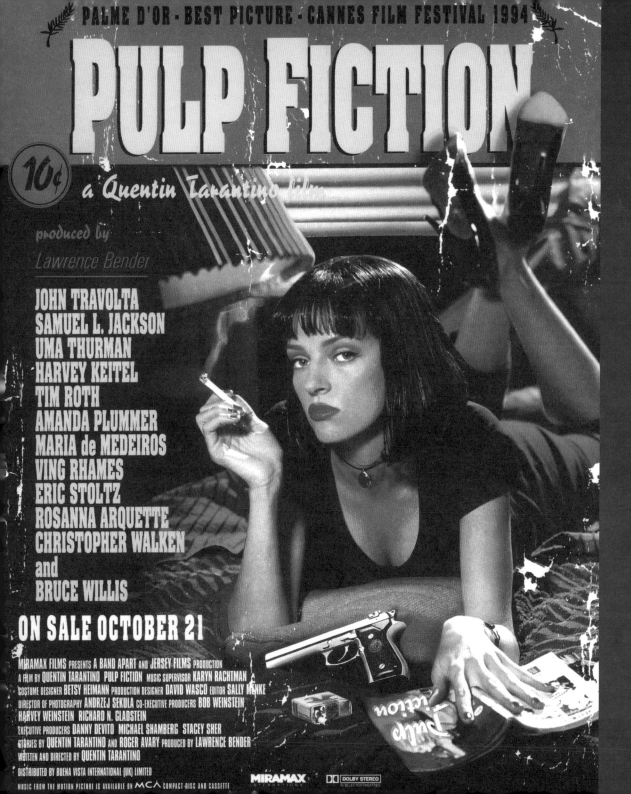

P81：瞬く間にアイコン的なポスターとなった、ユマ・サーマンがギャングスターのポーズをとるこの『パルプ・フィクション』のポスターは、安物の犯罪小説ペーパーバックのデザインを真似てデザインされたものだ。この映画の宣伝には、いわゆる「タランティーノによる暴力の美化」にまつわる論争が意図的に利用されたマーケティングが展開された。

左：監督であり彼にとっては救世主でもあるクエンティン・タランティーノから懇意なアドバイスを受けるヴィンセント・ベガ役のジョン・トラヴォルタ。この若手監督は、当時、興行売上の足を引っ張る存在とされていたトラヴォルタを、周囲の反対を押し切ってキャスティングした。キャリアを蘇生させるというコンセプトは、この映画以降、タランティーノのモチーフとなった。

の製作費を集めるという形で進めることができるからだ。「そうやって長編映画になるまで作り続けて行こうってわけさ」[2]。

『パルプ・フィクション』はそれ以上に創意に富んだ作品に進化することになる。ロサンジェルスを舞台にした3つの犯罪ストーリーが絡み合い、ちょうど様々なラジオ局に周波数を合わせるダイアルのようにスイッチバックしながら、時間の流れも前後に行ったり来たりする。彼にこのアイデアが浮かんだのは『レザボア・ドッグス』の編集室でのことだった（映画編集について触れることなく『パルプ・フィクション』を語ることは不可能だ）。彼の監督デビュー作の次章にあたるこの映画の時間の流れは超絶にジグザグだ。順序良く流れているのはムードだけだ。だから、ジョン・トラヴォルタ演じるいかがわしいが愛すべき殺し屋ヴィンセントがトイレで不名誉に死を遂げるシーン（ちなみに彼はトイレでスパイ・サスペンスの三文小説『唇からナイフ（原題：*Modesty Blaise*)』を読んでいる）の後にも、元気にピンピンしている彼がスクリーン上に舞い戻り、彼の（厳密にはジミーの）短パンのウエストバンドにオートマチック銃を突っ込み、この映画の中を得意顔で闊歩している。

プロット用語で言う「時間をワープする」枠組みによって、この映画はスリリングなまでに予測不能な作品となっている。そう、『パルプ・フィクション』

右：ローレンス・ベンダーとクエンティン・タランティーノは、愛嬌があり如才ないプロデューサーと、興奮しがちで頭脳明晰な監督という完璧な組み合わせだ。ベンダーは、事あるごとに口出ししようとする資金提供者たちが、慣例に従わないこのパートナーのアプローチを疑問視しないよう、彼らの目を逸らすことが自分の仕事だと素早く理解していた。

は普通の映画のように振舞うことを拒絶しているのだ。

タランティーノは決して優れた頭脳や頭の良さを見せびらかそうとしていたわけではない。彼は単に、ここでもまた、小説の持つ自由を映画に適用させただけだ。時間経過順に語ることが必要とされるストーリーなら、間違いなくそうしていただろう。「だけど」と言って彼はニヤリと笑っている、「俺のやり方でやってのけたおかげで大成功したんだ」[3]。

『レザボア・ドッグス』のプロモーションで旅をして回った1年間を経て、また作品作りに戻る時がやってきた。彼はその直前にダニー・デヴィートの製作会社ジャージー・フィルムズと100万ドルで「企画開発」契約を交わしていたため、それが結果的にメジャー映画会社のトライスター（ソニー傘下）との契約につながっている。デヴィートは喜劇俳優

として優れているだけでなく、インディ映画シーンのプロデューサーとしても先見の明を持っており、『レザボア・ドッグス』のリッチにしてラジカルな表現をとても高く買って（彼はローレンス・ベンダーが交渉を開始したばかりの段階でその脚本を読んでいた）、この若手監督に次のベンチャーの本拠地を提供していた。そしてタランティーノはおそらく名作になりそうな脚本を仕上げて戻ってきた。

3パートの物語が結合したこの映画は、典型的な（「誰もが何億兆回も見たことがあるような類の」[4]）闇社会の寓話に現代的なヒネリを加えた作品で、そこには犯罪者、情婦、ボクサー、様々な犠牲者たちといった面々が顔をそろえている。最初のパートでは、殺し屋の2人組が盗まれたブリーフケースを取り返すために送り込まれる。それはまさに、シュワルツェ

ネッガー映画にありがちなオープニング・クレジット前に銃がぶっ放されるセットアップ・シーン的なものだ。ただし、この映画では、この災難だらけの2人組が殺しを遂行する前後の様子まで長々と描かれているところが他とは違う。第2のパートでは、この2人組の内のひとりが、所属するギャング団のボスから、「俺が市外に出る一晩だけ妻に付き添え」と言い渡される。彼は"妙なこと"はするなよと釘を刺される。もちろん"妙なこと"が起こるのだが、それは私たち観客が思っていたような"妙なこと"ではない。一時は『レザボア・ドッグス』の強盗後の大混乱が第3のパートになっていた時期もあったが、結局このパートは別の命を宿しはじめた。コンセプト的には、『パルプ・フィクション』は『レザボア・ドッグス』の前に起こった出来事ということになっ

ている。

　タランティーノはビデオ・アーカイブス仲間のロジャー・エイヴァリーにエイヴァリーの別の脚本を使わせてくれないかと説得した。「Pandemonium Reigns（伏魔殿の君主）」という大げさなタイトルで書かれたその脚本には、八百長試合をすると約束しておいて実際にはその通りにしなかったプロボクサーの身に降りかかる出来事が描かれていた。

　舞台はロサンゼルス、そのルーツはノワール、

そしてタイトルから三文小説の香りが強く漂っているにも関わらず、実は『パルプ・フィクション』はフランス・ヌーヴェルヴァーグの型破りな旗手ジャン＝リュック・ゴダールによる語りの手法をオマージュした映画だ。彼がベンダーと共に設立した製作会社の社名ア・バンド・アパートは、『はなればなれに（原題：Bande à part）』でゴダールが転位させたギャング用語に敬意を表してつけられたものだ。タランティーノは、フランス映画がオマージュ的に使っているほどまでは、アメリカの犯罪映画をオマージュ的に使用してはいない。それがこの脚本には上手く機能しており、また、タランティーノがアムステルダムで3カ月間の研究休暇をしていた期間中に、いかがわしいロサンジェルスの雰囲気にヨーロッパの洗練性が加えられてもいる。

　彼が滞在する場所にアムステルダムのアパートメントを選んだ主な理由は、この街のバイブスだった。映画館でビールを飲むこともできれば、カフェで大麻を吸うこともできる。しかもこの街ではその時ハワード・ホークス映画祭が行われていて、タランティーノはまるでドラッグのようにホークスの映画を吸収した。『パルプ・フィクション』の脚本の最初のページには、そこに登場する2人のキャラクターは「まるで『ヒズ・ガール・フライデー』のように矢継ぎ早に」[5]話す、とト書きされている。『ヒズ・ガール・フライデー』は、言わずと知れたホークス監督の1940年の名作コメディ映画だ。

　エイヴァリーは数週間だけタランティーノと一緒に「Pandemonium Reigns（伏魔殿の君主）」の箇所を脚色するためアムステルダムにやってきた。タランティーノによれば、彼らはまず、彼らの様々なアイデアのファイルに立ち戻り、そこからベストな

シーンばかりを引き出して床に広げ、それらを並べたという。そしてタランティーノのコンピュータを使ってひとつにまとめ始めた。エイヴァリーによると、そもそもは「脚本執筆の役割と売上を分かち合うことで同意」[6]していた。エイヴァリーが完成した脚本に厳密にどれほどの貢献をしたのかについては、人によって意見が分かれるところだ。どちらにせよ彼は、エリック・ストルツとジュリー・デルピーを配したサスペンス映画で不満の残る作品となった『キリング・ゾーイ』を監督するためにアムステルダムを去らなければならなかった。タランティーノはすでに影響力を持つに至っていた自身の名前を、寛大にもこの映画の宣伝に提供している。

　彼自身の生活が必然的に彼の書くフィクションにも沁み出し始めていた。タランティーノの描く冷静なヴィンセントがジュールズ（サミュエル・L・ジャクソン）と共にヨーロッパのバーガーの命名方法の特異性について話をして盛り上がっているのもそうだ。そう、ヴィンセントはアムステルダムでの逗留から戻ってきたばかりという設定だった（ヴィンセントはそこでヴィング・レイムス演じる犯罪組織のボス、マーセルスのために外国人向けクラブを経営していたという設定をタランティーノは頭の中で抱いていたが、その設定について映画では一切触れられていない）。

　殺し専門の凄腕掃除屋である小粋なウィンストン・ウルフ（再びハーヴェイ・カイテル）は、ふくれっ面のジミー（タランティーノが演じ、演技の評判は様々）からコーヒーを飲むかと尋ねられると、クリームと砂糖をたっぷり入れたやつにしてくれと頼むが、

これはまさにタランティーノ自身が大好きな飲み方だ。彼はかつてニューヨーカー誌から「ジャンクフードのプルースト」とかなんとか呼ばれたほどだ[7]。こういった食べ物や飲み物に対する習慣についてのこだわりも、あの栄光の「5ドルもするミルクシェイク」[8]も、何度も登場するシリアル（貧乏な駆け出し脚本家の主食）のモチーフも、チップを払うことについての倫理観も、すべて、タランティーノが古いジャンルにくさびを打ち込んだ芳醇なディテールの一部だ。

　『レザボア・ドッグス』のコーヒーショップで展開されるマドンナの美徳についての討論で始まったこの手の描き方は、もはやこの時点では、気晴らしと、ギャグと、とりとめのないポップカルチャーについての会話と、おしゃべりのシンフォニーに昇華されていた。「このキャラクターたちはいつまでもおしゃべりをやめようとしないんだ」[9]と彼は笑っている。

　伝統的な（真面目な）サスペンス映画なら苦心して描こうとするような場面で、タランティーノはブルーベリー・パンケーキの束の間のひと時や足つぼマッサージの倫理についての軽口をたたいてみせる。直観に反したこの手法がスリリングな効果を生み、キャラクターたちに悲痛にして茶番めいた人間的深みを与えている。

　タランティーノが（自身の）プロモーション・ツアーの間に出席したスペイン映画祭にはティム・ロスもゲストとして呼ばれていた。夜が明けて間もない早朝にタランティーノはティム・ロスのホテルを訪ね、まだ書き終えていない脚本の数ページを読んで聞かせ、この作品に出てもらいたいと伝えた。ロスからは、アマンダ・プラマーもキャスティングしてほしいという提案があり、この話はまとまった。ロスは神経過敏性の鳥のようなこの女優とある学生映画で共演した経験があり、彼女と再び演じることを熱望していたのだ。彼女は拳銃を握らなければな

らないけど、それは大丈夫だろうか、とタランティーノは笑った。「銃を手にしたアマンダ・プラマー以上に危険なものは思い浮かばないな」[10]とロスは明言した。こうして、人々から愛されたあのケチな強盗の2人組、パンプキンとハニー・バニーが生まれた。

　予算を800万ドル以下に抑えたいという意向をタランティーノが表明すると、トライスターはこの企画に冷淡な態度を示すようになった。ハリウッドのこういうひねくれた側面をタランティーノはまったく理解できなかった。「やつらはそれよりも2500万ドルもかけて作るようなスター主導型の脚本を俺に書いて欲しがるんだ」[11]。彼らが求めていたのはイカした映画ではなく、ヒットする映画だった。銃を撃ちまくる男のクロースアップで笑いをとるとは、彼らにはどうしても思えなかったのだ。

　そこでタランティーノはミラマックスと組むことにした。ミラマックスではちょうどリチャード・グラッドスタインが製作部門のトップについたところだった。グラッドスタインはベンダーを介してこの脚本を早い段階で読み、『レザボア・ドッグス』にあったどこか密林的な閉塞感がこの作品ではオペラ的なものに拡張されていることを見て取った。ミラマックスにとって800万ドルはお買い得だった。

　タランティーノはこのタイミングで変化球を投げた。この作品の主役のひとり、ヴィンセントをトラヴォルタに演じさせたいと言ったのだ。正直言ってトラヴォルタは落ち目だった。金銭に困るほどではないものの、『サタデー・ナイト・フィーバー』や『ミッドナイトクロス』や『アーバン・カウボーイ』の栄光はもはや遠い過去のものになっていた。ライバル俳優のトム・ハンクスやケヴィン・コスナーが全盛期を謳歌している一方で、彼は言葉を話す赤ん坊の映画〔『ベイビー・トーク』／1989年〕に出るまで落ちぶれていた。

　タランティーノにしてみれば、プロットや質感に活力をあたえることで古いジャンルを再生させてみせたのだから、そんな俺には、落ちぶれたスターに活力をあたえて主役として再生させることだってできるはずだ、という発想だ。この発想は後にメタ・モチーフにまで昇華することになる。

　この2人はすでにタランティーノの導きで出会っていた。ただし、その当時はまだタランティーノはトラヴォルタを『パルプ・フィクション』に出そうとは考えていなかった。ウェスト・ハリウッドにある雑多な品々で散らかったタランティーノのアパートメント（驚くべき偶然だが、トラヴォルタは1970年代にここを借りていたことがあった）で、一緒にボードゲームを興じる席についたとき、タランティーノの最初の話題は自分の書いたホラー映画『フロム・ダスク・ティル・ドーン』についてだった。しかしそれ以上に彼が徐々に興奮しながら熱く語り始めたのは、この来賓の素晴らしきキャリアとその下落についてだった。「自分がアメリカ映画にとってどれほど意味のある存在なのかあなたにはわからないのか？」[12]と。

　家に帰ったトラヴォルタは混乱していた。怒られたというのに、タランティーノが彼について抱いている信念に感動を覚えたのだ。その数週間後、「ヴィンセントに注目」というメモが添えられた『パルプ・フィクション』の脚本が彼の元に届いた。タランティーノはこの役柄について、『レザボア・ドッグス』のヴィック・ヴェガが（その死から）蘇るというアイデアを思いつき、まずはマイケル・マドセンを考えていた。マドセンはこのことを永遠に悔いることになるが、当時彼はコスナー主演の物憂いウエスタン映画『ワイアット・アープ』の撮影で身動きが取れなかったため、そのオファーをパスしなければならなかった。そこでタランティーノはこの役をヴィック・ヴェガの弟ヴィンセントという設定に変更し、トラヴォルタを配することにしたのだ（ちなみにヴェ

上：ゼッドから盗ったチョッパー（バイクではなく、あくまでもチョッパー）に乗るブッチ（ブルース・ウィリス）。脚本でこの逃亡中のボクサーを書いているとき、タランティーノはウィリス級のスターにこの役を演じさせることなど考えてもいなかったが、結果的には、ふんだんにハートがこもった古風なフィルムノワールを体現してみせたウィリスをタランティーノは大いに気に入ることになる。

ガ兄弟の映画を作るというアイデアもその後長い間ずっと存在していた）。

　ミラマックスは、しばらくの間、この決断を疑問視していた。トラヴォルタはないだろう、やつは疫病神だ、と。ミラマックスはダニエル・デイ＝ルイスを推したが、タランティーノは頑として聞き入れなかった。彼の頭の中では、すでに、露に濡れた瞳と眠たげな微笑みを持つトラヴォルタでヴィンセン

ト像は固まっていたのだ。あの耳削ぎシーンの時もそうだったように、彼の決意は誰にも覆すことはできない。予想外だったのは、トラヴォルタが「道徳上の懐疑」[13]を抱いていると表明したことだ。脚本がセンセーショナルなものだということは彼も認めていた。しかし、自由奔放な冒瀆の言葉や、死をカジュアルに扱うことや、銃撃を詩的に表現することは、すべて道徳観念を逆手に取ってスノーグローブのような作り物の映画的神話を作ろうという意図でのものだということを、誇り高き家族思いなトラヴォルタに納得させるためには、タランティーノが全力で説得する必要があった。

　タランティーノはまさにキャスティングの神だ。

私たちがすでに持っていたトラヴォルタのイメージをこのキャラクターに絶妙に混ぜ込み、現実の部分も映画の部分もそしてその境界線までも、つかまえどころのない形で残存させている。トラヴォルタが演じるヴィンセントは、ジョン・トラヴォルタのような殺し屋だ。これは再生と言うよりは、むしろ改訂に近いものだろう。1970年代のセクシーなアイドルが中年太りで肉のたるんだ顔色の悪い男になってさえもなお、そこには他人と見間違えようのない傑出したものがある。タランティーノが予言していたように、トラヴォルタの才能は枯渇していたわけではなく、ただ冬眠していただけで、実に見ごたえのある素晴らしい存在だった。『パルプ・フィクション』で彼は、彼ならではのスムーズな横歩きで、彼ならではの二度見で、彼ならではの乱れがちな前髪で、あの道徳観念の欠如した人物（青い瞳の中にパニックがチラチラと光る愛すべき殺し屋）の人格を作り上げている。ヴィンセントは間抜けではない。彼には探究心があることが描かれているが、それはタランティーノがトラヴォルタ本人をモデルにして吹き込んだものだ。しかもダンスまで踊ってみせてくれる。「ジャック・ラビット・スリム」は、コンバーチブル形のブースがあったり、脱色ブロンドのモンローがいたりする、まるでポップアートが爆発したような洒落た1950年代風テーマのバーガー店だ。ウエイターもウエイトレスも全員が今は亡きスターの扮装をしている（スティーヴ・ブシェミも偽バディ・ホリー役でカメオ出演している）。この店の一部はエルビスがレーサーを演じるミュージカル映画『スピードウェイ』に登場するナイトクラブのレースのモチーフをベースにしており、ダンスフロアはスピードメーターになっている。「俺は自分がレストランを経営しているような気分で色々とこまごましたものを放り込んだよ」[14]とタランティーノは熱く語っている。

ツイスト・コンテストのシーンもまた、ゴダールに、もっと言えばゴダールの『はなればなれに』で踊るアンナ・カリーナ演じるクールな子ネコちゃんに敬意を表したものだ。撮影現場でタランティーノは、トラヴォルタにダンスの動きをデモンストレーションしてみせている。靴を脱ぎ捨ててチャック・ベリーの「ユー・ネヴァー・キャン・テル」に合わせてツイストを踊り始めた彼の事を、「12歳の少年が生まれて初めて踊ったのを眺めているような気分だったよ」[15]とトラヴォルタは笑って振り返っている。トラヴォルタはヴィンセントに自身の不摂生な体型を反映させてこのシーンを演じた。「ヘロインをやり、肥満気味で、自分が若かった60年代に流行っていたダンスを踊る男さ」[16]。

それでもなお、あの天性の流れるような優美さはまるで失われていない……それは映画史に向けた皮肉な行為だ。かつてのように彼が踊る姿を私たちが見たがっていたこと、粋なあのムーブを見せるべきことを、タランティーノも当然心得ていたし、まるでミアまでもそのことを心得ていたかのように振舞っている。このシーンでは、この映画でしか実現できないポップカルチャーが、「完全に」とまでは言わないまでも、ほぼほぼ、恍惚の境地にまで達している。

ルイーズ・ブルックス風の前髪を持ち、浮気性でカリカリしたミア役にユマ・サーマンが起用されたのは、彼女の奇妙なまでにひょろりとした四肢と長い指をタランティーノが気に入ったからだ。彼は彼女の手、そして特に足に独特さを見い出し、ものすごく気に入っていた。タランティーノはサーマンに、勝気な態度（ディズニーの『おしゃれキャット』で

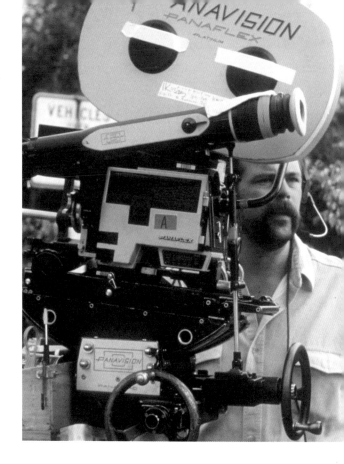

エヴァ・ガボールが声を演じるアニメーションの猫を真似ること）を求め、2人が踊るシーンでは、彼が「キャット・ウーマン」、「ヒッチハイカー」、「ワッシ」、「スイム」などと口頭で動きを指定しながら撮影している。タランティーノは手持ちカメラを自ら手に取って回し、彼らと一緒に踊り始めた。あのシーンは思った以上に早くフェイドアウトしてしまうが、それにもかかわらず、「ジャック・ラビット・スリム」という言葉を聞けば誰もが思い出す不滅の映画シーンとなった。

　当時まだあまり有名ではなかったユマ・サーマンもまた、タランティーノがキャスティングの名人であることを示す好例だ。「その人物に出会いさえすればその瞬間にミアだとわかるはずだという発想で、ハリウッドのほとんどの女優と会い、ミア役について話したよ」と彼は振り返っている（ロザンナ・アークエット、ホリー・ハンター、イザベラ・ロッセリーニ、メグ・ライアン、ミシェル・ファイファー、ダリル・ハンナも、すべて彼と面会している）。「ユマが夕食にやってきたとき、俺は数分もしないうちに彼女がミアだと確信したんだ」[17]。

　撮影は1993年9月20日に始まった。撮影現場はロサンゼルス周辺で、ほとんどがロケ撮影で行われた。グレンデール、ノース・ハリウッド、パサデナ、サン・バレー、そしてヒネリの効いたストーリーラインの枠組みとなったあのダイナーのシーンが撮られたホーソーングリルの店舗もそうだ。『レザボア・ドッグス』から続く裏通り的な質感が保つため、タランティーノは、『パルプ・フィクション』の現代という時代設定の中に、1970年代の映画（ジャンルを書き換えてみせた当時の作品群）や1950年代の三文小説<ruby>パルプ・フィクション</ruby>の雰囲気を意図的にそっと忍ばせている。音楽も衣裳も車（ヴィンセントが乗り回しているタランティーノの私物の1964年製シボレー・マリブも含めて）も、作品全体への効果を高めることに貢

献している。

　ブルース・ウィリスの参加はまったくのサプライズだった。タランティーノとウィリスはカイテルのバーベキューで出会った。かつてのMr.ホワイトは、たまたま、久々にウィリスと再会していたのだ。今回もまたカイテルが幸運の請負人だったというわけだ。スーパースターのウィリスから、最近はどんな仕事をしているのかと尋ねられたカイテルは、『レザボア・ドッグス』について、そして、黄金のセリフを紡ぐその映画の若手監督について話して聞かせた。

　『パルプ・フィクション』の脚本を内閣してすっかり魅了されたウィリスは、タランティーノにストレー

左：感情に訴えかけると同時に、ジャンルに対する偏見で映画や演劇を判断する風潮に苦言を呈することもしてみせる映画を作ったことで、タランティーノはすでに映画という媒体で完全に一目置かれる存在になっていた。

俳優の傷だらけな存在感を見て取っていたので、すぐさまブッチ役にと考えた。八百長試合をする約束を破り、腹が立つほど女の子っぽいフランス人の恋人ファビアン（ベンダーの元カノで天使のようなあどけなさを持つマリア・デ・メデイロス）を連れて慌てて逃げようとする陰うつなボクサーだ。

　あの質屋での恐ろしい出来事が生き生きと機能しているのは、三文小説家チャールズ・ウィルフォードから得た恩恵と、偏見や差別用語を徹底的に排除しようとする風潮を手放しで潔しとしないタランティーノの考え方が大いに反映されているからだろう。ウィルフォードの小説『マイアミ・ブルース』（1990年にジョージ・アーミテイジが映画化した原作）では、質屋に強盗に入った犯罪者が指を切り落とされる。そして一旦はそこから逃げたにもかかわらず、証拠となる指紋を残してきてしまったことに気づいて、また現場に戻らなけれらない。「突如としてクレイジーなほどオペラ的になる犯罪のシチュエーションだ」とタランティーノは讃えている、「それでいて、その出来事の不条理さが、かえってリアリティを産み出しているんだ」[19]。この解説はそのまま、彼が呼ぶところの「予想外の不協和」[20]と、犯罪上のよくある問題とがあちこちに行き来するタランティーノの手法にもピッタリと当てはまっている。レッドネック（無学な田舎者の白人への蔑称）たちにアナル・レイプされるというシチュエーションは、彼が9歳のときに観た『脱出』から直接得た発想だ。

　趣が完全に欠如しているところに趣を感じられるかどうか、それは意見が分かれるところだろう。不注意で引き金が引かれて脳みそをぶちまけることになったマーヴィンから、日本刀を振り回すブッチに至るまで、脚気検査の反射運動のような突発的衝撃

ト に、「君が言うことなら、どんなことでも俺はやるよ」[18]と告げた。ギャラについては考慮すらされなかった。主演の役者たちは全員が決められた同じ金額（1人につきおよそ10万ドル）で出演することになっていた。ただし、彼らには売上のパーセンテージも約束されていたので、それは悪くない話でもあった。ウィリスは役者としての自分にタランティーノが何か大切なものを与えてくれそうだと感じていた。彼はタランティーノのことを現代のシェイクスピアだと考えていた。タランティーノがこれから大々的に注目を浴びるだろうことを直感していたのだ。

　タランティーノはウィリスの中にアルド・レイやロバート・ミッチャムといった1950年代の肉体派

下：ヴィンセントのドラッグで災難に見舞われる直前の自宅でくつろぐミア・ウォレス（ユマ・サーマン）。完璧な計算（と皮肉）で選曲されたニール・ダイアモンドの「ガール、ユール・ビー・ア・ウーマン・スーン」のサウンドにのって彼女は滑らかに動いている。

をもたらすバイオレンスは、私たち観客を笑わせると同時に不快に身をすくませる効果も狙って描かれたものだ。映画評論家ミック・ラサールが「サンフランシスコ・クロニクル」紙の記事で指摘したように、「タランティーノ作品の場合、観客はそのバイオレンスを、人生ではどんなことでも起こり得るものだという小悪魔的な洞察の一部として捉えているし、その洞察は正解でもある」のである。つまりタランティーノの描く死は、パンチラインなのだ。

タランティーノは、思いもよらないことを敢えてやることで観客を笑い転げさせようとしているが、その絶頂の中心にあるものは、命を救おうと必死になる姿だ。ドラッグの過剰摂取で昏倒した者はアドレ

左ページ・左：ヴィンセントのドラッグ・ディーラー、ランス（エリック・ストルツ）は、いつも羽織っているバスローブの下に「マッハGoGoGo」のTシャツを着ている。子供時代のタランティーノを養ったテレビ素材（注意して見ると「人気家族パートリッジ」から「燃えよ！カンフー」に至るまで様々なものが登場している）がこの映画にも反映されており、また、初期の脚本では、若き日のブッチが見ているテレビ番組は「冒険王クラッチ」ではなく「マッハGoGoGo」だった。

左ページ・右：持論である「正義の怒り」の概念を強盗のパンプキン（ティム・ロス）に説いて聞かせるジュールズ（サミュエル・L・ジャクソン）。タランティーノから脚本を受け取ったジャクソンは、それを読んで、本当に自分が思った通り素晴らしいものかどうかを再確認するため、最初から読み直さなければならなかった。そして本当に素晴らしいことを確認した。

左：ブッチの父親の勇敢さについて、また、その父親がとてもデリケートなところに隠した腕時計についてブッチに話して聞かせるクーンツ大尉（クリストファー・ウォーケン）。ウォーケンによるこの不朽のカメオ出演は、たった一日だけで撮影された。実はその日は撮影全体の最終日でもあった。

ナリン注射で息を吹き返らせることが可能だということを、タランティーノはあるジャンキーの友人から教わっていた。そこで彼はギャングの情婦と狼狽したエスコート役を現実的な危機の中に放り込むことにした。ミアがヴィンセントのヘロインをコカインと間違えて過剰摂取してしまったので、理屈抜きで面白いシーンという点では映画史上屈指と言えるあのシーンにて、ヴィンセントはアドレナリンの入った槍ほどともあるサイズの注射器を、彼女の胸骨を突き通して停止した心臓まで至るよう、思いっきり突き刺さなければならない。意識を回復した彼女の急激な動き……まるでロケット台から発射されたような動き……は、鎮静剤を打たれたトラが回復する姿をモデルにしたものだ。

『レザボア・ドッグス』に出演できずに涙をのんだサミュエル・L・ジャクソンは、彼の元に届いた『パルプ・フィクション』の脚本を読んだとき、「自分の勝手な思い込み」[21]ではないことを確認するため、この脚本をもう一度読み直した。驚異的な演技で描かれた信仰心を改めるジュールズが、重々しく咳払いをして生き方を変えるアボットだとしたら、さし

ずめトラヴォルタ演じる相棒はいかがわしくてあいまいなコステロといったところだろう（訳注：アボットとコステロは『凸凹』コメディ映画シリーズのコンビ。P46参照）。「ジョンとサム・ジャクソンは衝撃的なほど最高な組み合わせだったから」とタランティーノは興奮交じりに語っている、「俺はヴィンセントとジュールズを主演にした映画シリーズを作ろうかと本気で考えたほどだったよ」[22]。

ジャクソンはこの映画が言わんとする正義の怒りを噴火させる張本人であり、彼の演じるこのキャラクターは贖罪の成長曲線をたどっている。それでいて、彼の発する罵りの言葉の合間には、タランティーノの口から直接伝えられた1970年代のテレビに使われていた意味不明な言葉がまるでボーイスカウトの用語集のように散りばめられている。

それはタランティーノ教会と呼べそうなもので、ジュールズが聖書のエゼキエル書として引用する文言のほとんどは、千葉真一のテレビシリーズ「服部半蔵 影の軍団」（ビデオ・アーカイブスの重要基本作品）から引かれたものだ。タランティーノが重要視していたのは、この映画全体の進行を通してジュー

ルズが変わってゆき、人を殺す前に繰り広げる陽気
な十八番をこれまでと同じように披露できなくなっ
てしまうという部分だった。「彼はそれがどういう
ことなのかを生まれて初めて理解する。そしてそれ
がこの映画の終わりなんだ」[23]。

『レザボア・ドッグス』もそうだったように、『パル
プ・フィクション』もその中心には贖罪が潜在し
横たわっている。ジュールズが殺し屋として生きる
のをやめようとすることだけでなく、ブッチがマー
セルスを救出することを選んだことも、また、ミア
がラザラスのように死から蘇ることもそれにあたる。
足つぼマッサージから、車の中でぶちまけられた脳
みそを掃除すること、ギンプからギャングのボスを
救い出すことに至るまで、『パルプ・フィクション』
は、犯罪者たちの闇世界をまとめているルールの数々
を深く考慮しながら描かれている。この映画は意外
にも倫理的な映画なのだ。

ジュールズとヴィンセントが取り戻したアタッシュ
ケースの中身が一体何なのか、タランティーノは決
して教えてくれようとはしない。このアイデアは
1955年のマイク・ハマーを主人公にしたノワール
映画『キッスで殺せ!』から拝借したものだが、こ
れによって人々から産み出された様々な空説を彼は
楽しんでいた(一番のお気に入りの仮説は、マーセ
ルスの魂が入っているというものだった)。出演者
のロスに尋ねれば、彼が実際に目にした中身を教え
てくれるだろう。電灯と電池だったよ、と。

彼らが熱望する1994年5月のカンヌ映画祭に出品
するためには、製作をかなり急がなければならなかっ

右:血と脳みそで汚れたヴィンセント(ジョン・トラヴォルタ)とジュール
ズ(サミュエル・L・ジャクソン)の清掃がジミーの自宅で始まる。黒の
スーツは『レザボア・ドッグス』で使われた様相を敢えて意識したものだ。
彼らの扮装についてのタランティーノの構想は、最初はスーツという甲冑
で表面をつくろっているが、徐々に、この映画の進展を通して、彼らのクー
ルな外見がはがれてゆき、単なる間抜けな男たちであることが暴かれて
ゆく、というものだった。

「俺は"脚本・監督：クエンティン・タランティーノ"と 書かれたタイトルでクレジットを終わらせたいんだ」
――クエンティン・タランティーノ

だが、ヨーロッパの魅惑に身を浸していたタラン ティーノは、カンヌ映画祭こそが最も理想的な跳躍 台だとして、カンヌに固執した。

『レザボア・ドッグス』がノーマークのままカンヌ で這い上がった作品だとすれば、『パルプ・フィクショ ン』はあたかもアメリカ独立記念日のパレードのよ うに意気揚々とカンヌにやってきた作品だ。25台 の車の隊列で彼らは宮殿に乗り付けている。大勢だ がお行儀の良い群衆がレッドカーペットの両側に詰 めかけ、彼らがリムジンから降り立つと、「クエンティ ン！　クエンティン！」のコールが巻き起こった。 このショーのスターは、デザイナー服に身を包んだ

A級リストの神たちではなく、マンハッタン・ビー チの貸しビデオ店出身のみすぼらしい身なりの若者 であることは明らかだった。

この映画は出来上がったばかりで、試写は映画会 社の外では一度も行なわれていなかった。ジャクソ ンにとっても、トラヴォルタにとっても、この映画 を観るのはこの時が初めてだった。この高揚の夜を 彼らも共にしたのだ。

公にベールを脱ぐ前に、オリンピアという名の気 取らない裏通りの劇場で行なわれたプレス向け試写 での評判が口伝えで広がり始めた。『パルプ・フィ クション』は単なる映画ではなく、文化を激震させ

る出来事だった。タランティーノは自信と厚顔さを弾かせながら、上映前にこの作品を紹介した。彼が、『レザボア・ドッグス』を好きな人はここにいるかと問いかけると、嵐のような拍手喝さいが巻き起こった。次いで彼は、ヒステリック状態になりつつある何百人もの評論家たちに向かって、『トゥルー・ロマンス』を好きな人は？」と尋ねた。彼らの喝采は一層高まった。「じゃあ『日の名残り』は？」と彼はからかい口調で尋ねた。すると勇気ある数人から少しだけ拍手が起こった。「この劇場からとっとと失せやがれ！」[24]と叫んだ彼は、いたずらっぽく歯を見せたかと思うと、満面の笑みを浮かべた。

ありがたいことに、彼の言葉を真に受けた者はひとりもいなかった。「ニューヨーク・タイムズ」のジャネット・マスリンによると、その場にいた者たちは「今にも幻覚的な状況に突入しようとしていた」のだ。『パルプ・フィクション』の初鑑賞は、映画という形をしたロックコンサートのようなものだった。スクリーン上で起こるまったくもって法外な出来事によって、映画鑑賞のスタンダードとされる礼儀作法はすっかり霧散した。「エンターテインメント・ウィークリー」誌でオーウェン・グライバーマンが熱弁していたように、「『パルプ・フィクション』を見ていると、スクリーン上の出来事に単に夢中になるだけではおさまらない。興奮してくるのだ……映画というものがいかに楽しいものになり得るのかを再発見してハイになるのだ」。

パーティにも似た興奮が、まずは映画評論家たちの間に、ついで一般客たちの間に巻き起こった。「ガーディアン」紙ではピーター・ブラッドショーが「氷のように冷たいウィット、選択眼の良いサウンドト

ラック、（幻覚剤も含まれる）バイオレンス、広がりを見せるセリフのやり取り、トランスしたような非現実性……」と詩的にこれを表現した。まさしく音楽はこの映画全体の効果に不可欠な存在だ。タランティーノは、軽快でハイでありながらも、心拍数過剰な心臓のように鼓動するサーフ・ギターのバイブスを探し求めて、数々のレコード店を漁りまくったという。「ちょうどロックンロールのマカロニ・ウエスタン音楽のようなサウンド。俺はそんな感じのものを求めていたんだ」[25]。

カンヌを発つ予定日前に、映画祭最終日の夜の授賞式まで滞在しておくべきだとミラマックスを通して彼らは知らされた。タランティーノはその言葉を聞いても形ばかりのお世辞だろうと思っていた。あるとすれば脚本賞かトラヴォルタへの主演俳優賞だろうと。しかし、授賞式が進んでゆく中で、そういった賞が次々と別の出来の良い世界各国の映画に贈られていくと、タランティーノも冷静でいられなくなり、席に座ったまませわしなく動き始めた。審査委員長のクリント・イーストウッドが封を開けてパルムドール受賞作品を告げた。「『パルプ・フィクション』」。ステージに向かう彼らに向かって、ひとりの女性が嘲りの言葉を浴びせると（カンヌの授賞式にエチケットは存在しない）、タランティーノは振り向いてその女性に中指を立ててみせた。

興行的な書き入れ時の騒がしい夏ではなく、より映画賞に有利な秋に公開するべきだとミラマックスを説得したトラヴォルタが称賛された。トラヴォルタは自分の価値を信じてくれたタランティーノに恩返しをしたかったのだ。そのひとつがこの映画にそうあってしかるべき扱いをすること……権威ある映画として扱われるようにすることだった。「これは思われている以上にすごい作品だ」[26]と彼は予言的に主張していた。もしかしたら、彼自身のアカデミー賞受賞の可能性も見据えていたのかもしれない。そ

れはともかく、ミラマックスが「度胸のある行動」[27]に出てくれたおかげで、その後、ニューヨーク映画祭での上映を終えた後でようやく、1994年10月14日にこの映画は公開された。

この映画は公開週末に930万ドルという目の覚めるような興行成績を記録し、アメリカ国内の売上でインディペンデント映画として初めて1億ドルを超える勢いを示した（結果的に全米での総売上は1億700万ドル）。ミラマックスも、いかにもミラマックスらしいしたたかさで、自らの会社を「クエンティンが建てた家」と呼ぶようになった。

気まずいことも起こった。『パルプ・フィクション』がクランクアップした時点で、エイヴァリーはタランティーノの弁護士からある手紙を受け取った。その内容は、エイヴァリーのクレジットを「脚本」ではなく「ストーリー原案」に変更させてほしい、というものだった。エイヴァリーがすぐさま友であるタランティーノに電話をかけると、タランティーノはこう明言した。「"脚本・監督：クエンティン・タランティーノ"と書かれたタイトルでクレジットを終わらせたいんだ」[28]と。タランティーノは金時計のチャプターの基礎土台（逃亡中のボクサー、田舎の白人男、質屋）は間違いなくエイヴァリーによるものだったと公言している。しかし、あの時計の逸話を創作したのも、名優クリストファー・ウォーケンがたった一日の撮影で演じたあのセリフを書いたのも、すべてタランティーノがひとりでやったことだ。最初はエイヴァリーも抵抗した。『パルプ・フィクション』全体を通して自分のものだと思える要素はいくつもあったが、『キリング・ゾーイ』の製作でいっぱいいっぱいだったこと、そしてまた、単純に家賃も払わなければならなかったこともあって、最終的に彼は力尽きて折れた。「だけどあの出来事で俺たちの友情に亀裂が入ったことは確かだね」[29]。

この映画はハリウッドをもドラッグでハイにし、アカデミー賞7部門にノミネートされるところまで到達したが、タランティーノは、実際にアカデミー賞を受賞できるチャンスはとても小さいことを賢明にも理解していた。それでも、当時のアカデミーの保守性やアカデミー会員の高齢化をなんとか覆して受賞しようという努力は払われた。タランティーノは、見世物小屋のポニーのように動き回り、ありとあらゆる試写会や夕食会に顔を出し、彼にしかできないやり方でスピーチをしたりチアリーダーのように愛想を振りまいたりした。ミラマックスは、アカデミー賞を受賞するための努力に推定40万ドルをつぎ込み、『パルプ・フィクション』は着実にほぼすべてのメジャーな評論家協会賞を片端からものにしていった。ニューヨーク評論家サークルの夕食会で脚本賞を授与されたとき（作品賞は僅差でロバート・レッドフォードの『クイズ・ショウ』が受賞）、満面の笑みを浮かべたタランティーノは、そこに集まった評論家たち全員に、彼らの映画評を漏れなく読んでいると語った。

しかしながら、やはりタランティーノの予想が間違っていなかったことが証明された。アカデミーがお情けでこの映画に与えたのは脚本賞だけ（この賞を受け取ったのは彼とエイヴァリーだったが、この2人が会ったのはこれが最後になった）で、それ以外の大きな賞のほとんどは、平均的な教養を持つ多くの人々を楽しませた映画『フォレスト・ガンプ／一期一会』に贈られた。トム・ハンクスをハリウッドの市長に例えるなら、タランティーノはいまだにハリウッドのよそ者なのさ、とワインスタインは達観して語っている。

ステージに立った彼は疲れてイライラしているように見えた。自分の真の考えを表に出していないようにさえ見えた。言葉を神経質に選んで行なったスピーチは、彼のスピーチにしては出来の良い方ではなかった。「今年はとても変な年だったよ」と彼はしゃ

右：ロンドンでプロモーション中のタランティーノ。『レザボア・ドッグス』が彼の評判を知らしめた作品だとするなら、『パルプ・フィクション』はその世界的大ヒットによって彼を一大センセーションに押し上げた作品だ。プロモーションでヨーロッパを回った彼は、この映画の出演陣以上に大スター扱いされた。

べり始めた、「それだけは間違いないね」[30]と。その後ろで自分の番を待っていたエイヴァリーは居心地悪そうに身をよじらせていた。

　翌日の夜、タランティーノはビデオ・アーカイブス時代の大勢の仲間たちを招待して、一緒にセルジオ・レオーネの『荒野の用心棒』を改めて鑑賞して

いる。その後、彼らはタランティーノが泊まっていたビバリーヒルズホテルのスィート・ルームに移動し、ビデオ・アーカイブス時代のことをたくさん話し込んだ。しかし、そこにあった金のオスカー像を順番に抱えさせてもらっていた彼らの誰もが、これで一時代が幕を下ろすことを悟っていた。

「向こうから俺に
忍び寄ってきたような感じだね」
『フォー・ルームス』『ジャッキー・ブラウン』

クエンティン・タランティーノという名前が形容詞として使われるようになるまでには、彼が考えていたほど時間がかからなかった。『パルプ・フィクション』後から突如として、「計画通りに犯行が進まない犯罪者たちを血しぶきと共に描く」というタイプの脚本の三分の一は、「タランティーノイスク（タランティーノ様式）」と分類されるようになった。アカデミー（つまり権威）に見過ごされたという事実は、むしろ彼の信用を強化する形で働いていたのだ。しかし人気を得てもなお、この明晰な成り上がり者は、メインストリームの眼球に指先を突き立てるような攻撃を決してやめようとはしなかった。

「タ ランティーノイスクが何を意味する言葉なのか、俺にはまったく理解できない」[1]と彼は不満げに語っている。彼はこの用語が生まれたことを喜んではおらず、むしろ、あまりにも具体的過ぎる（あのスーツ、「他よりもイカした」[2]セリフ、そして古いテレビ番組について言及すること）と感じていた。良い映画を作った映画オタクとされることを彼は愚痴るようになり始めた。映画好きであるという事実は彼の人間性の一側面でしかない、それは「幾つも首を持つドラゴンの頭のひとつ」[3]でしかないと彼は主張している。自分の作品にはそれ以上のものがあることを、ファンや評論家たちに知らしめ、感心させてやりたいと彼は思っていた。その願望が、エルモア・レナードに立ち返ってインスピレーション源にすることへ、そして、『ジャッキー・ブラウン』へとつながってゆくことになる。

ただしその前に、彼はある大きな反動を経験している。それが世界の成り立ちなのだ。カルマの返報

上：友であるロバート・ロドリゲス監督の『デスペラード』に長めのカメオ出演をするクエンティン・タランティーノ。役者としてのタランティーノの評価は明らかに人によって別れるものだったが、有名人になったばかりの彼は、役者になりたい欲求をしっかりと満たしている。

上：高級市場向けアンサンブル映画とし
て宣伝された『ジャッキー・ブラウン』の
ポスター。エルモア・レナードの小説『ラ
ム・パンチ』の映画化作品を監督するとい
う選択は、世間の人々だけでなくタラン
ティーノ自身をも少なからず驚かせた。し
かし、一旦この小説の映画化権を手にし
た彼は、それをやらずにおくことなど到底
できなかった。

右：不幸な結果に終わった旅行かばん（オ
ムニバス）映画『フォー・ルームス』の
ポスター。その意図こそ最高だったが、
1992年のサンダンスのスター・チームは、
熟考することなく製作を急いだことのつけ
として、世間知らずな才能だけでは良い
映画を作るには十分ではないことを証明し
てしまった。タランティーノはこの映画で
彼が監督を受け持った一篇について、自
身の「公式」映画作品のひとつに数えて
いない。

上：友人であり映画監督でもある『フォー・ルームス』のカルテット、左から、ロバート・ロドリゲス、アリソン・アンダース、アレクサンダー・ロックウェル、クエンティン・タランティーノ、そしてソファの後ろに立っているのはプロデューサーのローレンス・ベンダー。この映画は彼らの友情の絆が試されるとても厳しい試練の場となった。

なくして、新たなオーソン・ウェルズに、つまりアートハウス系映画と商業映画の両業界に片脚ずつ置くことのできる選ばれし者になることなどできないのだろう。そうなることを実現させるためには、ウェルズのたどった道をたどらないようにすること……魔法の王国から追放されて有り余る才能を浪費しないようにすることだ。奇妙なことに、そのことは『フォー・ルームス』の主題でもあった。

1992年のサンダンス映画祭で人々を沸かせた明晰な若手監督たち（タランティーノ、アレクサンダー・ロックウェル〔『イン・ザ・スープ』〕、アリソン・アンダース〔『ガス・フード・ロジング』〕、リチャード・リンクレイター〔『バッド・チューニング』〕、ロバート・ロドリゲス〔『エル・マリアッチ』〕）の絆はその後も続いていた。彼ら「92年組」は、頭の切れる新たなインディ・シーンの先駆者だった。彼らは自分たちのことを、1970年代ハリウッドのムービー・ブラット世代（訳注：スコセッシやスピルバーグの世代。P26参照）やフランスのヌーヴェルヴァーグと並び称されるものとして見るようになっていた。会って話すたびに、それぞれがイカしたスタイルで

上：『フォー・ルームス』でアンダースが大幅に妥協して描いた「お客様は魔女」の魔女たちの集会。左から、マドンナ、サミ・デイヴィス、ヴァレリア・ゴリノ、リリ・テイラー、アイオン・スカイ。マドンナが自身のイメージを茶化すことも躊躇なくやるつもりでいたことを、アンダースはとても喜んだ。

参加する形で記念碑的なアンソロジー映画を一緒に作ろうじゃないかという話で盛り上がるようになっていた。リンクレイターが抜けたため、「ファイブ・ルームス」ではなく一部屋減って『フォー・ルームス』になったものの、いつしか、その話は現実味を帯び始めた。

アンソロジーのコンセプトを小気味よく逸脱させながら扱ってみせた『パルプ・フィクション』がジャズのシンコペーションだとするなら、『フォー・ルームス』はそのままをストレートに演奏したような作品だ。ある洗練されたハリウッドのホテルを舞台に、各監督が異なる部屋で繰り広げられる別々のストーリーを語るというものだ。しかし実際には、ベルボーイのテッドを巻き込む形でリンクした別々の短編をそれぞれの監督が作ったというだけのものだった。「この世界観のウエイトがうまく作品に乗っかっていない」[4]とタランティーノは指摘している。

女優アンサンブルを描こうと心に決めたアンダースは、現代の魔女たちの集会に光を当てた。彼女たちは魔法を完了させるために必要な精液をテッドから調達しなければならない。そのメンバーにはあのマドンナまで加わっていた。この時点でこそ巷で評判の人物となっていたタランティーノだが、とても楽しいことに、彼はそうなる以前にこのポップスの女王とニューヨークの彼女のオフィスで会っていた。彼女はそのときニューアルバム『エロティカ』を彼に贈ったが、そこには彼女自身の手で「ライク・ア・ヴァージン」の真の意味についてのメモが書き込まれていた。「クエンティンへ、あれは愛についての

上：ロバート・ロドリゲスによるスラップスティック・スタイルの作品「かわいい無法者」のカオスな一家。左上から時計回りに、タムリン・トミタ、アントニオ・バンデラス、ダニー・ヴェルデュスコ、ラナ・マキシック。ロドリゲスが『デスペラード』を完成させたわずか一週間後にこのストーリーを撮影したことからも、この映画がいかに急いで作られたかがわかる。

歌よ、ペニスについてではないわ」[5]と。

　ロックウェルは彼の作品をテレビの昼メロからインスピレーションを受けた（そしてまた、以前に聞いたことのあるショーン・ペンとマドンナのある噂も密かにインスピレーションになっている）異様なサイコドラマと位置付けた。訪れる部屋を間違えて

しまったテッドは、夫婦間のSMプレイに巻き込まれてしまう。夫婦を演じているのはロックウェルの実の妻ジェニファー・ビールス（椅子に縛られている）とデヴィッド・プローヴァル（銃を振り回している）だ。

　ロドリゲスはファミリー・コメディという大人の常識に反した作品作りに打って出た。アントニオ・バンデラスとタムリン・トミタが演じる裕福な夫婦は、街へ遊びに繰り出すことに決め、その間、彼らの子供たちの面倒を見てくれとテッドに賄賂を手渡すのだが、その子供たちは実は最悪の品行だった、

というものだ。ロジャー・エバートは「シカゴ・サン・タイムズ」紙に、この映画を観るべき理由はこの半狂乱のエピソードにあると書いている。「大々的なスラップスティックであり、演技も編集も完璧な笑いのタイミングを心得ている」と。

タランティーノが描いた"ルーム"（最後にして最長のエピソード）には、セルフパロディの雰囲気が漂っている。『スリープ・ウィズ・ミー』、『ジョニー・ディスティニー』、『デスペラード』といった近々の彼のカメオ出演が続けて不評だったことへのフラストレーションを、彼は『フォー・ルームス』にぶつ

上：アレクサンダー・ロックウェルによる「間違えられた男」のジェニファー・ビールス、デヴィッド・ブローヴァル、ティム・ロス。ロックウェルの妻であるビールスは、ティム・ロスを除けば、この映画の複数の話に登場する唯一の役者だ。彼女はタランティーノによる「ハリウッドから来た男」にも登場している。

けている。彼が演じたのは、このホテルのペントハウスにいる、大成功のデビューをおさめたばかりの映画監督チェスター・ラッシュだ。「あれには脆弱性を見ることができるね」[6]とロックウェルはコメントしている。チェスターはテッドをうまくそそのかして、彼らの新年のバカ騒ぎに参加させる。往年

上：クエンティン・タランティーノの「ハリウッドから来た男」の出演者たち。左から、クレジットなしで出演したブルース・ウィリス、タランティーノ、ポール・カルデロン、ジェニファー・ビールス。短編映画という簡潔なフォーマットであってさえも、タランティーノはトレードマークである長回しテイクも「ファック」という言葉（193回）もしっかりと使っている。

左ページ：ベルボーイのテッド（ティム・ロス）はタランティーノが演じる映画監督チェスターに懇願されてショックを受ける。タランティーノの狙いは、たった1本の映画で有名になった新進気鋭の映画監督がハリウッドのライフスタイルにすっかり飲み込まれてしまう物語を語って自身のイメージを茶化すことにあった。

彼らの友情も甚だしく
試されることとなった。
「実際に出来上がるまで、
どんな作品になるのか俺たちは
まるで見当がつかなかった」
——ロバート・ロドリゲス

上：インディのヒット作『ジョニー・ディスティニー』のディラン・マクダーモットとクエンティン・タランティーノ。突如として成功をおさめたことによる急性なバズリから、ものすごい量の出演オファーを受けたタランティーノは、『パルプ・フィクション』がパルムドールを受賞する2日前にジャック・バラン監督によるシュールなコメディ映画に出演する契約を交わしている。

の「ヒッチコック劇場」のピーター・ローレとスティーヴ・マックィーンを配した「南部から来た男」というエピソードからインスピレーションを受けたチェスターと仲間たちは、小指を賭けてライター点火ゲームに興じる。

「（チェスターは）結果的に俺の有名人としての重荷の一部を背負うことになった」とタランティーノは認めている、「メディアはもう俺に飽き飽きしているのさ」[7]。彼のキャリアはまだ2本の映画を監督しただけだというのに、すでに3冊の伝記が出版されていた。それらの伝記には、彼を大絶賛するものもあれば、あけすけに批判するものもあった。チェスターを演じることは、彼にとって厄払いのような意味合いがあったのだ。

ある晩、この4人の監督はシャトー・マーモント・ホテルに集まった。この有名ホテルはバイエルンにあるお城のような外装をしたサンセット大通りに位置するホテルで、また、彼らの舞台となるホテル・モンシニョールのプロトタイプでもある。彼らはそこで各人のストーリーの詳しい計画をたて、テッドが次々と登場するからくりの枠組みを作り上げた。「パジャマ・パーティの豪華版のようだった」とロックウェルは、テイクアウトやビデオを持ち込んだその集りを振り返って語っている、「まるでクエンティンが空想する夜のようなね」[8]。

すぐに問題が持ち上がった。ベルボーイのテッド役は神経質に顔をけいれんさせるスティーヴ・ブシェミに合わせて書かれていた。彼ならこのチャレンジを受けてくれるだろうという自信があったからだ。しかしブシェミは、コーエン兄弟の『バートン・フィンク』で自分が演じたベルボーイとこの役が近すぎる（実はその事実も彼らの考えていた目玉のひとつだったのだが）ことを懸念して、このオファーを断ったのだ。きっと彼は4人もの監督に対応しなければならないことに怖気づいたに違いない、とロックウェルは思ったという。

そこで彼らが白羽の矢をたてたティム・ロスは、4人のそれぞれ異なる監督の下で（まったく同じ人物の）制服を着たキャラクターを演じ、しかも体を張ったコメディまでやり切るというチャレンジに魅力を感じた。

制作に入ってみると、彼らは自分たちがその場しのぎで作っているという感覚を確実に持ち始めていた。ロドリゲスは「実際に出来上がるまで、どんな作品になるのか俺たちはまるで見当がつかなかった」[9]と告白している。タランティーノとプロデューサーのローレンス・ベンダーは、この作品が予定通りの格安予算で製作されることを確保しなければならなかった。アンソロジー映画はいつもリスクが高いも

のだ。ミラマックスから出た『フォー・ルームス』の製作費はわずか400万ドルだったため、予算の欠如から、セットの安っぽさや多様性のなさも垣間見えている。

彼らの友情も甚だしく試されることとなった。

撮影開始予定日の数週間前には、タランティーノは手を引く寸前まで来ていた。彼はアンダースに電話をかけたが、彼女によるとその時の彼は「完全にいっぱいいっぱいになっていた」[10]という。アンダースは彼の内面にある誠実さに訴えかけながら、すでにもう彼らは後戻りできない地点を何マイルも過ぎているのだと言って諭した。最初に出来上がってきた2時間半にのぼる編集版を見たミラマックスは、何とか手を打たなければならなかった。これはコメディ映画だったはずじゃないか。ロドリゲスが作った小気味いい大騒ぎの逸話だけは24分という節制の効いた長さであり、またタランティーノの場合は、うっとうしいほどの長回しテイクが彼の特徴であるため、それを縮めるように言うわけにはいかなかった。そのため、結局は、アンダースとロックウェルの2人にそれぞれの逸話を刈り込むよう依頼するしかなかった。それによって、この映画の第1話と第2話にあたる彼らの作品からは、人間性も緊張感もすっかり失われ、そのせいで映画全体がどうしようもないほど偏ったものになってしまった。

ロドリゲスによる幾つかの傑出した場面は別として、この映画は、（良かれと思ってのことではあったにせよ）発作的な思い上がりで公開を急ぎ、熟考されることなく気まぐれな考えのまま作られた、身勝手で雑然とした作品になった。それぞれのスタイルが食い違って衝突し、ジョークは平凡に終わり、また、ロスは懸命にこの仕事にあたったものの、この映画に必要とされるジェリー・ルイスやピーター・セラーズばりの人の目を奪うクオリティには程遠かった。4話目にはタランティーノのグルーヴ感をほの

かに感じることこそできるが、いつもなら彼の砦となるはずのキャラクターたちは、不格好なまま一塁ベース上に残塁し、ひとりよがりばかりがすさまじいものになっている。

決して予想外ではなかったが評論も散々だった。多くの評論家たちがこの作品の怠惰さとうぬぼれの強さに呆れ果てた。オーウェン・グライバーマンは「エンターテインメント・ウィークリー」誌に「嫌悪感を導き出す特徴を培養する雰囲気が全体に漂っている」と悪評を書き、ジャネット・マスリンに至っては、これまでずっとその創造性を絶賛してきた人物からここまでの落胆を味あわされたショックから、「ニューヨーク・タイムズ」紙に「キャリアの闇歴史となるこの大失敗作品について良く言う者はごく少数だろう」と唾を吐き捨てている。

ニューヨーク映画祭は公然とこの作品の出品を拒否した。また観客もこの作品に感心しなかった。ボックスオフィス売上は全米で420万ドルという取るに足らない額に終わっている。これは本当の意味でタランティーノが失敗を味わった初の作品と言えるだろう。また結果的に誰よりもその矢面に立ったのもタランティーノだった。『フォー・ルームス』は、ほとんど彼自身の予言が正しかったことを証明する作品……つまり、成功の大きな反動を自分で呼び込んだような作品と呼べるものになった。露出過多になることについての彼のジョークは、彼がいかに露出過多なのかを証明するだけのものにしかならなかった。そして今、その天罰が下されたというわけだ。メディアは喜んで彼のための居場所を用意していたが、タランティーノはそのゲームを降りた。彼は1年間の休暇をとることにした。

「映画を次から次へと撮り続けていたら人生はすぐに終わってしまうよ」と彼は静かに語っている、「ちょうど結婚することだけが目的で結婚するようなものさ。そうではなく俺は、恋に落ちて「これが運命の女性だ」と言いたいんだ」[11]。

その頃は次の映画を作ろうという意欲がなかったと彼は告白している。療養して自身を見つめ直す時期が来ていた。それ以上に、彼自身が記者たちにも何度も言っているように、彼は生まれながらに怠惰なのだ。ドラッグでハイになるような形で映画に誘惑されない限りは、むしろ放浪生活を送り続けることを好むたちなのだ。

そのキャリア全体を通して、タランティーノは定期的にコンセントと電話線を主電源から抜いて、沈黙を享受している。それは必ずしもかつてのみすぼらしい暮らしに完全に立ち返るということではなく、たとえばアーノルド・シュワルツェネッガーからディナーを招待されたり、「ウォーレン・ビーティと、あと何回かはつるみたい」[12]と思ったりもしていた。

名声は扱いづらいものだ。『ゲット・ショーティ』（エルモア・レナードの小説を映画化した素晴らしい作品であり、主演のジョン・トラヴォルタはタランティーノに「道草を食うな」と叱咤されるまでこの映画への出演を迷っていた）の試写会に参加した時、彼はVIP用の座席ではなく、もっとスクリーンに近いところで一般客と一緒に座ることにした。すると間もなくサインを求める観客が殺到してしまった。「俺が関わっていない映画の時はダメだ」と彼はキレ気味に応じた、「俺は君たちと同じように映画を観に来ただけなんだから、君たちもそのことを尊重してくれよ、な？」[13]。

その一部は彼自身のせいでもあるのだが、タランティーノの名声は単なる監督としての名声とは異なるものだった。それはむしろ映画スターのような認識のされ方だ。

この休息期間は、自分自身のキャリアの第2期について考えるチャンスでもあった。彼は犯罪者の世界を立ち去る必要がある、もう彼が言うところの「ガン・ガイ（銃の男）」[14]にはなりたくないと思って

上：バリー・ソネンフェルドがエルモア・レナードの小説を映画化したヒット作『ゲット・ショーティ』のレネ・ルッソとジョン・トラヴォルタ。『パルプ・フィクション』で復活したばかりのトラヴォルタは、この役のオファーを受けるべきかどうか迷っていたが、タランティーノが、この映画こそまさに彼の出るべき映画だ、と言って彼を納得させた。

いた。「ウエスタンをやりたい」[15]と彼は告白している。間もなくすると、このタランティーノの研究休暇期間は、映画監督業以外のあらゆる仕事をこなすための期間と化した。

タランティーノというブランドの延長線上には、よりポジティブな、それでいてとても不経済な側面もあった。彼はミラマックスを説得して彼自身のレーベル「ローリング・サンダー」（ウィリアム・ディヴェイン主演の同名映画が社名の由来）を立ち上げた。このレーベルは、普通なら（そして幸運なら）劇場

公開されずにビデオ作品としてリリースされるタイプの東洋の映画や、エクスプロイテーション映画を劇場公開するためのレーベルだ。彼はまた、親切心から、トニー・スコット監督の『クリムゾン・タイド』の脚本を整える仕事をクレジットなしでやって

上：『ジャッキー・ブラウン』でサミュエル・L・ジャクソンを演出するタランティーノ。左から2人目はプロデューサーのローレンス・ベンダー。小説家のエルモア・レナードはタランティーノに影響をあたえた主要な人物のひとりであり、それは彼が10代のときに『ザ・スイッチ』を万引きしようとしたところまで遡ることができる。

いる。「あれについては自分でも誇りに思っているよ」[16] と彼はあの潜水艦映画のスクリプト・ドクターとしてやり遂げた仕事について語っている。2～3のシーンを除けば、あの映画の出だしからの45分間に「全登場人物の口から発せられた言葉は、みんな俺の書いたものなんだ」[17] と。彼がこの作品のためにやったことは、デッキで交わされるセリフに「シルバー・サーファー」や「スター・トレック」といった言葉を散りばめただけに違いないという憶測に、彼は苛立っていた。

また、マイケル・ベイ監督のアクション映画『ザ・ロック』のセリフにタランティーノが磨きをかけたときの逸話の中には、タランティーノが提出したあらゆる言葉を一音節も漏らさないようにと奮闘する完璧主義者たちの話や、彼の良き友であり「サタデー・

ナイト・ライブ」で有名なジュリア・スウィーニーが主演するコメディ映画『いとしのパット君』をほとんど検知不可能な形でセリフに入れ込んだ話などもある。彼は他にも「ER 緊急救命室」の「母親」のエピソードを監督している。このエピソードは同シリーズ屈指の血みどろなエピソードで、病院内で繰り広げられる女性ギャングの闘いではひとりの女性が相手の女性の耳を切り落としている。

その間彼は、ウエスト・ハリウッドのアパートメントを売り、ユニバーサルの撮影所を見下ろすハリウッド・ヒルズに豪邸を買った。間もなく「ザ・キャッスル」と呼ばれるようになったこの邸宅のホールは、彼の所持する品々で埋めつくされ、彼の映画愛を反映する祭壇のようなものになった。また、客席50席で一番前の列には彼専用の赤いブラシ天のソファが据えられた自宅兼映画館は、その設計と施工に1年が要されている。

しかし、この期間が彼にとって何よりも重要だったのは、他人の作品に公的に手を加えるという、まったく意外な方法によって、自身の創造エネルギーの備蓄を新しくフレッシュにできたこと、そして、フィルムメイキングへの意欲を再発見できたことだろう。また、こちらはそれほど意外なことではないが、そのエネルギー源となったのは、犯罪小説家エルモア・レナードの作品だった。しばらくの間だけ、彼は「ガン・ガイ」であることを継続することになった。あくまでも「ある意味では」という限定つきだが。

これまでのタランティーノの作品はどれも、程度の差こそあれ、非公式ながらもレナードの小説という名の犯罪記録簿を映画化したものだったと言えるだろう（結局のところ、彼は三文小説の名手なのだ）。レナードは本当の意味でタランティーノの琴線に触れた最初の小説家だった。「彼のスタイルが、ある程度は、俺のスタイルになっている」[18]とタランティーノは隠すことなく告白している。レナードのルーズ

で可笑しいプロットが、タランティーノの描く現実世界の周囲を巡っているのだ。

『パルプ・フィクション』の製作準備期間中、タランティーノは、レナードの当時の最新作『ラム・パンチ』の校正刷を読んでいたが、これが最終的には映画『ジャッキー・ブラウン』になる。「とにかく映画像のようなものが浮かんできたんだ」[19]と彼は振り返っている。興奮した彼は、この小説の映画化権を取れないだろうかと動いたが、レナード陣営は、この小説がタランティーノの次回監督作になることを確約することをその条件にした。『パルプ・フィクション』後の自分がどういう気分になっているか見当がつかなかった彼は、その機会を見送ることにした。

ミラマックスには彼のために費やせる経費がまだ十分に残っていたこともあって、後にレナードの3本の小説の映画化権が買い取り可能になったとき、ミラマックスは『リーキー・ディーキー』、『キルショット』、そして運命と呼ぶべきか、彼へのご褒美と呼ぶべきか、『ラム・パンチ』の映画化権を取得した。タランティーノはまず『ラム・パンチ』の映画版をプロデューサーとして製作しようと考え、監督候補者まで決めていた。しかし、この小説を読み直してみると、以前にこれを読んで思い浮かんだ映画像が今もなお自分の頭の中にしっかりと残っていることを発見した。「向こうから俺に忍び寄ってきたような感じだね」[20]と彼は語っている。

彼は『パルプ・フィクション』で描いた環境を今再び利用しながらも、あのクールな遊び心とは衝撃的なまでにコントラストをなす映画を作りたいと考えた。あの小説を『ジャッキー・ブラウン』というタイトルで映画化するこの作品は、AからB、BからCへと時間の流れに沿って語ることにした。ジグザグな感性の持ち主であるタランティーノにとって、このような標準的な描き方はむしろラジカルな転覆

にあたる。「おれは『ジャッキー・ブラウン』で『パルプ・フィクション』の上を行こうとは考えていなかったんだ。俺がやりたかったのは、あの作品の下を行き、キャラクターを深く掘り下げた映画、地に足のついた映画を作ることだったんだ」[21]。前作がオペラだとするなら、この作品は室内楽だ。彼はすでに、ある既製のサブジャンルを念頭に置いて作ろうと考えていた……それは「ハングアウト（一緒に遊ぶ）」映画だ。「俺は（ハワード・ホークスの）『リオ・ブラボー』に俺がずっと抱いている感覚と同じものを持った映画を目指して『ジャッキー・ブラウン』を作ったんだ。2年おきぐらいに何度も繰り返し観たくなるような映画さ」[22]。それは、ストーリーラインという邪魔者さえ片付けてしまえば、あとはキャラクターたちと「一緒に遊ぶ」ことを単純に楽しむだけでいい、そういう映画だ。

この新作映画に関して、とても不可思議な考察が世に広がり始めた。それは、タランティーノが「大人になった」映画を作ろうとしているらしい、というものだ。この新作は、前作にあったテーマ（彼の描く犯罪者たちの闇社会のルールである義務と責任とうわべのユーモアといったテーマ）を秘めてこそいるが、そのペースやムードがリラックスしたものなので、その分だけキャラクターたちの息をつく余地が増えている。

「クエンティンは彼があれほど大事にしていた"映画スター"になりたいという思いを封印したんだ」と解説したのは、オデール・ロビー役を演じたサミュエル・L・ジャクソンだ、「彼が脚本を書き始めた理由は、多くの人たちと同じように、彼も映画スターになりたかったからさ。だけど彼はクエンティン・タランティーノというスター映画監督になった。彼はその流れに乗ることにした……、しばらくはその流れに身を任せて楽しんだ。そして燃え尽きてしまった。彼はそこから学んだ。つまり成長したっていう

ことさ」[23]。

原作に忠実に描きたいとは思いながらも、タランティーノは原作の舞台であるマイアミについて何も知らなかった。そこで彼は、このストーリーを彼の良く知るロサンジェルスのひっそりした地域に移すことに（そして地名も変えることに）した。彼の良く知るこの街の荒れた気質であれば、レナードに敬意を払って描くことができるからだ。

撮影は1997年の夏に、タランティーノが昔よくうろついていたサウス・ベイ・エリアとその周辺で行なわれた。望遠レンズで撮られたカーソンやホウソーンといった街もパッチワークのように加えられており、それによって登場人物たちと同じく疲れ切った現代のロサンジェルスという実在する都市の質感を浮き出させている。この作品は小説を映画化したものではあるが、彼にとって見慣れた様相をまとっている。3つの紙袋の交錯と3人の死体をはらんだフィナーレは、普段の買い物客たちであふれるデル・アモ・モールを舞台に展開されるが、このショッピングモールもまた、タランティーノがプー太郎時代に頻繁にうろついていた場所だ。

『パルプ・フィクション』と比べると、監督の自意識過剰気味に撮られたショットがずっと少なく、演出そのものが、派手さのあった前作よりもずっと確実なものになっている。タランティーノが時間軸をいじった唯一の場面は、音楽も視点ごとに切り替えながら絡まった視点で最後のペテンを見せているところだけだ。ところどころに独特な発想やオマージュ的なひらめき（画面の外にいる登場人物を見せないようにする目的で、マスターショットを狡猾に省略

する画面分割やディープフォーカス）を見ることはできるものの、全体的には、流れるような即興演技的なスタイルをとっており、演者たちを使ってシーンを推進させる方法を追求している。

キャスティングは、むしろ、これまで以上に重要なものとなった。ハリウッド的な発想に逆らう彼は、この映画の中心人物には、かつて輝いていた人物を起用する必要があった。悩み疲れや心の傷を体現できる役者たちだ。2人の主人公はどちらもプロの犯罪者ではなく、生活している中で、低レベルな盗み

やFBIのシニカルな策謀に巻き込まれてしまう普通に働く一般人だ。そこにはポップカルチャーとの繋がりもまったくない。タランティーノにとってこれまでで一番リアルな映画だ。レナードにして名人技と言わしめたこの脚本に書かれているセリフは、その半分がタランティーノのものであり、残りの半分はこの原作者のものだが、その境界線を見極めるのはほとんど不可能だろう。

タランティーノは「キャラクターを動かす」のではなく「（キャラクターに）そこに生きて」[24] もら

いたいと考えていたが、あの小説に登場する悩める主人公ジャッキー・バーク（低レベルな密輸で小銭を稼ぐ）については、ジャッキー・ブラウンという人物に整え直した。彼の頭に最初に思い浮かんだのは、1970年代に彼を熱狂させたブラックスプロイテーション映画の四肢の長いあのスター女優だった。

パム・グリアの名前は『レザボア・ドッグス』のキャスティングの時から上っていた。ビデオ・アーカイブスではブラックスプロイテーション映画はタランティーノの牙城だった。彼はとても頻繁にビデオ・アーカイブスの客を説き伏せて、彼のお気に入りである『フォクシー・ブラウン』や『コフィー』や『吸血鬼ブラキュラの復活』といった作品を借りさせていたほどだ。グリアは『パルプ・フィクション』ではミア役とジョディ役の候補としてスクリーン・テストを受けていた。その時は合わなかったが、タランティーノは必ずまた声をかけると約束していた。彼女が『ジャッキー・ブラウン』の企画について話を聞くため彼のオフィスを訪れると、そのオフィスの壁には彼女が活躍した1970年代のB級映画のポスターが所狭しと貼られていた。自分が来ることに備えて特別にこうしているのだろうか、と彼女は思った。しかし実はそうではなかった。彼はむしろ、彼女の訪問に備えてそれらを外しておいた方が良いかもしれないと思っていたほどだった。

彼は、グリアが年齢を重ねていたことも、舞台への出演に活動の場を広げていたことも承知していた。それだけに彼女は「本当にすごいキャラクター・ワーク」[25]で演じられる能力を身に着けていた。ジャッキーはもともと白人として書かれていたが、この主人公を黒人にすることで「彼女に道徳的深みをもっとあたえる」[26]ことができた。生き延びようとする彼女の行動がより本能的なものになる。また、タランティーノが自身の母親の中に見い出していたタイプの情熱的な思い入れや決意が彼女からはにじみ出て

いた。それは彼が言うところの「彼女自身の力で」[27]独力で身を立てた女性だ。もはや驚くべきことではないが、この映画はタランティーノの映画の中でコニーの一番のお気に入り映画である。

グリアは全身全霊でこの役に挑んだ。ホテルの部屋に、脚本に照らし合わせた長さ12フィートの撮影日程表を貼りつけ、急激に変化するプロットの中でジャッキーがどの位置にいるのかを把握できるようにした。撮影はストーリーの流れを無視して行な

ヴをBGMに、グリア演じるジャッキーがセクシーにロサンジェルス国際空港を闊歩する。『パルプ・フィクション』の活力があの推進力のあるサーフ・ミュージックによって生まれたものだとするなら、「昔ながらのソウルがこの映画のリズムとフィーリングを生んでいる」[28]とタランティーノは説明している。このシーンは、この監督が自身の饒舌さを犠牲にしただけでなく、ホットな若い娘だったグリアの過去についても暗に冗談めかしている。多くの名作ブラックスプロイテーション映画は、当時のグリアが単純に歩いているだけのオープニング・シーンで始まっていた。タランティーノは、「それなら俺が一番すごいパム・グリアのオープニング・シーンを作ってやろうじゃないか」[29]と思ったわけだ。

『フォクシー・ブラウン』から20年経っていたが、彼女もあのセクシーさも勝気さも健在だった。この長回しショットの最後の部分になると、彼女は急ぎ足になり、突然、慌てている様子を見せるが、ここで初めて私たち観客は、彼女が仕事に遅刻しそうだったのだということを知る。それはゴージャスなまでにデリケートな変化だ。人々が予測していたものから、何ともスムーズにリアリティへと変化している。フォクシー・ブラウンからジャッキー・ブラウンという悩みを持つ普通の女性へと変化しているのだ。「重荷を負わせることで」とタランティーノは言う、「とても良い結果が得られることもあるのさ」[30]。

保釈金保証人という今の仕事を辞める方法はないものかと思っているマックス・チェリー役のキャスティングについて、タランティーノは、ポール・ニューマン、特に70年代に大活躍したジョン・サクソン、そしてジーン・ハックマンら、彼が起用したいと願っ

われるものだが、彼女は、2度目のチャンスをものにしようと奮闘する柔和さと決然さを兼ね備えた主人公の姿を保ち続けている。

この映画の見事なオープニング・シーン（タランティーノの全キャリアの中でベストのオープニングだとする声もある）には、その意図がはっきりと表明されている。言葉が一言も発せられない長回しトラッキング・ショットで、ボビー・ウーマックによる「アクロス110thストリート」の滑らかなグルー

ている俳優のリストを作ったが、その中でも人々の固定観念がまったくない人物がロバート・フォスターだった。グリアは過去のオーラを利用してジャッキーの人物像を深めているが、マックスに関しては、比較的空虚な存在感（過去の栄光など顧みない平凡な男）をタランティーノは求めていた。ハックマンでは威厳がありすぎて映画自体がうるさくなってしまう。一方のフォスターにはそこまでの凝縮性がなかった。

　もちろんタランティーノは『アメリカを斬る』、『禁じられた情事の森』、それから1シーズンで打ち切りになったテレビ番組「私立探偵バニオン」といった作品を通して彼のことを知っていた。彼もまた過去の輝きを失っていた俳優であり、人に意欲を起こさせる講演会などで生活費を稼いでいた。彼の持つ「俺は、何もかも見てきたし、やってきた」的なクオリティが、タランティーノの心に強く響いた。タランティーノは「ロバート・フォスターの顔がその生い立ちを物語っている」[31] と激賞している。彼が経験した成功も失意も、すべてがその顔に刻まれていた。

　フォスターとタランティーノはそれ以前に会ったことがあった。『レザボア・ドッグス』でローレンス・ティアニーが演じた役の候補になっていたが、実現はしなかった。タランティーノはそのとき、今後何かで必ず起用すると約束していた。『ジャッキー・ブラウン』の18カ月前に、この2人はフォスターの通う朝食堂でバッタリ出会った。タランティーノは、今自分が脚色を手がけている原作の『ラム・パンチ』を読んでおいてほしいと彼に告げた。その5か月後、フォスターがいつものようにこの食堂へ行くと、彼のお気に入りの席にタランティーノが座っており、その前のテーブルには1冊の脚本が置かれていた。「日々裁判所に通う彼には（どこか可愛げがあり）、彼が優れた役者だってことが良くわかるよ」[32]。グ

リアやフォスターのような存在が、他にどれほど残っているだろうかと彼は思わずにいられなかった。

　ジャッキーとマックスは、躊躇しながらもお互いに惹かれてゆくが、そういった穏やかな引力を描く能力をタランティーノが持ち合わせているのかどうかは、それ以前の彼の映画だけではまったく判断できない。これは真のロマンスだ。彼はこの2人の登場人物のことを、「自分で決断する人々」[33] だと言い、あたかも彼にはコントロールできないところで行動しているかのように語っている。まるでこの映画で描かれていることには何ひとつあらかじめ決まったプロットなどないかのような言い方だ。人生そのもののように。

　実りあるパートナー関係は続き、オデール・ロビー役は、信頼のおけるサミュエル・L・ジャクソンの手に委ねられた。ブリジット・フォンダはオデールの彼女で文句の多い海好きのメラニー役を、また、ロバート・デ・ニーロは意外にも笑いを誘う役柄につき、だらしのない元囚人のルイスを演じている。彼はミュンヘン映画祭でタランティーノと会ったことがあり、ひたすら映画の話で盛り上がっていた。ローレンス・ベンダーから送られてきた脚本を読んだデ・ニーロは、ルイスというキャラクターの中に皮肉的な価値を見い出した。一連のうなり声と肩をすくめる仕草だけでほとんどのコミュニケーションをとる彼は、名優デ・ニーロがタランティーノの世界に足を踏み入れたらこうなるに違いないという人々の予想を真っ向から裏切るものだ。

　この映画は間違いなく人々の予想を裏切る作品に仕上がっている。動きはデリケートでスローだし、たった4人の犠牲者しか出ない。とは言えやはり、登場人物たちに臆することなく不敬なストリート・スラングを使わせたとしてタランティーノは攻撃の的になっている。論議を呼ぶ「ニガー」という言葉は、『パルプ・フィクション』では28回発せられて

いるが、『ジャッキー・ブラウン』ではそれよりも10回多く、（そのほとんどはジャクソン演じるオデールの口から）実に気楽に発せられる。タランティーノの友人とされている映画監督スパイク・リーは、『ジャッキー・ブラウン』で使われた黒人言語の罪について執拗に抗議している。

タランティーノは頑固さを貫いた。彼にしてみれば、それは自分が若かったころのストリート・カルチャーを引用元にしたにすぎない。たとえばブラックスプロイテーション映画の数々がこの映画の引用元のひとつであることと何ら違いはないのだ。ジャクソンは躍起になって監督を弁護し、あれは単なるストーリーテリングの一環に過ぎないと言い切っている。登場人物の内面から出てきた言葉なのだから、そのまま描くべきなのだと。「オデールはオデールが話すように話しているだけだ」と彼は語気を強めている、「彼がそういう男だというだけのことさ」34。タランティーノは、ロンドンのナショナル・フィルム・シアターで行なわれた初上映前の挨拶で、『ジャッキー・ブラウン』は黒人の観客のために作った黒人映画だと宣言した上で、「肌の色なんかに惑わされるんじゃないぜ。精神状態の話をしているんだからな」と言っている。

この映画は1997年のクリスマスに公開された。『パルプ・フィクション』からは3年が経っていた。あの白熱こそ弱まっていたが、『ジャッキー・ブラウン』はタランティーノがまだ独自のやり方を貫く監督だということを広く知らしめる作品となった。154分という物憂いほど長い上映時間を30分削るべきだとするミラマックスの主張を彼は拒んでいる。また、インタビューの依頼も拒み（彼は自分の言葉を聞くことにうんざりしていた）、彼の心はすっかりブロードウェイのリバイバル版『暗くなるまで待って』の舞台で（『フォー・ルームス』にカメオ出演していた）マリサ・トメイと共演し、サイコ野郎のキャラクター

になり切りたいという、まったく別の欲求に向かっていた。この舞台での演技もまた、彼は結果的に評論家から痛い批評を浴びることになる。

そんな中、『ジャッキー・ブラウン』は広く称賛された。「何よりも見事なのは、この映画の勇敢さと優しさである」とデヴィッド・アンセンは「ニューズウィーク」誌に書いている。グレン・ヒースJrは「スラント」誌の記事で、『ジャッキー・ブラウン』は「タランティーノ作品の中で最も複雑に、そして革新的に、満たされない愛について考察している」作品だとしている。ただし、この映画の売上はセンセーショナルなヒットと呼ぶには程遠く、アメリカ国内での興行成績4千万ドルという数字は、製作費が1200万ドルという控え目なものであってさえも、興行的には失敗作という印象を残した。この映画が彼の全作品の中でも屈指の彼らしい映画である、ジャンルを超越した作品である、スリルに満ちた作品である、デビュー作以降の数本の映画よりもずっと感情的な深みを描いた作品である、とされるようになるのは、もっと後になってからのことだ。

タランティーノは、受けることを承諾した数少ないインタビューの中で、『ジャッキー・ブラウン』の舞台は、他の映画が共有する彼が創作したユニバースに属するものではないと明言している。彼はレナードのユニバースの中で気楽にやっていたのだ。その証拠に、彼とスティーヴン・ソダーバーグが協定を結び、ソダーバーグがレナードの小説を映画化した『アウト・オブ・サイト』では、あの神経質なFBI捜査員レイ・ニコレット役をマイケル・キートンが再び演じている。ということはつまり、ジャッキーの運転する車が『パルプ・フィクション』でブッチが乗っていた使い古しのホンダ・シビックだったという事実は、単にタランティーノが初めて所有した車がオンボロのホンダ車だったことに敬意を表したものでしかなかった、ということを意味するわけだ。

左：FBI捜査官レイ・ニコレット（マイケル・キートン）と話し合うジャッキー・ブラウン（パム・グリア）。『パルプ・フィクション』でジョン・トラヴォルタを使ってそうしたように、タランティーノはジャッキーの過去の一部にブラックスプロイテーション映画のスターとしてのグリアの過去を染み込ませたいと考えた。彼女の大ファンだったタランティーノは、以前からずっと何らかの形で彼女の監督をしたいと思っていた。

下：退屈したメラニー（ブリジット・フォンダ）に自分の感情を伝えるルイス（ロバート・デ・ニーロ）。製作総指揮として参加したエルモア・レナードは、この映画は彼の小説を映画化した作品の中で最高作だと言っている。意見を求められた彼は、シンプルに「あれは私の小説そのものだった」と答えている。

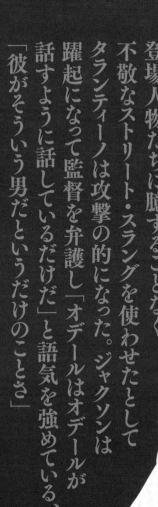

登場人物たちに臆することなく不敬なストリート・スラングを使わせたとしてタランティーノは攻撃の的になった。ジャクソンは躍起になって監督を弁護し「オデールはオデールが話すように話しているだけだ」と語気を強めている、「彼がそういう男だというだけのことさ」

右：宣伝用写真のために武器ディーラーのオデール・ロビーとしてポーズをとるサミュエル・L・ジャクソン。組んで仕事をするのが2本目となったこの作品で、その後カメオ出演や声の出演を含めると6本を数えることになるジャクソンとタランティーノの永続的な関係性は、確固たるものになった。

「自分のことをアメリカ人映画作家だと思ったことなんて一度もないよ……」

『キル・ビル Vol. 1』『キル・ビル Vol. 2』

クエンティン・タランティーノが新作映画を作らないまま6年が経った。かつて彼が皇太子だった泥臭い映画業界には6年の歳月が流れていた。彼がいない間、インディペンデント映画のフィルムメイキングは過去に立ち戻っており、習慣的な方法論と苦悩に満ち満ちたお上品なサンダンス的作品ばかりになっていた。タランティーノが蔑んでいた、まるで口をすぼめてお紅茶のカップをすするようなお上品なマーチャント・アイヴォリー・プロダクションズの映画が主流に返り咲いていたのだ。

　方でタランティーノやその仲間たちは、たとえばロバート・ロドリゲスのようにメインストリームになっていたか、もしくは、すっかり消えていた。『ジャッキー・ブラウン』は、単にそういう自ら進んで追放されるブームを少しの間遅らせただけとさえ思えるほどだ。タランティーノは情熱をすっかり使い果たしてしまったのだろうか？

　実際には、彼にはすでに金銭的余裕があったから準備が万端に整い切るまで待つことができた、というだけのことだった。かつて『レザボア・ドッグス』の頃に持っていた創造力に満ちたスピリッツを、彼は自分の中に再び見出していた。あの頃との違いは、今ではもう働かなくても生きていけた、というところにあった。「俺は芸術家の人生を送れるようになったんだ」[1]と彼も言っている。

　彼のキャリアにおける次章とも呼べる新たな脚本のための素材も書き溜めていた。ただしそれはまだ、スリルが付加される以前の、彼お得意のダラダラとした冗長な文章だ。彼は、ぶらぶらと遊んでいる時

上：クエンティン・タランティーノと碧眼の殺し屋エル・ドライバーを演じたダリル・ハンナ。暗殺集団デッドリー・バイパー・アサシン・スクワッドのインスピレーション源は、タランティーノが『パルプ・フィクション』でミア・ウォレスのためにでっち上げた架空のパイロット版テレビ番組「フォックス・フォース・ファイブ」だった。

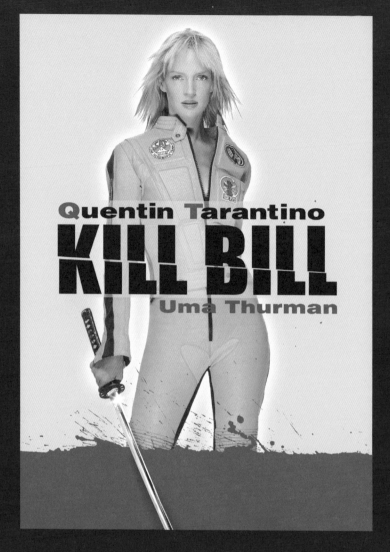

以外は、映画を観まくって頭の中にイメージを満たし、相変わらず（後にザ・ブライドが復讐リストを書くときに使うのと同じように）赤と黒の2本のフェルトペンを使って手書きで執筆していた。

　彼は、これ以上ないほど大々的でクレイジーで壮麗な（そしてリアルさを徹底的に排除した）映画でカムバックを飾ろうと考えていた。その映画は「クエンティン・タランティーノの4本目の映画」とド派手に宣伝されたことからもわかるように、「タランティーノイスク」と呼ばれる彼らしさが一層強化された作品になった。もっと端的に言うなら、彼はアクション映画を手がけることにしたのだ。それも、ハリウッドで主流とされるやり方ではなく、香港や日本や韓国や中国から広がった無数の武術映画に敬意を表するやり方でだ。『トゥルー・ロマンス』の出だしでクラレンスがボロボロの映画館で楽しんだ千葉真一の二本立て映画のような作品の数々だ。今回の映画は、かつてないほど血みどろの作品になり、世界中で上映禁止になるかもしれない。

　タランティーノはこの方向性をごく自然な前進と捉えていた。「たとえばロン・ハワードがアメリカ人映画作家だとされているのと同じように自分のことをアメリカ人映画作家だと思ったことなんて一度もないよ」[2]。

　これは、ロサンジェルスをキャンバスに映画を作るアメリカ人映画作家であることは明白だとする、一般的な当初の彼への認識と真っ向から食い違うものだ。しかし彼のやるべきことは回帰すること、再創造することだった。彼は「日本のヤクザ映画とか香港のギャング映画の流れを汲む形で作品を作る必

P126-127：世界各国の『キル・ビルVol. 1』と『キル・ビルVol. 2』両作品のポスターには多くの共通点がある。実際にはVol. 1とVol.2を合わせて4作目と数えるべきなのだが、興味深いことに、『キル・ビルVol. 2』のポスターには、この映画がクエンティン・タランティーノ5作目の監督作という間違った表記が見られる。

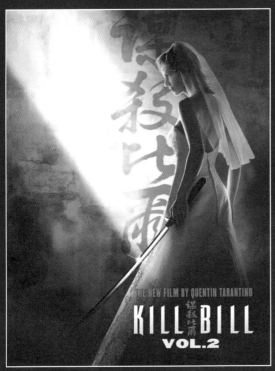

要があるのなら、そういう風に作るまでのことだよ」[3]と語っている。タランティーノは『キル・ビル』を、彼の他の映画作品でキャラクターたちがおしゃべりの対象にしているような作品にしようと考えていた。

この作品が出来る発端は、『パルプ・フィクション』の制作初期段階にタランティーノとユマ・サーマンがバーで交わしたふざけ合いに遡ることができる。ビールを飲みながら2人は、ギャングの世界を舞台に、その業界最凶の殺し屋を中心にした復讐劇を空想しながら考え始めた。まだ『パルプ・フィクション』の撮影中だったその2〜3週間後にもなお、2人はその空想を続け、かつて所属していた組織に裏切られて死んだと思われていた元殺し屋が戻ってきて、その組織の当事者を1人ずつ消してゆくという構造が出来上がっていった。

サーマンは、この女主人公が頭を撃たれて死んだところでカメラが引いてゆくと、実は彼女がウエディングドレスを着ていたことがわかりゾッとする、というオープニング・シーンはどうかと提案した。こうして彼女はザ・ブライドになった（このキャラクターは「Q&U〔クエンティン&ユマ〕」のクレジットを受けることになる）。

もちろん復讐に乗り出すザ・ブライドのミッションに武術映画というジャンルを掛け合わせようと決めたのはタランティーノだ。その破壊的な復讐の道

のりは、精巧に計画された足取りで徐々に彼女のかつての師（そして恋人だったことも私たち観客は知ることになる）であり、捉えどころのない正体を持つ、暗殺集団デッドリー・バイパー・アサシン・スクワッドのヘッド、ビルに向かってゆく。つまり、このタイトルはほとんど必然的に決まっていたようなものだ。

各チャプターが狂気的に絡まり合った、変則的で複雑な映画でありながらも、常に運命の瞬間に向かっ

上：裏切者を見下ろすデッドリー・バイパー・スクワッドの面々。左から、カリフォルニア・マウンテン・スネーク（エル・ドライバー、演者はダリル・ハンナ）、コッパーヘッド（ヴァニータ・グリーン、演者はヴィヴィカ・A・フォックス）、サイドワインダー（バド、演者はマイケル・マドセン）、コットンマウス（オーレン・イシイ、演者はルーシー・リュー）

左ページ：青葉屋のシーンのルーシー・リュー演じるオーレン・イシイ。この映画のねじれた時間軸を整理してみると、実はザ・ブライドに最初に復讐されるのがオーレンということがわかるが、ヤクザの組長である彼女が率いるボディガード軍団との壮絶なバトルは、Vol.1のクライマックスとして完璧だということは、誰もが納得するところだ。

て大胆に進み続けているという側面も持つ作品を目指していた。

　タランティーノはこういった2人の初期的なアイデアを書きなぐって数ページの文章にしていたが、そのまま引き出しにしまって忘れていた。そして年月が経過した。その間、『パルプ・フィクション』と『ジャッキー・ブラウン』がそれぞれ対照的なインパクトを世に与えている。そして、とうとう、業界のパーティーでばったり出くわしたサーマンから、

2人で作り始めたあの女主人公の復讐劇プランのことを彼は思い出させられた。まるでコブラに噛まれたようにインスピレーションが一気に湧き出てきたのはその時のことだ。タランティーノはかつて書いた数ページの文章を引っ張り出して脚本を書き始めた……。こいつはすごいカムバックになるぞ、と彼は考えていた。映画という名のドラッグを過剰摂取したような作品になるだろうと。

　意識不明で4年間を過ごしたザ・ブライドは、サーマンのためだけに書かれたキャラクターだ。『レザボア・ドッグス』でハーヴェイ・カイテルがそうであったように、彼女はこの映画に不可欠な存在だった。より公平な立場で言うなら彼女は共同作者だ。そんなわけで、サーマンが妊娠すると、タランティーノは喜んで撮影予定を翌年まで延ばし、彼女の息子ローアンの誕生を待つことにした。彼はミラマックスに仰々しくこう言っている、「ジョセフ・フォン・スタンバーグだって、もしも『モロッコ』の撮影準

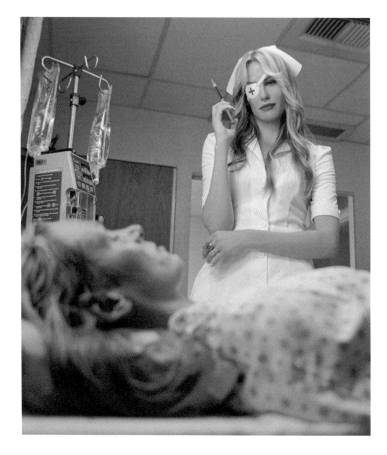

右：昏睡状態にあるザ・ブライドの命を奪える絶好の機会を前に我慢する看護婦姿のエル・ドライバー（ダリル・ハンナ）。そういう殺し方はビルのフェアプレー精神に反するものなのだ。

備中にマレーネ・ディートリッヒが妊娠していたとしたら、きっと待っていたはずだ」[4]と。この事実によってザ・ブライドを演じるサーマンに更なるエッジが効いている。ザ・ブライドは流産したと思っていた自分の娘が実は生きていて、ビルと共に暮らしていることを知るのだ。

タランティーノがメインに据えるすべてのキャラクターがそうであるように、ザ・ブライドもまた彼の分身だ。「この脚本の執筆中には自分の中にあるちょっとした女性らしさを活用し始めるようになった」[5]と彼は告白している。それは彼にとって新鮮なことだった。ここにきてようやく、銃（まあ実際には刀だが）を持つ女性の主人公を書くことになったのだ。彼女はまた、昏睡状態から目を覚ましたタランティーノが彼の事を懐疑的に見ていた世間の人々に復讐を開始するという意味で、メタファーの役割も果たしていた。

『キル・ビル』は、現実世界にとても近い『レザボア・ドッグス』や『パルプ・フィクション』の舞台であるタランティーノ・ユニバースとは違う世界を舞台にしている。この映画で描かれている世界は、現実とは完全に解離した、彼自身が呼ぶところの「ムービー＝ムービー・ユニバース」[6]だ（また、マイケル・パークス演じるマクグロウ保安官が登場しているので『フロム・ダスク・ティル・ドーン』と

同じ世界ということにもなる。ちなみにこのキャラクターは『グラインドハウス』にも登場する）。このムービー＝ムービー・ユニバースでは、必要とあらば、この女主人公が終末的な砂漠の地平線を背景にフォルクスワーゲン・キャンパー・バンを運転しながらカメラに顔を向けて、「騒々しいばかりに猛り狂った復讐」[7]をするためにここまでやってのけられることを私たち観客に理解させることだって可能だ。この世界はこの世界自体が持つ巧みな狡猾さを愉しみながら利用しているのだ。

知名度の低いポップカルチャーの些細な事柄を祝福したり、忘れられた映画を繰り返し引用したりす

上：青葉屋での並外れたファイト・シーンのために新たな動きを口頭で指示するクエンティン・タランティーノ。このファイト・シーンの殺陣と撮影には8週間を要した。アクションをこれほどのレベルで演出する方法を独学で身につけたことからも、タランティーノの没頭ぶりをはかり知ることができる。右隅ではサーマンが楽々と開脚ストレッチをしている。

るタランティーノは、とても皮肉屋なフィルムメイカーであると人々から思われがちだが、実のところ彼は純粋に熱心にそうしたことをやっているだけでしかない。賢人のように超然とやっているわけではないのだ。皮肉という言葉の意味すら自分にはわからないと彼も言っている。彼の描くインチキらしさは、皮肉などではなく、すべて本物だ。ジャンルを覆すことはしても、ジャンルを裏切ることは決してしない。それは、彼の意識下にある一連のペラペラマンガ（彼がこれまで栄養にしてきた何千本、何万本の映画）を通して、彼がどのように思考するのか、どのように世界を作り上げるのか、という真の工程

を示すものなのだ。

『キル・ビル』はショック療法だった……それは映画の形をしたタランティーノ祭だ。今までのように登場人物たちが他の映画について語り合う形ではなく、このストーリーの布地に他の映画の数々が文字通り織り込まれていた。「ザ・ブライドの闘いには、復讐リストを突き進むという側面があるだけではな

く、実は、彼女の闘いにはエクスプロイテーション
映画の歴史を突き進むものという側面もあって、あ
のリストに書かれた各登場人物はそれぞれ異なる
ジャンルを代表する存在でもあるんだ」[8]。

　解散して散り散りになっているデッドリー・バイ
パーの面々は、まるで『パルプ・フィクション』で
サーマン演じるミア・ウォレスが出演したとされる
テレビのパイロット版番組「フォックス・フォース・
ファイブ」が闘いの相手にしていた犯罪者たちの「B
面」[9]のようだ。各人に蛇の種類のコードネームが
付けられ、各人が世界各国を移転して回っていて、
各人が独特の性格とそれに似合ったファイティング・
スタイルを持っている。そんな彼らそれぞれの役に
ついたのは、ダリル・ハンナ、ルーシー・リュー、
ヴィヴィカ・A・フォックス、マイケル・マドセンだ。

　タランティーノの幸運のお守りであるサミュエル・
L・ジャクソンは、あの悲運の教会にいたオルガン
奏者ルーファス役でカメオ出演した（また、幾つか
のシーンでナレーションもつとめている）。

　「あらゆるジャンルが交錯しているね」[10]とタラン
ティーノは大笑いしながら語っている。この映画は、
彼のカンフー映画であり、彼のサムライ映画であり、
彼の爽快バイオレンス大作であり、彼の別口のマカ
ロニ・ウエスタンであり、彼の別口の『グラインド
ハウス』であり、彼のコミックブック映画でもある。
あたかもビデオ・アーカイブスを大竜巻が襲い、数々
のビデオをめちゃくちゃにまき散らしたかのようだ。
リュー演じる誘惑的なオーレン・イシイのヤクザの
バックストーリーを語る場面にはアニメまで使われ
ている。棒線画程度の絵しか描くことのできないタ

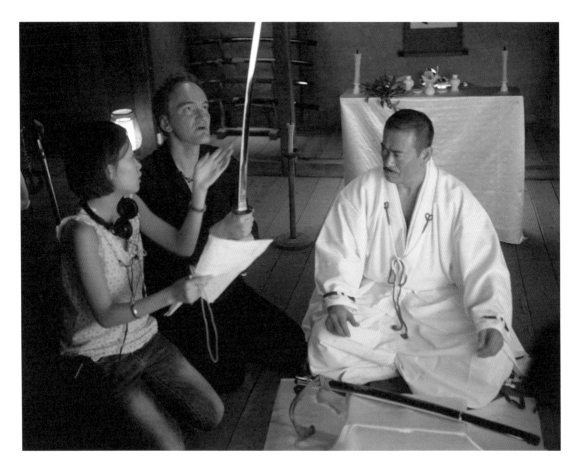

ランティーノは、『GHOST IN THE SHELL / 攻殻機動隊』（1995）の作り手であるプロダクション I.G のアニメーターたちに彼の求めるショットを説明するため、長く詳しい文章を書いたり、自分で演じて見せたりしている。「俺はあれを作ることを楽しみたかったんだ」[11] と彼は語っているが、作る理由としてはそれだけで十分だった。

ファンサイト「クエンティン・タランティーノ・アーカイブ」には、『キル・ビル Vol.1』で引用された80タイトルの映画が記されている。そこにはヒッチコックの『マーニー』から、レトロな日本のホラー映画『吸血鬼ゴケミドロ』まで、更には『修羅雪姫』

や『子連れ狼』といった東洋の名作アクション作品から本多猪四郎監督のモンスター映画『フランケンシュタインの怪獣 サンダ対ガイラ』まで、実に様々な作品がある。当時のタランティーノの頭の中をクールなサムライで満たした1960年代の日本のアクション・スター、千葉は、おどけているが非凡な刀鍛冶の服部半蔵役で長めのカメオ出演をしている。服部半蔵という名前ではあるが、千葉がテレビ番組「服

部半蔵 影の軍団」で演じた16世紀の忍者その人ではなく、こちらの半蔵は、もし関係があったとしても末裔といった程度でしかない。

「この映画に出てくる日本や中国の作品からの引用に観客が気づいていってくれるなんて、実は期待してもいなかったんだ」[12]とタランティーノは嬉しそうに語っている。その一方で、エル・ドライバー（ハンナが演じる単眼の不満屋）はスウェーデンのサスペンス映画『ゼイ・コール・ハー・ワン・アイ〜血まみれの天使〜』から引用されて出来上がった存在だ。「俺が観たことのある復讐映画の中で」とこの監督は言う、「間違いなく一番荒々しいのがあの映画だね」[13]。

　この引用ゲームは（何が何に反射しているのかわかりにくい）「鏡の間」の様相を呈してきた。オーレン率いる軍団クレイジー88が着ている黒スーツは『レザボア・ドッグス』から引用されたものではなく、その『レザボア・ドッグス』を引用して黒スーツを使った、中学生の殺し合いゲームを描いた日本映画『バトル・ロワイアル』から引用したものだ。彼は無差別に引用しまくるという自身の評判自体を使って遊んでいたのだ。この映画はクエンティン・タランティーノのコンセプトそのものへのオマージュであり、また、それを誇張した作品と言えるだろう。彼の作品は超暴力的だと批判されるが、この映画は超・超暴力的だ。この作品は、調和がとれていて、馬鹿げていて、自己引用的で、様式的で、その編集はショウ・ブラザーズ（カンフー映画の巨大製作会社）映画のような逆上的ペースで作られている。

　この脚本の執筆中、彼は少なくとも1日1本の、そうでなければそれ以上のショウ・ブラザーズ映画を観まくり、すっかり自分のものになるまで彼らのフィルムメイキング・スタイルを一身に浴びていた。「それについて考えることすら必要なくなるように」と彼は説明している、「それについて意識すらする必要がなくなるようにね」[14]。伝説的な武術指導者

の袁和平（彼はそれ以前に「マトリックス」映画シリーズに香港的な武術を注入している）を使って、武術やカンフーや剣や拳を混ぜ合わせ、必要とあれば泥臭いこと（フォックス演じるヴァニータ・グリーンはシリアルの箱ごと串刺しにされている）もやる、まるでミュージカル・ナンバーのような驚愕的ファイト・シーンを一から作り上げた。クラッシュ・ズームや偽CGの噴射まで放り込まれたこの映画は、まったく改悛のない彼の自意識そのものだ。

「俺がいかに素晴らしいのかを見極めたかった」[15]から『キル・ビル』を作るという発想が生まれたのだとタランティーノは嬉しそうに語っている。

「彼はこの映画のためにアクション映画の作り方を独学したのよ」[16]とサーマンは付け加えた。

　サーマンは、ポーカーフェイスで魅惑的に演技をする必要があるため、表情を崩すことは許されなかった。カメラに向かってウィンクすることも、微笑むことすらもできなかった。ザ・ブライドのたどるジャーニーを描くためには、氷のように冷静な演技が必要とされ、それは過酷な試練であり、また、とてもリアルな痛みもともなった。『アベンジャーズ』（訳注：ジェレマイア・S・チェチック監督によるイギリスのTVシリーズ「おしゃれ㊙探偵」の映画化作品。1998年公開）と『バットマン＆ロビン／Ｍｒ．フリーズの逆襲』といったリバイバル作品に続いて、彼女自身のリバイバルを必要としていたサーマンは、『キル・ビル』の監督の悪魔のような計画に喜んでその身を預けた。

　ブルース・リーが『死亡遊戯』で着ていたものと同じあのアイコン的なカナリア色のジャージを着たザ・ブライドが、刀を振り回す無数のヤクザを葬ってゆく青葉屋での14分の対決シーンにして、Vol.1のクライマックス（ただし時間軸的には彼女の復讐リストから最初に消されたもの）を描くため、彼女は千葉真一や袁和平が率いる、それぞれサムライと

カンフーの修行場で何週間ものトレーニングを重ねた。

サーマンは戦士と化し、並外れたアマレスの六点技の動きも身に着けたが、ある日やって来たタランティーノは心変わりしてその動きは使わないことに決めた。「俺はそういう奴なのさ」[17] と彼は笑っている。それでもサーマンは慌てなかった。すでに彼女は勘を掴んでいて、新しい動きであっても、1〜2度ほど練習すれば身に着けてすぐに撮影できるほどになっていた。

「保険会社が許可しないだろうと思えるような事以外は、私は何ひとつ避けることができなかったのよ」と彼女は冗談半分に振り返っている「確実に間違いなく違法なこと以外はね」[18]。

このシーンが出来上がるまでには当初のスケジュールを6週間オーバーする8週間を要した。このシーンでタランティーノの名は映画史に残ることになる。彼の耳にはすでに息をのむ客席の声が聞こえていた。この壮大な畜殺現場の撮影には1秒たりともCGは使われていない。1970年代の映画がまさにそうであったように、すべて本物の物理的な特殊効果で撮られていた。つまりこのシーンの撮影には、消火器、血糊を満タンにしたコンドーム、正気の沙汰ではないワイヤーアクション、そして血に染められる準備の整った一見して偽物とわかる雪がふんだんに使用されていたということだ。タランティーノは、血の色に関して、ハイブリッドならではのシーンにマッチした3種類のバリエーションを使っていた。日本のアニメの血、香港カンフー映画の血、そしてアメリカのエクスプロイテーション映画の血だ。また、目玉をえぐり取る音や首をはねる音といった恐ろしい音響効果にもこだわっている。

複雑なセリフを好む彼の傾向は、この映画全体を通して、複雑な格闘という形に再開拓された。登場人物たちは暴力を通して会話しているのだ。

ローレンス・ベンダーがプロデューサーをつとめ、タランティーノがメガホンを取るため戻ってきたことに興奮して卑屈に追従するミラマックス（ただしスケジュールと製作費のオーバーに彼らは今回も顔をしかめ、月明りの下でザ・ブライドとビルが対決するシーンのための高額な予算は却下されたが）が資金援助したこの血みどろのサーガは、115日かけて正味3千万ドルで撮影される予定だった。実際には、タランティーノが脚本を書いている間や撮影している間に実に多くのアイデアが新たに注ぎ込まれたため、最終的には、この新作映画を真ん中で切り、2つのボリュームに分けて、1年の間を開ける形で公開されることになった。

このアイデアは製作のかなり早い段階でミラマックスから出されたものだ（撮影台本は222ページに及んでいた）。このままでは編集時に、プロットを前進させる役割こそ果たしてはいないものの、彼のコンセプトにとって必要不可欠である貴重な場面をたくさん捨てることが余儀なくされてしまうという悲惨な状況が、ミラマックスには予想できたからだ。タランティーノ自身も、上映時間4時間の1本の映画として発表するだけの「度胸はなかった」[19] と告白している。このミラマックスの作戦は賢明なものだった。興行売上が倍加する可能性があるだけでなく、ドラマ性が異なっていながらも、お互いを引き立て合うアプローチでひとつのストーリーを語ることができるからだ。

Vol.1で殺される死体の数は計算不能だ。比較的落ち着いているVol.2では、カメラの前で殺される人数こそわずか3人だが、生き埋めもあれば、2度の目玉のくり抜きもあれば、顔を毒蛇に噛まれるシー

ンもあれば、結婚式リハーサルでの殺戮（カメラは体よく退却している）もある。Vol.1は世に知られていないヒップな音楽（オーレンのクラブのシーンで映画にも登場するThe 5.6.7.8'sはタランティーノが日本のレコード店で偶然見つけたバンドだ）を背景に展開される倫理観のない無茶苦茶な死のダンスだ。彼はその効果についてただ笑いながらこう語っている、「観客と監督の関係はSMの関係で、Mは観客だよ。興奮ものだね！ だって映画の後で誰かとパイを食べながら話題にできるクソみたいなものを観客はいただけるわけだからね」[20]。

タランティーノは、
武術やカンフーや剣や拳を
混ぜ合わせた、
まるでミュージカル・ナンバーの
ような驚愕的なファイト・シーンを
一から作り上げた。

　その意見に賛成かどうかは別として、1本の映画を観たという事実が残されるのは間違いのないことだ。タランティーノが新たな筋肉を鍛えていたことがわかる。彼が『ジャッキー・ブラウン』で大人の円熟味と戯れたとすれば、むやみに独創的でありながらも意識的にジャンルの因習に倣って作られたという逆説的なトリックを孕んだレゴの家のような『キル・ビル』のVol.1では、完全なる子供の未熟さに立ち戻っていた。

　Vol.1はなかなかの成績を収め、国内で7千万ドル、世界で1億8100万ドルという堅調な売上を記録した。ただ、『パルプ・フィクション』よりも製作費はずっと多かったにも関わらず、その『パルプ・フィクショ ン』の2億2300万ドルを下回ったという事実はあまり注目されていない。評論もおおむねポジティブだった。

　ルールを破る無頓着さと共に彼独特の放蕩さが帰ってきた。評論家たちは彼のことを良くわかっていた。「マイアミ・ヘラルド」紙の記事でレネ・ロドリゲスは「『キル・ビルVol.1』は放縦で凝りすぎで浅薄で馬鹿げている」という書き方で、タラン

ティーノ・スタイルへの逆戻りの企てについて指摘した上で「この作品はまた、素晴らしい映画的狂気の一撃でもある」とまとめている。タランティーノの熱狂が不揃いなスペクタクルの数々をすべてを束ねていることを評論家たちはきちんと見抜いていた。たとえばA・O・スコットは、「ニューヨーク・タイムズ」紙に「彼の熱狂の正直さがこの乱雑で不規則なスペクタクルに奇妙な熱っぽい一貫性を与えている」と評している。

　もちろんこの映画は行き過ぎだと捉える人々もいれば、物足りないと捉える人々もいた。この作品には何らかの意味があるのだろうか？　少なくとも『パルプ・フィクション』には、その核に、生活感や倫理的なジレンマが横たわっていた。エド・ゴンザレスは「スラント」誌で歯に衣着せぬことなく、「救いようのないギャグやリフレイン、暴力的なアニメ、攻撃的なドタバタ劇が積まれた中身のないゴミの山」だと評している。

　Vol.1の持つ意味はVol.2で語られていた。

　華麗さと激しさを併せ持つVol.1が、誇張とジョークを使って観客にこの世界の神話を教えたのであれば、Vol.2はキャラクターたちについて教えてくれる作品だ。「後半には心の響きが入っている」[21]とタランティーノも明言している。この作品で私たちはザ・ブライドのストーリー、彼女とビルとの関係、トゥーパインズ教会で実際に何が起こったのかを知ることができる。Vol.1での派手な大騒ぎの感情面を知ることが出来るのだ。

　これはタランティーノが仕掛けた"半分こ"のゲームだ。「千葉真一が最後の最後に言った「復讐とは決してまっすぐな道ではない。むしろ森だ。道に迷い、自分がどこから来たのか忘れてしまいやすい」というちょっとしたスピーチを覚えているかい。Vol.1はまっすぐな直線だったんだ……。そして今度は森さ。ここから人間的な部分が描かれ始めるの

さ」[22]。

　Vol.2の舞台のほとんどは、カリフォルニアの砂漠にある報われない土地、バーストーの街の外辺だ。バド（マドセン）はその地のマイ・オー・マイという底辺のストリップ酒場で用心棒をしている。ベアトリクス・キドーという本名が明かされたザ・ブライドがビルを育てたかつての師（リカルド・モンタルバンに出演を断られたため、マイケル・パークスがVol.1の保安官役に続いてVol.2でこの役も演じることになった）の居場所を突き止め、メキシコの売春宿にやって来るシーンは本物の売春宿で撮影され、メキシコ人の売春婦たちも登場している。このように生活感が再び画面の中ににじみ出始めているのだ。

　かと言って、Vol.2がVol.1の武術映画的なバイブスを完全に捨て去ったわけでもない。ザ・ブライドが（墓に生き埋めにされているときに）神秘的なパイ・メイと行なった何カ月もの修行を回想するものすごくコミカルなシーンは、海外のカンフー映画を激しく誇張したものであると同時に、まるで上映し過ぎたせいでプリントが摩耗してしまったかのように色味を取り除いた映像になっている（タランティーノはパイ・メイの声を本人にアフレコさせるというアイデアを残念ながら諦めなければならなかった）。

　この映画のインスピレーション・リストに『ジャッカス・ザ・ムービー』が割り込んできた。エルとザ・ブライドの対決は、バドのボロボロのトレイラーの中だけに限られた形で展開され、そのトレイラーが対決の過程で粉砕されてゆくというウィットに富んだ考えの元で作られた。この狭苦しいトレイラーのせいで両者とも日本刀を思うように抜けないという最高なお約束ギャグがそこにはある。Vol.1でのスムーズな動きが、Vol.2ではそれを自虐するかのようなジョークとして描かれている。タランティーノはこのシーンについて、青葉屋のシーンに匹敵するもの

と考えているが、それはスケール面ではなく、感情面でのことだ。彼はこのシーンを、ビルの新たな愛人であるエルと、元愛人にして、おそらくは彼が真に愛する存在であるザ・ブライドとの間で繰り広げられる「残忍なビッチ・ファイト」[23]と呼んでいる。

リアルな景観や光を浴びせる夕日を背後に抱くVol.2は、より神話的な作品になった。「一番わかりやすく説明するなら、Vol.1は、他に良い表現がないからあえて言えば、西洋の影響を受けた俺なりの東洋。一方のVol.2は、東洋の影響を受けた俺なりのマカロニ・ウエスタンということになるね」[24]

そもそもタランティーノは、ビルはウォーレン・ビーティのような様相を想像して書いており、また、このデッドリー・バイパー・アサシン・スクワッドのヘッドの登場の仕方についても、まったく違うものを構想していた。それは、ビルが日本刀を持ったまま颯爽とカジノに入ろうとすると、刃物で武装している警備員から「刀はフロントに預けるように」と言われる、というものだった。その脚本を読んだビーティは大いに混乱した。

「ちょっと待った。待ってくれ、クエンティン。誰も彼も日本刀を持っているのか？」

「この映画の舞台になっている世界では」とタランティーノは応じた、「誰も彼も日本刀を持っているよ」。

「ああ！　つまりこれは現実ではないってことなんだな？」とビーティは言った[25]。

このムービー＝ムービー・ユニバースでは人々は日本刀を携帯しているんだ、とタランティーノは彼に説明した。

ビーティを想定して書かれたビルは、むしろジェームズ・ボンド的なキャラクターに近いものだった。ただし悪役のボンドだが……。「殺し屋のポン引きのビルという人物を色々と遊びながら試してみた」[26]とタランティーノは熱弁している。しかし、ビーティは最終的に怖気づいてしまった（ここまでのレベル

のバイオレンスに彼が居心地の悪さを感じ始めたからだと言われている）。タランティーノはキャスティングをし直し、このキャラクターについても再調整した。その結果、この映画という織物に更なる引用の層が加えられることになった。デヴィッド・キャラダインは、タランティーノがかつて悪を正す世界に身を浸して夢中になった1970年代のテレビシリーズ、「燃えよ！カンフー」で最も広く知られる存在だ（若き日のタランティーノがテレビから吸収した重要作品のひとつだ）。キャラダインは、タランティーノの言葉を借りるなら「さらなる神秘的なクオリティ」[27]をこの作品に注ぎ込んでいる。

キャラダインは当時すでに無名の領域に入りつつあった。つまりこの映画もまたキャリアの再生を成し遂げた作品なのだ。彼は表題にもなっているこの悪役に、意外にも達観した落ち着きを注ぎ込んでいる。それは観客がこのキャラクターを好きになってしまいそうにさえなるほどのものだ。この映画は、最もタランティーノらしい武器、そう、会話で締め括られる。『キル・ビル』全体を通して、タランティーノお得意のポップカルチャー・シンポジウムを繰り広げている人物は唯一ビルだけだ。彼はスーパーマンの実存主義的性質について思索的に語っている。

スーパーマンが他のあらゆるスーパーヒーローと異なるのは、たとえスーツを脱いでも彼がスーパーマンであり続けることであり、クラーク・ケントとは〔彼の正体ではなく〕スーパーマンがそのような振りをしている人物でしかないところだ、とビルは言う（これもまたタランティーノがビデオ・アーカイブス時代に何度も語り合っていた会話から掘り出されたものだ）。ビルの狙いは、ザ・ブライドとベ

上：タランティーノと会話をするデヴィッド・キャラダイン（ビル役）。タランティーノの壮大な脚本を2つのボリュームに分けることが決定した段階で、Vol.2は熱狂的なVol.1とは顕著に異なる雰囲気の作品にすることになった。Vol.2には情感もあり、過去の秘密も描かれ、ザ・ブライドによる復讐の結末も見ることができる。

アトリクス・キドーの関係もそれと同じで、決して別人ではないのだと彼女に納得させることにある。殺し屋であることからスイッチを切り替えることはできないのだと。しかし、その語りの中で彼は、彼自身の冷たい心をさらけ出して、こうも言っている、「クラーク・ケントというのは、スーパーマンが人類をどう思っているかの表れだ……」**28** と。

この脚本を最初に色々と試していた当時、タランティーノは『キル・ビル』映画三部作なるものをイメージしていた。10年ずつ時を隔てた舞台で語られるドル箱三部作に似たものを作ろうと考えていたのだ。予想外にも2部作となったこの作品のプロモーション中、彼はこの何年も後を舞台にしたVol.3の可能性について、そのあらすじと共に言及している。成長して修行を積んだニッキー（ヴァニータの娘）が、復讐するためザ・ブライドを探し始めるというものだ。

Vol.2はVol.1のアクションからペースを変えて感情の複雑性を描いてみせ、それが称賛された。この作品によって私たち観客はVol.1についての認識す

ら見直している。マイケル・オサリヴァンが「ワシントン・ポスト」紙で指摘しているように、この作品は「ダークに、そして辛らつに語られるラブストーリーだ。このラブストーリーはVol.1ではわずかなヒントとしてしか描かれていなかったが、この作品でその隙間が実に繊細なディテールで埋められるのである」。Vol.2は全米で6600万ドル（世界で1億5200万ドル）を売り上げた。この2本の映画は、タランティーノが自身の気まぐれを満たすと同時に、幅広い観客を喜ばせることのできる監督という地位を再確認するに十分な成績を上げた。この作品については、どうしても気になってしまうところがある。これまでの

上：マイケル・マドセン演じるVol.2のバド。『パルプ・フィクション』に出られなかったマドセンにとって『キル・ビル』はタランティーノの世界への嬉しい帰還を意味する作品となった。彼はそもそも『パルプ・フィクション』でも『レザボア・ドッグス』で彼が演じたキャラクター、ヴィック・ヴェガを演じることになっていたが、ケヴィン・コスナーの『ワイアット・アープ』の撮影中だったため、タランティーノ映画出演はこの作品まで待たなければならなかった。

作品にはタランティーノらしさが彼の中から自然に湧き出ていたが、この映画に見られる彼らしさは無理やり作り出したもののように（彼が無意識の内に劣等感を補おうとしているようにさえ）思えてならないのだ。タランティーノは"クエンティン・タランティーノ"を書きあぐねていたのではないだろうか。

「スラッシャー・ムービーは
正統派さ……」

『グラインドハウス』(『デス・プルーフ in グラインドハウス』)

そのコンセプトを聞いただけで、もう間違いなさそうに思えるだろう。クエンティン・タランティーノとロバート・ロドリゲスのダブル・イマジネーションによってご機嫌な深夜の喘鳴がスクリーン上に放たれれば、世界は歓喜するに違いないと。この2人は『グラインドハウス』というスペクタクルで力を合わせた。彼らが心から大好きな、堕落したエクスプロイテーション映画という特定のジャンルに敬意を表した二本立てB級ホラー映画だ。

思い上がりの狂乱、という非難を受けたこの作品で、タランティーノは『フォー・ルームス』以来となる久しぶりの失敗を味わった。

1992年サンダンス映画祭で出会ったあのグループの仲間関係こそ自然消滅していたが、タランティーノとロドリゲスの間にあるお互いを評価する関係性は揺るぐことなく続いていた。テキサス州オースティンはタランティーノの「第二の故郷」[1]となり、また、ロドリゲスも仕事でロサンジェルスに来るたびに、この友人の自宅兼映画館(「ザ・キャッスル」のこと。この場所で後に『グラインドハウス』の出演陣を集めて"映画の授業"も行なわれた)にご招待を受けている。

もう一度コラボしたいという熱意から、ロドリゲスは彼の頭の中でしばらくずっと渦巻いていたアイデアを口にした。『スパイキッズ』で、休止状態にあった3Dフォーマットを見事に復活させていた彼は、もうひとつの忘れ去られている劇場体験も復活させようと考え始めていた。彼は胸を高鳴らせて、二本

上：2010年のヴェネツィア映画祭に出席する映画オタクの2人組、クエンティン・タランティーノとロバート・ロドリゲス。『フォー・ルームス』から10年経ってさえも、彼らは再びコラボすることを熱望していた。そして、グラインドハウス・シネマに対する愛着を共有しているという事実は彼らにとって途方もない可能性だった。

上：実はロドリゲスはノワール様式の
映画『シン・シティ』の製作で中断こ
それたが、それ以前からグラインド
ハウスに敬意を表する作品を構想して
いた。ちなみに『シン・シティ』では、
『キル・ビル Vol.2』の音楽に貢献し
てくれたロドリゲスへ謝礼として、タラ
ンティーノが1シーンだけ監督をしている。

上：彼らはグラインドハウスの伝統をふんだんに利用してこの二本立て映画のポスターを作って
いる。実はこれらのポスターは、事実上、彼ら自身が当時グラインドハウスで浴した映画体験
の延長線上にあるものだ。しかし、それだけでは幅広い観客の興味をそそることはできなかった。

右：『スパイキッズ2 失われた夢の島』の撮影現場のアントニオ・バンデラスとロバート・ロドリゲス。ロドリゲスとタランティーノはとても似たやり方で映画を作っていたが、ロドリゲスはテキサス州オースティンに自身の撮影施設を切り開いていた。良し悪しはともかく、彼の方がタランティーノよりもずっと生産性があると言えるだろう。

立てB級ホラー映画の伝統を再訪したいと目論んでいたのだ。これを思いついたとき、彼は2本とも自分の予算内で自分で監督し、インターバルを挟んで上映しようと考えた。彼なりの古典的ゾンビ映画『プラネット・テラー』を最初にもってくることまでは決めたが、次の作品はどうしようかと悩んでいた。この時点で彼はこのアイデアを一旦すっかり忘れて、ノワール映画を超様式化したヒット作『シン・シティ』の製作に没頭した。「グラインドハウス」という用語は映画業界のバイブル、「ヴァラエティ」誌が作った言葉だとタランティーノは確信している。映画史研究者たちは、1920年代の映画館が客の少ない時間帯にチケットを安くして提供した「グラインド施策」に由来する言葉だと指摘しているが、一般的には1960年代から70年代にかけて、オースティンもペンサコーラも含むほとんどの街に少なくとも一軒はひっそりと存在していた、荒れ果てた古い映画館を示す言葉として使われている。

多くを期待しない常連客たちに二本立てや三本立てを提供していたグラインドハウスでは、実に種々様々なジャンルの映画が上映されていた……ホラー映画、盗賊映画、ヌード美女映画、ラス・メイヤー監督のポルノ映画、ドラッグ系エクスプロイテーション映画、クルマ系エクスプロイテーション映画、モンド映画、人喰い映画、ポップ・サムライ映画、女囚映画、と、これだけ挙げてもまだ序の口程度でしかないほどだ。

「自分の命を自分の手に預けたようなものだね」[2]とロドリゲスは皮肉まじりに語っている。

まるで虹に8色以上の色を見い出せるかのように、一般人の考えにはまったく及ばないようなジャンルを知覚できるタランティーノは、グラインドハウスで上映されたすべてのジャンルを追い求めていた。彼が集めた16ミリや35ミリのグラインドハウスのフレーバーを持つフィルム・コレクションの中には発狂的な予告編の数々まで含まれている。その中でも最高な（もしくは最低なと言うべきか）フィルムを取り置いて、ロドリゲスがロスへやって来るたびに見せていた。

そこでロドリゲスは、彼の考えていた二本立てホラー映画というコンセプトを使って「クエンティンの映画の夕べを開催しようよ、ただしずっと大規模に、3000軒の映画館で公開するという形でさ」[3]とこの戦友に提案した。これほど恐れ知らずなことな

とあるだろうか。そのゲームプランは『キル・ビル Vol.1』にとても似たものだが、もっと現実的で卑属なアメリカ映画でそれをやるというわけだ。比喩的に言うなら、タランティーノとロドリゲスは一緒にこの2本の映画を観るため、ファンの人々を「ザ・キャッスル」に招待しようと考えた、というわけだ。「5分もしないうちに僕らには全体像が見えていたよ」[4] とロドリゲスは言う。

　タランティーノはこの企画のことを、若いころに彼が頻繁に通い詰めていたゲトー・シアターを含む、無くなって久しいグラインドハウスに捧げるものとして捉えていた。

　彼らは、興奮の第一波を感じながら、これはシリーズ第一弾になり得るのではないかと思い描いていた。何度もこのシリーズに舞い戻っては、別ジャンルのグラインドハウス・サイズの映画を作れるはずだと。その第一弾としてホラーを選んだのは自然な流れだった。なぜなら、ロドリゲスはすでにゾンビが横行する映画を30ページ分も書き進めていたからだ。

　2人はそれぞれの脚本について打ち合わせをして、意見を出し合ったり、新しいプランを作ったりもしていたが、ロドリゲスの告白によると、タランティーノから出されるロドリゲスの脚本を改善するための提案の方が、その逆よりもずっと多かったという。共同で製作にあたったことから、彼らはどちらの作品のキャスティングにも助言し、また、撮影もロドリゲスのオースティンの撮影施設を使い、ほぼ同じ撮影スタッフで行なわれた。もちろんタランティーノは、テキサス・ヒル・カントリーやカリフォルニアのハイウェイでも撮影を行なっている。

　そんな中、『プラネット・テラー』は、気色悪いベタなゾンビのスプラッター映画ではなく、徹底的に胸が悪くなるような生物学的感染を扱った仰々しい作品へと変貌していった。それは時事問題を探究するグラインドハウスのやり方を継承したもので、

軍の基地から緑色の化学兵器ガスが漏れたイラク戦争当時の事件を下敷きにしたものだ。常軌を逸した化学物質が街全体をゾンビそのものに、更には殺人的な膿袋に変貌させる。ロドリゲスはジョン・カーペンター（『ザ・フォッグ』や『遊星からの物体X』の監督）の方向性を目指しており、撮影現場では、場を盛り上げるために、カーペンター作品の映画音楽を流していたほどだ。

　ロドリゲスは、片脚のチェリー・ダーリン（喰いちぎられた脚にマシンガンをしつらえた彼女の姿はこの映画のトレードマーク的イメージになった）を演じたローズ・マッゴーワンをはじめ、ジョシュ・ブローリン、フレディ・ロドリゲス、マイケル・ビーン、ジェフ・フェイヒー、そして短い出演ではあるがブルース・ウィリスといったビッグなキャスト陣と大いに楽しむことになった。『グラインドハウス』の両映画はどちらも（『パルプ・フィクション』などのタランティーノ・ユニバースではなく）『フロム・ダスク・ティル・ドーン』や『キル・ビル』と同じムービー＝ムービー・ユニバースを舞台に展開されるという設定であるにも関わらず、両監督はマイケル・パークス演じるマクグロウ保安官を、息子のジェームズ・パークスが演じるエドガー・マクグロウと共に出演させた。私たち観客はまた、彼の娘でダコタ・ブロック＝マクグロウ（マーリー・シェルトン）という名の、患者の扱いが最悪な、美しいがとてもナーバスな医者もこの作品に見ることができる。

　最初に撮影された『プラネット・テラー』は、ロドリゲスがいつものように脚本・監督・製作・撮影監督・編集・視覚効果スーパーバイザーを兼務するワンマンバンドスタイルだった。その間タランティーノは、その撮影現場に通って大活躍している。役者の指導に助力したり、彼特有の疲れ知らずの熱意で場の空気を盛り上げたり、『デス・プルーフ』では

自分で撮影監督もつとめることを見据えて、また、周囲に乗せられたこともあって、セカンド・カメラのオペレートをやったりもしていた。

ホン読みセッション中には、まだ配役の決まっていなかったモチベーションのわかりやすいレイプ魔役の代役をタランティーノがこなしたが、最終的にこの役は彼が演じることになった。もう何度も評論家たちから演技について悪評を受けていた彼は、すでに「演じる気力は失せていた」[5]と告白しているが、この役柄には断ることのできない魅力を感じた。『フロム・ダスク・ティル・ドーン』で彼が演じたサイコ野郎のリッチー・ゲッコーの雰囲気を出しながら、感染している兆候をまったく隠すことなく、彼は（文字通り）あそこの玉が溶けるという目をそむけたくなるような描写で最期を遂げる。今回もまた映画館の客席から失笑が漏れることになるのはもちろん承知の上だ。

ロドリゲスはHDでこの映画を撮影した上で、特殊効果を駆使してフィルムに傷や染みを入れ、また、音も歪ませている。その背後にあった設定は、このプリントは、各地を巡って上映されながら傷んでしまった様々なリールを繋ぎ合わせて上映される、いわゆるフランケンシュタインのようなプリント、という設定だった。当時各地のグラインドハウスを回っていた映画のプリントは、その本数が5本や10本を超えることは稀だった。実はタランティーノが持っているプリント・コレクションのほとんどは、ボロボロなものばかりだった。そのプリントを酷使した数々の映画館がボロボロだったのと同じように。「それもこの映画体験の一部になる」[6]と彼は言う。私たち観客が、あたかも、あの湿ったポップコーンの匂いが漂い、安っぽい擦り切れたベロア地の床を持つグラインドハウスの客席に座っているような気分になるように、この映画は作られていた。そこには紛失したリール（スクリーンに映されるタイトル・カードでその事実が告知される）まである。アクションの重要な部分（または毒々しいセックスシーン）が紛失しているため、プロットが急に前進するので、観ている私たちは頭の中で慌ててそのギャップを埋めることを強いられる、というわけだ。

『プラネット・テラー』は大げさなスプラッター映画のトーンで描かれている。タランティーノがこれまで関わった映画の中で最も悪い意味で血なまぐさい映画であると断定するのは簡単だが、それはあくまでも観客が大真面目にこの映画を観ることが前提なら、という条件付きだ。この映画の問題の半分はそこにある……この作品は、作品自体を犠牲にする形で、自己満足的かつ胸が悪くなりそうなジョークを賑々しく奏でることを目的に作られているのだ。『キル・ビル』の場合、私たち観客は、タランティーノのパッションという重力のお陰で、軌道内にしっかりと収まっていた。しかし『プラネット・テラー』では、少なくとも表面上は、見せかけの無頓着さが打ち捨てられているため、『キル・ビル』とは全く正反対の反応が帰ってくることになった。「単なる悪ふざけ映画だ」と。

2本の映画の間には、（少なくともその時点では）実在しない一連の近日上映作品を知らせる予告編が挟まれていたが、それらの予告編は知り合いの監督たちがジョークとして撮ったものだ。イギリス人監督エドガー・ライトが作った「Don't!/ドント」は、派手に予算を使ったハマー・フィルム・プロダクションズ作品的な大きな屋敷を舞台にしたホラーで、（グラインドハウス映画を観に来るアメリカ人たちが混乱しないように）イギリス英語のアクセントが聞き取れないように配慮されてさえいる。ロブ・ゾンビ

右ページ：二本立てホラー映画の内、ロドリゲスが担当した『プラネット・テラー』の更なるポスター。ゾンビ映画の方程式を利用して作られたこの粘液ネトネト映画は、そのスピリッツもクオリティも本物のグラインドハウス映画にとても近い作品に仕上がっている。

右：切断された脚の撮影……『デス・プルーフ』の撮影現場にて。特殊効果には旧式なアナログ方式が採用された。少なくともタランティーノに言わせれば、この映画は、殺戮者が武器としてナイフや斧ではなくクルマを使っているところこそ異なれど、あくまでもスラッシャー・ムービーなのだという。

監督は（フー・マンチュー役にニコラス・ケイジを配した）「ナチ親衛隊の狼女」の予告を作り、また、（『デス・プルーフ』にも出演している）イーライ・ロスが七面鳥ではなく「感謝祭」を料理して提供した。疲れ知らずのロドリゲスは、何とか時間を見つけて、ダニー・トレホを配した「メックスプロイテーション（メキシカン・エクスプロイテーション）」スリラー映画『マチェーテ』の予告編を作っている（ちなみに、ダニー・トレホはメキシコ版チャールズ・ブロンソンであると確信したロドリゲスは、実際にこの映画を作る決意を固め、2010年に完成させている）。また、これら偽予告編の中にあった『ホーボー・ウィズ・ショットガン』は、無名のカナダ人フィルムメイカーたちが作ったもので、ロドリゲスが開催した予告編コンテストの優勝作品だ（この予告編は2011年にルトガー・ハウアーを主演に迎えて、放浪しながら私刑を下すくたびれた男を描く長編映画に生まれ変わっている）。

　グラインドハウス映画の数ある楽しいジャンルの中からホラーが選ばれた段階で、タランティーノは恐怖映画のサブジャンルとして何を選ぶべきか決断しなければならなかった。ちょうど全ての「スラッシャー・ムービー」[7]を再精査したばかりだった（決して漫然と楽しんだわけではなく、彼は定期的に様々なジャンルのおさらいを欠かさなかった）こともあって、その決断は容易だった。「スラッシャー・ムービーは正統派さ……」と彼は強く主張し、ちょうど『レザボア・ドッグス』で強盗映画というジャンルを改めて見せたのと同じように、今度はこのサブジャンルで「自分なりの滑稽なバージョン」[8]を作ろうと考えたのだ。彼にとって、スラッシャー・ムービーの好きなところは、とても限定的なジャンルであるという事実だった。どの映画も基本的には同じで、だからこそ、その決まりきった構造は、サブテキストを詰め込む入れ物として完璧なのだ。

上：ロバート・ロドリゲスは『グラインドハウス』の彼の壮大な映画を本拠地オースティンとその周辺で撮影した。撮影には最新鋭のデジタルカメラを使った一方で、視覚効果を使って、過度の上映回数からくる傷や飛びがあるフィルムのように見せかけている。

　最初に思いついたアイデアは人種間の摩擦をはらんだものだった。そのテーマは彼の初期作品に多く見ることができる（と同時に後に作られる『ジャンゴ 繋がれざる者』の核となる）ものだった。アメリカ南部の旧農園を見学して回っている歴史を学ぶ女子学生のグループが、悪魔に出し抜かれたことを呪うジョディ・ザ・グラインダーの異名を持つ元奴隷の亡霊（もちろんその役にはサミュエル・L・ジャクソンをと彼は考えていた）によって組織的に強姦され殺されるというものだ。「奴隷の味方につかないなんてあり得ないだろう？」[9]とタランティーノ

は楽しそうに語っている。しかし、そのアイデアはあまりにもオーソドックス過ぎるのではないかと彼は感じ始めた。

　そんな折、あるスタントマンと話していると、その人物から、どんな車でも1万ドルもあれば正面衝突してさえ運転手が生き残ることのできる「デス・プルーフ（耐死亡仕様）」[10]を施すことができる、

上：『デス・プルーフ』に2グループ登場する最初の女性グループ。この写真の中央で赤いTシャツを着ているイーライ・ロスは、この作品にカメオ出演しただけでなく、偽予告編の1本「感謝祭」を提供した監督でもある。彼は後に『イングロリアス・バスターズ』のバスターズのひとりも演じている。写真に写っているジュークボックスはタランティーノの私物だ。

という話を聞かされた。

「この男が実際にそういう車に乗っているというのはどうだろう?」と彼は考えた、「そして、こいつの趣味がグループで旅行する娘たちを追い回すこと、というのは?」[11]と。デス・プルーフを施した車に乗っ

ている(仕事にあぶれ始めている)頭のイカれたスタントマンが、このサブジャンルに欠かせない性的なスパイスとして「事故」で女性たちを殺戮する、という設定を彼は思い描いた。「この男がやっているのは実は強姦殺人なんだ」[12]と彼は結論づけた。

これは、映画史というベニヤ板で覆われたスラッシャー・ムービーでもあり、数ある名カーチェイス・シーンを歪曲させながら長々と描いた、いわば名カーチェイス・シーンの宝庫だ。

「この映画は、俺が『レザボア・ドッグス』以来久

上：『プラネット・テラー』の宣伝用写真のためチョッパーに乗ってポーズをとるチェリー・ダーリン（ローズ・マッゴーワン）とダコタ・ブロック医師（マリー・シェルトン）。マッゴーワンは両方の映画できちんとした役柄を演じた唯一の出演者だ。

しぶりに、自分でアイデアを思いつくや、机に向かって書き始めた作品なんだ」[13] と彼は主張している。このアイデア全体を包む本能的な性質は実にスリリングだった。白紙の状態から4カ月で完成脚本が仕上がった。この脚本で彼はスラッシャー・ムービーのルールブックを覆し、女性の社会進出についての研究を可能な限り盛り込んだ「カーズプロイテーション（車を主題にしたエクスプロイテーション）」のジャンク映画を仕立て上げた。この作品には、見え透いた感傷も、ありきたりの安っぽさも、お涙ちょうだ

いも一切存在しない。

　この映画に登場するふたつの女性グループ（マーク1〔シドニー・ポワチエ、ヴァネッサ・フェルリト、ジョーダン・ラッド、マーシー・ハリエル〕とマーク2〔ゾーイ・ベル、トレイシー・トムズ、ロザリオ・ドーソン、メアリー・エリザベス・ウィン

上：車を使った殺戮……タランティーノは以前からずっと、スラッシャー・ムービーを作ってみたいと思っていたと同時に、古典的なカーチェイス映画も撮りたいと思っていた。セルロイドの微罪とも呼べそうな両分野を『デス・プルーフ』で彼は組み合わせることができた。

ステッド、そして『プラネット・テラー』とはまったく違う役柄で、最初の犠牲者を演じているローズ・マッゴーワン）は、現実の生活感を感じることのできる馴染み深い雰囲気を出している。『デス・プルーフ』はタランティーノ作品の中でも特におしゃべりな映画だ。（ブリジット・バルドーの巨大な絵がかかったすぐ下のソファでポワチエがゆったりと座る）自宅でも、（監督自身がまたもやカメオ出演して演じる）

肩書ばかりの酒場の従業員がシャルトルーズを一気飲みするウォーレンの酒場でも、とにかくこの娘たちはおしゃべりにおしゃべりを重ねている。また、ロサンジェルスの「ザ・キャッスル」から彼のジュークボックスがこの酒場のセットに直送された。
　実生活でタランティーノは、ある女友達のグループとそこでの唯一の男性メンバーとして5年ほどつるんでいた。つるみ始めて間もなく、彼は男たちの人間関係より、女性たちのそれの方をより楽しいと思うようになっていた。「彼女たちが口にしていた最高に面白い会話をすべて出せる機会を得たってわけさ」と彼は告白している、「それに（この映画で

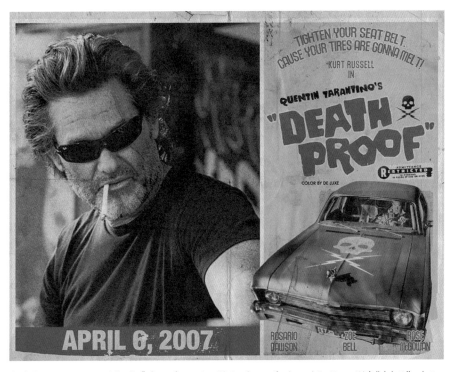

APRIL 6, 2007

TIGHTEN YOUR SEAT BELT.
CAUSE YOUR TIRES ARE GONNA MELT!
KURT RUSSELL IN
QUENTIN TARANTINO'S
"DEATH PROOF"
RESTRICTED
COLOR BY DE LUXE
ROSARIO DAWSON　ZOE BELL　ROSE McGOWAN

上：主演のカート・ラッセルを使った『デス・プルーフ』の別バージョンのポスター。タランティーノは自分たちで作ったルールを少し破り、わざとらしさをまったく使うことなしにスラッシャー・ムービーへの敬意を表している。実はこの作品は「グラインドハウス映画」を踏まえてというよりは「タランティーノ映画」を踏まえて作られたものなのだ。

描かれた）女の子の幾人かは、実在する特定の女の子をベースにしたものだよ」[14]。彼は彼女たちの口ぶりを旧来のタランティーノ作品のキャラクターのような響きにはしたくなかった。彼が得意とする過去の文化を振り返るような余談は彼女たちは一切しない。自分を有利な立場にしようとしたり、男たちについて嘆いたり、自信を持って自分を語ったりといった、真実味のあるやり方で彼女たちを描きたいと思ったのだ。しかし、彼の初期映画に描かれていたような、人間性が音を立てて燃え盛るほどの活気を彼女たちが十分に引き出したかと言えば、そうはならなかった。

フェルリト演じるバタフライの存在は、スラッシャー・ムービーの慣習を転覆させている好例だ。タランティーノも認めているように、この映画で描かれるあらゆる事象が、彼女が「最後の娘」[15]になることを示唆しているように見えるはずだ。女友達のグループの中で他とは少し違い、スタントマン・マイクの邪悪さを感知するのも、彼の車に気づくのも彼女だ。そうしておいた上で、タランティーノは急ハンドルを切り、あの恐ろしい正面衝突（リアルタイムで見せてから、痛ましいスローモーションでそれぞれの娘がどのように殺されたのかを繰り返し巻き戻しながら見せつけるという、彼がこれまで撮っ

た中でも屈指の残酷なシーン）で彼女までも始末している。私たち観客は、これがグラインドハウス映画であるという警告をしっかりと受けていたにもかかわらず、そのうえでなお、あのシーンにはトラウマを残すほどの効果がある。この監督は次にこう描くだろうと安心して観ることは絶対にできない。『プラネット・テラー』から観客の心に残っていた血気はやるムードは、ここですっかり粉砕されるのだ。

現代を舞台にしているとは言え、タランティーノイスク・スピリットに忠実な『デス・プルーフ』を彼は1970年代に作られたようなタイプの映画と捉えていた……たとえば、『The Candy Snatchers』〔日本未公開／虐待を受けている自閉症の少年が金持ちの10代の娘の誘拐を目撃する〕や『Macon County Line』〔日本未公開／保安官が自分の妻を殺害した放浪者たちを追う〕といった、ほとんど知られていないスリラー映画だ。タランティーノがスタントマン・マイク役にカート・ラッセルをキャスティングしようと考えていると聞いたロドリゲスは目眩を覚えた。その前に交わした短い会話ではミッキー・ロークの名が挙がっていたからだ。タランティーノは『シン・シティ』のミッキー・ロークを気に入っていた（また彼らは仕事外で仲が良かった）が、ラッセルは何と言っても『遊星からの物体X』や『ニューヨーク1997』といったジョン・カーペンターの名作に登場するポーカーフェイスのアイコンだ。「丸見えであってさえも隠しおおせるほどだ」とタランティーノは彼のポーカーフェイスを振り返っている、「だから俺は、「そう、俺がやらなきゃいけないのはまさにこれだ、この人じゃなきゃだめだ！」と思っ

たんだ」[16]。

それに加えてタランティーノは、ラッセルが子役から始めて厳しい道を進みながらキャリアを築き上げてきたことも気に入っていた。「カートにはファンタスティックな素晴らしい側面があって、それがスタントマン・マイクにたくさん反映しているんだ。彼はプロの仕事をする男で、この業界で長い間ずっとやってきた。連続モノのテレビもやってきた……「ザ・ハイシャパラル」とか「追跡者」とかのテレビシリーズをね。彼はこれまであらゆる種類の奴と一緒に仕事をしてきたんだ。文字通りにね。つまり彼にはスタントマン・マイクがどういう人生を送っているのか、すっかりわかっているのさ」[17]。

ラッセルにはまた、デス・プルーフを施した2台の車（1970年型シボレー・ノヴァと1969年型ダッジ・チャージャー）をどちらも乗りこなせる運転技術があった。企画の初期段階の会話では（おそらくその会話の最初の一時間を最盛期のグラインドハウスの観客たちが聴いたとしたらとても嫌がっただろうが）、実は『デス・プルーフ』は『キル・ビル』に続くアクション・ジャンルの実験作だった。

トムズとベル（彼女は『キル・ビル』でユマ・サーマンのスタントをした人物）という本人役を演じる2人の本物のスタント・ウーマン（作中では近くで撮影中の映画の仕事をしているという設定）を起用することで、タランティーノは（CGでいじくり回すことなく）シンプルにすべてをそのまま撮影することができた。スタントマン・マイクが自動車の知恵比べ合戦をキックオフさせる直前には、あの名作『バニシング・ポイント』で使われた1970年型シボレー・ノヴァのボンネットにベルがストラップを括りつけて乗った状態で走行している。

2007年3月26日にプレミア上映されると、評論家たちからは『グラインドハウス』の方向性そのものを不安視する意見が相次いだ。いつもタランティー

左ページ：邪悪なスタントマン・マイクを演じるカート・ラッセルと話し合うクエンティン・タランティーノ。注意して見ると、タランティーノの着ているTシャツは、ロックバンドAC/DCを真似たロゴでRR/QT（ロバート・ロドリゲス／クエンティン・タランティーノ）と書かれた特注のグラインドハウスTシャツであることがわかる。

ノを擁護してきたロジャー・エバートは「シカゴ・サン・タイムズ」紙の記事に、彼自身は楽しんだが、この作品の「この2人の監督による一連の正典の中での位置づけ」は二流にあたると書いている。（エクスプロイテーション的な部分以上のものが付加されていた）『キル・ビル Vol.1』とは違い、この2本の映画がグラインドハウス・レベルの映画でしかないのか、それとも、そのレベルを上げる作品となっていたのかは不明瞭だ。

　B級映画を祝福する彼らの祝典へ観客にも参加してほしい、と彼らが心から思っていたことは間違いないが、だからこそこの作品は、観客の波長が彼らの波長と同じであることが前提となっている。その独断そのものがコンテンツだったため、多くの観客は置き去りにされてしまった。数ある粘液ドロドロ系ホラーの中にあって『プラネット・テラー』は仮想上の習作程度の作品だ。『デス・プルーフ』は見た目こそ悪くないが、全体で3時間11分間という長さもあって、ぶっ飛んだノスタルジックなグラインドハウス映画の模倣作品の持つ奇抜な魅力は瞬く間に失せていった。極端に主観的な映画作りをすることによって、タランティーノとロドリゲスは才能があるがゆえの責任感を捨て去ろうとしていたのではないかという疑いもある。「当然ながら、一定の角度から見れば、愛を持って卑俗な作品を作り直すというこの作業は、オリジナルを作る作業とはまったく異なるものである」とデヴィッド・デンビーは「ニューヨーカー」誌に書いている、「ポストモダン主義者の作品であってさえ、大虐殺はいつだって、ビショビショでベトベトな赤いものになってしまうのだ」。

　献身的なファンたちは責任感から彼らの祝典に参加し、歓声や大声を上げるべきところで歓声や大声を上げた（グラインドハウス映画は観客の参加を要求するものなのだ）。しかし、タランティーノ自身

も悲しそうに告白しているように、活況を呈したのはその金曜日の夜だけだった。これまではカルト映画への偏愛から作られた彼の作品はどれもずっと上昇していたが、ここへ来てはじめて、墜落を経験することになった。夜中に夢中で練った構想が一夜明けて読み返すと期待外れなことがあるのと同じように、この作品は全米国内でわずか2500万ドル（製作費は6700万ドル——皮肉にも超低予算の恐怖映画を模造したこれらの作品には大金がかけられている）という散々なものだった。この結果を見て国外に向けての公開を再考する必要が出てきた。

　ミラマックスはそれ以前からすでに、海外の国には「グラインドハウス」という言葉を聞いてもピンとこない、または、二本立て映画という概念すらない国もあることから、海外マーケットでは、この2本の映画を別々に公開する計画を立てていた。その2本はどちらも、より長く、より常軌に即した（喪失したリールも燃えたフレームもない）バージョンだ。つまり彼らは事実上『プラネット・テラー』と『デス・プルーフ』と『グラインドハウス』という3本の異なる映画を作ったということになる。売り上げが芳しくなかったことから、これらの映画はまた、マーケットによって公開版が異なるものとなった。一部のマーケットでは、あのジョークが残るようにと、『グラインドハウス』に関するすべてがDVDの形で残された国や地域もあった。

　タランティーノはそのプラン変更をまったく嫌がっていたわけではない。ギミックとしての要素から解放されたことで、『デス・プルーフ』はタランティーノ映画の範疇に容易に戻ることができた。そもそも彼がそこに戻りたがっていたことは明白だった。二本立ての形式に詰め込む目的でこの映画をカットしたことはとても嫌だったと彼は告白している。色々な「計画を覆す」[18]ことが強いられたし、作品の中に収めるために苦心する必要があったが、そういう

作業は彼の直感に反する作業のように感じられていた。カットされた27分（膝の上で踊るラップダンスの「無くなっていた」場面も含まれた）が再挿入されると、そこにクエンティン・タランティーノによる5本目の監督作品が出現した。『プラネット・テラー』のくだらない冗談とではなく、むしろ明白にこれまでの彼の4本の映画と与する、キャラクター主体で展開される、鋭敏で、ジャンルを生まれ変わらせる映画が出現した。タランティーノに皮肉は向かないのだ。

彼はこの独立した作品をカンヌ映画祭でデビューさせることさえ選んでいる。紳士淑女の盛装に身を包んだ観客たちの悲鳴を聞くことに彼は胸を躍らせた。「『グラインドハウス』は大きな勉強になったし、あの間違いは繰り返さないようにしたいと思っているよ。ロバート・ロドリゲスも俺も、我が道を、この変てこな道を行っても、観客たちがついてきてく

れることに慣れ切っていたんだ。俺たちが好き勝手にどこへ向かっても、みんなついてきてくれるものだと思い始めていたんだ。『グラインドハウス』でそうじゃないってことが証明された。それでもアレは作る価値はあったけど、人々があれほど興味を持っていないことに気づいてさえいれば、もっと良い方向に進んでいただろうね」[19]。タランティーノは『デス・プルーフ』を振り返ってみて、この作品は（少し正当性に欠けた意見ではあるが）自身の作品の中で一番効力のない作品であると位置づけている。もちろんそれは相対的な位置づけだ。「もしもあれが俺の最悪の作品なんだとしたら、俺は良い映画作家

YOU MIGHT FEEL A LITTLE PRICK.

ROBERT RODRIGUEZ'S
PLANET TERROR
APRIL 6, 2007

右側の縦書き引用:

「レイティングに関する限りは、事情に疎くて、よぼよぼで、気の抜けた、ふにゃふにゃのペニスみたいな3本の映画が良い映画ってことになるのさ」
──クエンティン・タランティーノ

左：二本立て形式という大胆なコンセプトが失敗に終わる以前には、ロドリゲスとタランティーノは『グラインドハウス』をフランチャイズ化して数年ごとに別のサブジャンルを試そうと思い描いていた。

P161：シャルトルーズを注意深くブーツ型のグラスに注ぐバーマンのウォーレンを演じるタランティーノの宣伝写真。海外マーケットで公開するため2本の映画が別々に扱われると、タランティーノは、アート系映画が数々出品されるカンヌ映画祭でこの新たな拡張版『デス・プルーフ』をデビューさせることに大きな喜びを覚えた。

だね」[20]と彼は表明している。しかしこの作品で彼は自分が映画のミダス（触れるものすべてを黄金に変えるギリシア神）ではないという警句をしっかりと受け止め、自分のキャリアが知らぬ間に凡庸なものに陥ってしまうことを許さないようにしたいという欲求がはっきりと芽生えた。彼は自分への約束を果たしてから引退することにした。彼は才能が徐々に欠けて行くことを恐れていた。ここ最近の数本について評論家たちは首を横に振っていた。「レイティングに関する限りは、事情に疎くて、よぼよぼで、気の抜けた、ふにゃふにゃのペニスみたいな3本の

映画が良い映画ってことになるのさ」[21]。

彼は、自分の撮る映画が10本を数えたらそれでこの仕事を終わりにするとほのめかすようになった。

「老いぼれになるまで映画を撮り続ける気はない」と彼は告白している、「老人病患者の映画作家にはなりたくないのさ。俺はまだ生まれてもいないファンのことを考えているんだ。彼らが、ちょうどハワード・ホークスを見つけた14歳のころの俺のようになることをね」[22]。

彼の言うことが本当なら、彼のキャリアはここで半分まで来たことを意味する。

ワンス・アポン・ア・タイム・イン・アメリカ

クエンティン・タランティーノの全軌跡

1983

「Love Birds in Bondage」
（短編／日本未公開）
監督・脚本・出演（彼氏役）

1987

『マイ・ベスト・フレンズ・バースデイ』（日本未公開）
共同監督・共同脚本・製作・出演（クラレンス・プール役）

1988

「Golden Girls (episode: 'Sophia's Wedding: Part 1)」
（日本未公開／TV作品）
出演（エルヴィスのモノマネ芸人役）

1991

『Past Midnight』
（日本未公開）
共同製作・共同脚本
（クレジットなし）

1992年、『レザボア・ドッグス』撮影現場でMr.ブラウンを演じるクエンティン・タランティーノ

1992

『レザボア・ドッグス』
監督・脚本・出演（Mr.ブラウン役）

『Eddie Presley』（日本未公開）
カメオ出演（亡命付添人役）

1993

『トゥルー・ロマンス』
脚本

『キリング・ゾーイ』
製作総指揮

『ワンス・アポン・ア・タイム・イン・チャイナ外伝／アイアンモンキー』
製作（アメリカ公開にのみ関与）

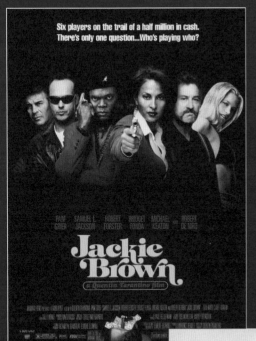

2003年、『キル・ビル Vol.1』
撮影現場でのクエンティン・タラ
ンティーノとダリル・ハンナ。

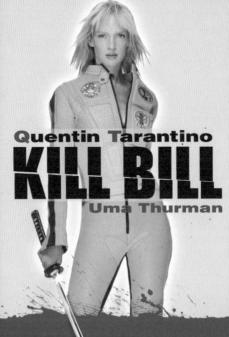

1999

『フロム・ダスク・ティル・ドーン2』
製作総指揮

『フロム・ダスク・ティル・ドーン3』
製作総指揮

1997

『ジャッキー・ブラウン』
監督・脚本・カメオ出演
（留守番電話の声役）

1998

『God said, 'Ha!'』
（日本未公開）
製作総指揮・カメオ出演（本人役）

2000

『リトル★ニッキー』
声の出演（神父役）

2002

「エイリアス」
（4エピソード／TV作品）
出演（マッケナス・コール役）

2003

『キル・ビル Vol.1』
監督・脚本

1995

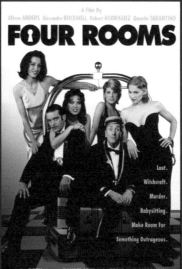

『ジョニー・デスティニー』
主演（ジョニー・デスティニー役）

『クリムゾン・タイド』
スクリプトドクター（クレジットなし）

『デスペラード』
カメオ出演（集金人役）

レナード・コーエン「哀しみのダンス」
（ミュージック・ビデオ）
脚本・カメオ出演（花婿役）

『フォー・ルームス』
（オムニバス作品／「ハリウッドから来た男」）
監督・脚本・製作総指揮・出演（チェスター役）

「ER 緊急救命室」
（第1シーズン24話「母親」／TV作品）
監督

「All-American Girl (episode: 'Pulp Sitcom')」
（日本未公開／TV作品）
出演（デズモンド役）

1996

『フロム・ダスク・ティル・ドー
脚本・製作総指揮・出演
（リッチー・ゲッコー役）

『ガール6』
出演（監督#1役）

『ザ・ロック』
スクリプトドクター（クレジットなし）

『フェティッシュ』
製作・共同脚本・カメオ出演
（リッチー・ゲッコー役）

1995年、『ジョニー・ディスティニー』撮影現場でのクエンティン・タラン
ティーノ

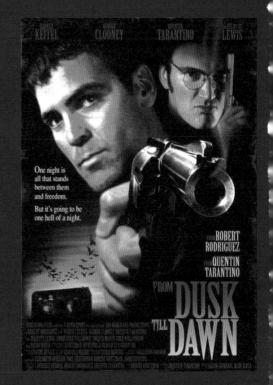

1994

- 『ナチュラル・ボーン・キラーズ』
  原案

- 『スリープ・ウィズ・ミー』
  カメオ出演（シド役）

- 『パルプ・フィクション』
  監督・脚本・出演（ジミー役）

- 『いとしのパット君』
  スクリプトドクター（クレジットなし）

- 『Somebody to Love』（日本未公開）
  カメオ出演（バーテンダー役）

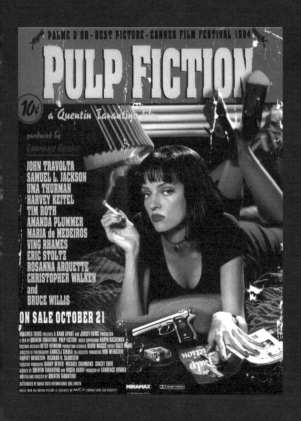

1994年ロンドン、ケンジントンのベール・ホテルで『パルプ・フィクション』プロモーション中のクエンティン・タランティーノ

2009

『イングロリアス・バスターズ』
監督・脚本・カメオ出演（ドイツ軍兵士役／劇中映画「国
家の誇り」アメリカ軍兵士役）

CM「白戸屋の人々（Softbank）」
出演（タラちゃん［おじさん］役）

2011

『Kill Bill: The Whole Bloody Affair』
（日本未発売／DVDリリース）
監督・脚本

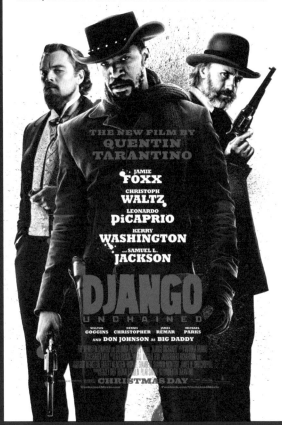

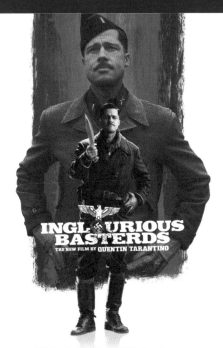

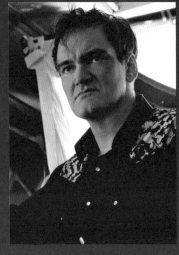

2009年、『イングロリア
ス・バスターズ』撮影
現場でのクエンティン・
タランティーノ

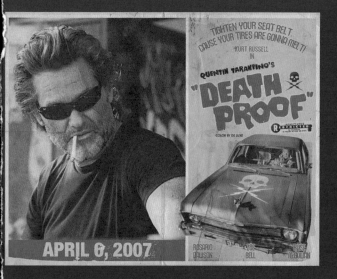

APRIL 6, 2007

2007年、『デス・プルーフ』撮
影現場でのカート・ラッセルとク
エンティン・タランティーノ

2008

● 『スキヤキ・ウエスタン ジャンゴ』
　出演(ピリンゴ役)

● 『ヘルライド』
　製作総指揮

2007

● 『グラインドハウス』
・『プラネット・テラー in グラインドハウス』
製作・共同脚本(クレジットなし)・カメオ出演(レイピスト1役)
・『デス・プルーフ in グラインドハウス』
監督・脚本・製作・カメオ出演(ウォーレン役)

● 『ホステル2』
製作総指揮

● 『デス・プルーフ』(単独公開版)
監督・脚本・製作・カメオ出演(ウォーレン役)

● 『プラネット・テラー』(単独公開版)
製作・共同脚本(クレジットなし)・カメオ出演(レイピスト1役)

● 『ダイアリー・オブ・ザ・デッド』
カメオ出演(声のみ、ニュース音声)

2005

『シン・シティ』
スペシャルゲスト監督
（車中のドワイトとジャッキーボーイのシーン）

「CSI: 科学捜査班シーズン5」
（CSI"12時間"の死闘［前・後編］／TV作品）
監督・原案

『Daltry Calhoun』（日本未公開）
製作総指揮

『ホステル』
製作総指揮

『マペットのオズの魔法使い』（TV作品）
カメオ出演（本人役）

2006

『Freedom's Fury』
（日本未公開／ドキュメンタリー）
製作総指揮

『キル・ビル Vol.2』撮影現場で
対話するデヴィッド・キャラダイ
ンとクエンティン・タランティーノ

2004

『キル・ビル Vol.2』
監督・脚本

『マイ・ネーム・イズ・モデスティ』
製作総指揮

2012

『ジャンゴ 繋がれざる者』
監督・脚本・出演
（レクィント・ディッキー鉱業社従業員役／
覆面集団のロバート役）

2012年、『ジャンゴ 繋が
れざる者』撮影現場で俳
優兼監督を務めるクエン
ティン・タランティーノ

2014

『マイ・ファニー・レディ』
カメオ出演（本人役）

2015

『ヘイトフル・エイト』
監督・脚本・カメオ出演（ナレーション）

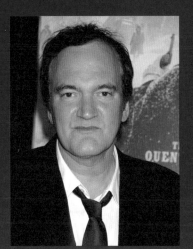

2015年、『ヘイトフル・エイト』プレ
ミアでのクエンティン・タランティーノ

THE 8TH FILM BY
QUENTIN TARANTINO

THE HATEFUL 8

NO ONE COMES UP HERE
WITHOUT A DAMN
GOOD REASON
2015

FILMED IN
ULTRA PANAVISION 70
GLORIOUS

2019

『ワンス・アポン・ア・タイム・イン・ハリウッド』
監督・製作・脚本

「とにかく奴をぶっ殺しちまえ」

『イングロリアス・バスターズ』

ビデオ・アーカイブス時代、あの仲間たちが、第二次世界大戦を舞台にしたメン・オン・ア・ミッション・ムービー（任務を遂行する男たちを描いた映画──この素晴らしきサブジャンルには『特攻大作戦』や『ナバロンの要塞』といった光り輝く名作が当てはまるが、軽視されている隠れた宝石のような作品も数多く存在するとクエンティン・タランティーノなら熱く指摘することだろう）のお気に入りについて話をするたびに、そういう映画のことを総括して「イングロリアス・バスターズ映画」と呼んでいた。

この言葉は、彼らにとって最も偉大な作品の1本であるエンツォ・G・カステラッリ監督の『地獄のバスターズ（原題：THE INGLORIOUS BASTARDS / ジ・イングロリアス・バスターズ）』に敬意を表してつけられたものだ。ブラックスプロイテーション映画のアイコンであるフレッド・ウィリアムソンを配したこの1978年のマカロニ戦争アクション映画（というサブジャンルの）作品は、軍法会議を逃れてある前代未聞の軍事作戦に加わる黒人兵の一団の突飛な行動を追ったストーリーだ。

『ジャッキー・ブラウン』と同様に、ノスタルジーに駆られたタランティーノは、あの物語を高めて何らかの形で作り直し、あのキャラクターたちが彼をどこに連れて行ってくれるか見極めてみようという発想のもと、カステラッリの映画の権利を買った。以前から彼は、メン・オン・ア・ミッション・ムービーはやりたいことリストの中でも上位にくるものだと頻繁に公言していた。そもそもジャンルをいじって改善させることは彼の創作の基盤だが、それ以上

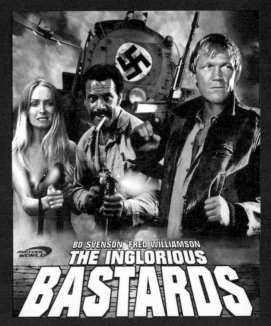

上：オリジナルの『地獄のバスターズ（Inglorious Bastards）』のポスター。この壮大なマカロニ・メン・オン・ア・ミッション映画をクエンティン・タランティーノは一度は自分なりのスタイルでリメイクしようと考えたが、結局は彼独特の、そして綴りも正しくない『イングロリアス・バスターズ（Inglourious Basterds）』という、曲がりくねった道を進むことになった。

P163：タランティーノは、第二次世界大戦を舞台にしたこの壮大な作品を書きながら、アルド・レイン（イングロリアス・バスターズの隊長アパッチ）役には自分自身を思い描いていた。しかしブラッド・ピットはどうかという考えが浮かんでからは、それ以前の考えを振り返ることは一切なかった。

上：イングロリアス・バスターズの3人：サム・レイヴァン、ティル・シュヴァイガー、イーライ・ロス。復讐心を燃やすこの隊のメンバーは、単なるユダヤ人ではなく権利を与えられたユダヤ人である、ということをタランティーノは強調したかった。彼らの背後にはアメリカの全国民がついているのだ。

に、実は『ジャッキー・ブラウン』と『キル・ビル』の隙間が6年間も膨らんだ理由のひとつは「あるミッションを持つ男たちの一団」[1]についての執筆が止まらなかったからでもあったのだ。その原稿は映画というよりは途方もない小説のようなものに変っていった。何年も前の彼の原稿「ジ・オープン・ロード」がそうだったように、500ページからなるその原稿は3本の映画を十分に作れるほどの素材だった。

彼はインスピレーションがあり過ぎたのかもしれないと告白している。彼の脳は常に新しいアイデアや、新しいキャラクターや、因習の新しいヒネリを編み出し続けていた。自分の持つビジョンを受け止め切るには、映画という媒体はもはや容量が足りなすぎるものになってしまったのではないか、という不安を彼は持ち始めていた。そして（2本の映画に分割して辛うじて入り切った）『キル・ビル』を経験したことを受けて、また無意識的な先見の明もあって、彼はこの原稿をテレビのミニシリーズとして扱うべきではないかと本気で考え始めた。

右：J・リー・トンプソン
監督の1961年のヒット作
『ナバロンの要塞』は、敵
陣でリスクの高い任務を
遂行するために集まった
死に物ぐるいだが腕の良
い個々の人物が登場する、
いわゆるメン・オン・ア・
ミッション映画というサブ
ジャンルを象徴する作品と
されている。

「軍法会議と処刑に向けて護送されている途中に逃走するアメリカの兵士たちを描いた、あのオリジナルのストーリーを俺は踏襲するつもりだった。これは『パルプ・フィクション』の次に来る俺のオリジナル脚本になるはずだったんだ」[2]。

　たまたまフランス人映画監督のリュック・ベッソンと食事をする機会があったタランティーノは今後のプランについて話した。ベッソンは映画を撤退してテレビに行くかもしれないというタランティーノの示唆に仰天した。そしてこの友人に、映画館へ足を運びたいと私に思わせてくれる数少ない名前のひ

上：『イングロリアス・バスターズ』のドイツの撮影現場のクエンティン・タランティーノ。彼はこの映画がありふれた単なる時代映画になってしまうことだけは何があっても避けようと決心していた。そこで敢えて不自然なスリル満点のアドベンチャー映画ともいえる戦中のプロパガンダ映画のスタイルを採用した。

左ページ：この映画を機能させるためには、ずる賢く能弁で策謀家なランダ大佐役にピッタリな演者を見い出すことが不可欠だった。クリストフ・ヴァルツがやってきたのは、タランティーノがこの映画の製作をほとんど諦めかけていた時のことだった。

とつが君なんだぞ、と猛抗議した。その言葉がタランティーノの急所を突いた……神聖なるシネマ派教会を存続させなければならないと思い直した彼は、

上：軽蔑するナチスから逃れたユダヤ人少女ショシャナ役としてポーズをとるフランス人女優メラニー・ロラン。赤く塗られたメイクアップにはネイティブ・アメリカンの出陣化粧を思わせるものがあるが、これは、タランティーノが第二次世界大戦とネイティブ・アメリカン大量虐殺をサブテキスト的にリンクさせたものだ。ブラッド・ピット演じるアルド・レインはアパッチ族との混血であるということを私たち観客は知ることにもなる。

あの原案を映画のサイズに縮める方法を色々と考え始めた。

　中心に据えられた奇抜な着想を再考察していると、新たな不名誉な（イングロリアス）コンセプトが形を成し始めた。「アメリカのユダヤ人たちが報復するというアイデアを思いついたんだ」[3]と彼は言う。敵陣でナチスと戦うユダヤ人兵士からなる背教者グループという彼のアイデアをどう思うかと、ユダヤ人の友人たちに投げかけてみた。説得力を失うことなくどこまで語れるかを見極めるための下調べだ。どの友人も口をそろえて「そういう作品にはぜひとも参加したい」と答えた。

そうやって、最も大胆で爽快なタランティーノ映画の1本が生まれた。タランティーノはもはや、1990年代初頭に燃え上がったパンク的熱狂の表看板という世間評を有に超越した存在だということが、この映画で証明された。『キル・ビル』や『グラインドハウス』を観た人々の中には、今後の彼はきっとそれまで自分がやってきたことを高めるのではなく、むしろ単に繰り返すだけになるのではないかという懐疑的な声も少なくはなかった。もともと楽観的だったミラマックスの予想をも覆して、全世界で3億2100万ドルを売り上げた『イングロリアス・バスターズ』は、今日までのところ、彼の最大のヒット作品となっている。『イングロリアス・バスターズ』とは別物となったあの原稿については、「キラー・クロウズ」と改称して、いつの日かオリジナルのコンセプトとして立ち戻るかもしれないと彼はほのめかしている。ちなみに、意識的に綴りを間違えているあのタイトル〔Inglourious Basterds〕は、単にそれだけのこと（タランティーノが自身の犯した大々的な綴りミスを面白がってそのまま残すことにしたもの）なのか、それともオリジナル映画〔地獄のバスターズ／原題：The Inglorious Bastards〕との差別化を図るためのものなのか、はたまた、『レザボア・ドッグス』と同じで、何らかの隠された意味があるのだが説明などする気はないという芸術家としての振る舞いなのか、その内のどれかだ。ピカソに彼の絵画の筆の使い方について、なぜその方法を選んだのかと尋ねる人などいないだろう。

　さて、脚本を書いていた彼は、自分の目的がはっきりしてくると、キャラクターの方から演者は誰にすべきか提案してくるように感じられ始めた。そしてどの提案もホームラン間違いなしの提案だと確信できるものだった。

　彼は一度はバスターズのリーダー、アルド・レイン中尉を自分で演じようと考えていた（レインがネイティブ・アメリカンとの混血の田舎者という設定は自分を茶化したジョークだった）。しかし、脚本を書き進めるうちに、アルドはむしろブラッド・ピットに近い見た目になってきたと彼は告白している。実を言えば、ブラッド・ピットに「近い」ではなく、ブラッド・ピットの見た目になっていた。彼とピットはそれよりもずっと以前に出会っており、お互いへの尊敬心やいつか一緒に仕事をしたいという思いを表明し合っていた（もちろんピットはすでに『トゥルー・ロマンス』でソファに居座るという形で、タランティーノの世界自体は味わっている）のだが、ピットを使うにはタイミングと状況が合わなければならない。アルドのイメージがピット以外には誰にも合わなくなってきたことは問題だと、もちろんタランティーノにもわかっていた。

　リハーサルが始まるまでの1カ月間で主演俳優を決めなければならず、しかも、こだわりが強いことで有名なこのスーパースターがすでに3カ月先まで予定が埋まっているだろうことは間違いない。「つまり"ダメ"のパーフェクト・ストームさ」[4]と彼はうめくように言った。しかし、ピットはまさにこういう偶然の機会が訪れるときのために、柔軟に予定を立てることを好む人物だったことが判明した。「結局のところ、この媒体で肝心なのは監督だからね」[5]と彼は繰り返し言っているが、中でもタランティーノほどの人材は希少な存在だ。

　ピットのフランスの家でワインを飲みながらこの映画について会話が交わされた。翌朝起きたこの俳優は、イエスかノーかはっきりと返答できる猶予すらなく、すでにアルド・レイン役に決まっていた。

　実はレインは『イングロリアス・バスターズ』以前に出来ていたキャラクターだ。『レザボア・ドッグス』よりも前からタランティーノのイマジネーションの中で浮遊していたのだ。第二次世界大戦を舞台にした壮大な脚本を書くことになった時点で、すで

にレインのバックストーリーはすべて出来上がっていた（それはタランティーノ作品の主要キャラクターの多くにも当てはまることだ）。「アルドはずっと南部で人種差別と闘ってたんだ」と彼は説明する、「第二次大戦に入るまではずっとKKKと闘っていたのさ」[6]。レインはアパッチ族との混血だ。タランティーノはどちらも集団殺戮を経験しているユダヤ人とアパッチ族を並行的に描いている。「アルドにインディアンの血が流れているという事実が」と彼は何度も言っている、「このコンセプト全体にとって、ものすごく重要な部分なんだ」[7]と。タランティーノは、レインや彼の部下たちが倒した敵の頭皮を生々しく剥ぎ取る様子を描き、その断固たる恐ろしさを見せつけている。

ただし、彼が率いる男たちに関しては、全員が復讐心に燃えるユダヤ人で構成されている。『キル・ビル』がそうだったように、今回の作品も、一定の角度から見れば、人をワクワクさせる大暴れの復讐劇を描いた作品と言うことができる。また、『グラインドハウス』に見られるあの無謀さもすっかり失われていたわけではない。この作品にもしっかりとタランティーノの典型的テーマ（プロの仕事、忠誠、裏切り、人種、暴力の報い）が盛り込まれている。

ピットはまた、確かにこの映画を売るための目玉商品が彼自身だったとはいえ、5つのチャプターに渡って様々な糸が巧妙に絡まり合うアンサンブル映画の要素が強いという事実に大きな魅力を感じていた。この映画が、『パルプ・フィクション』と同じように、映画というよりはむしろ小説のようであることにピットは感心していた。（そのほとんどはテーブルを囲んで座っている）特定のシーンから次のシーンへと、心臓の鼓動をとらえながら描くことによって、バックストーリーの描き方がお決まりの展開になることを回避している。タランティーノが呼ぶところのこのアドベンチャー・ストーリーがアクショ

ンの方向に振れるのは、むしろ最後の2つのチャプターだけであり、彼が直観的に細分化した5つのチャプターの最初の3つは、それぞれ全くタイプの違う3人の主人公を私たち観客に紹介するためのものだ（ちなみにこの5つのチャプターの最初の2つには、10年前に書かれたものが多く残されている）。その最初の3つのそれぞれのチャプターで語られるのは、ナチスの頭の皮を剝ぐ強烈な集団とその集団を率いるレイン、逃亡したユダヤ人のショシャナと彼女が経営するパリの映画館、そしてユダヤ人ハンターで絹のように滑らかな自らのウィットにご満悦なハンス・ランダ大佐だ。

この映画にとっては、ランダを完璧に描くことの方が、レインの適役を見つけること以上に必須条件だった。タランティーノは、これまで書いたキャラクターの中でもランダは屈指の最高なキャラクターだと自負していた。物腰柔らかなナチスの人物というハリウッド映画の長い系譜（ジョージ・サンダースやクロード・レインズがその礎）を受け継ぐことになった彼はまた、タランティーノがお得意とする、『パルプ・フィクション』のジュールズにも見られるような回りくどい物言いも受け継いでいる。まるでその味を味わっているかのように、音節をぐずぐずと弄ぶように話す。脚本上の彼は、ビデオ・アーカイブスの自惚れ屋のような言語の達人に、氷のように冷たい血を持たせたような存在として書かれていたので、これを演じる俳優はそのセリフをきちんと喋ることのできる言語力を持っていなければならなかった。そこでドイツにいるほとんどすべての俳優を試してみたが、ピッタリな存在はどこにも見当たらなかった。タランティーノは、この役を妥協して描くくらいなら、この映画そのものを諦めることも厭わないつもりでいた。

そんな時、幸運なことに、クリストフ・ヴァルツがオーディション会場のドアをくぐってやってきた。

　ウィーン生まれの彼は、ドイツの演劇界で芽を出し、英語を言語とする映画でこそ大きなブレイクはしなかったが、テレビや映画で安定した仕事を得ていた。タランティーノとランダと『イングロリアス・バスターズ』の三点セットによって、ヴァルツはアカデミー賞助演男優賞とハリウッド進出の両方を手に入れ、その躍進が始まることになる。すべてはキャラクターありきだとタランティーノは主張している。俳優がカムバックするのも、または彼のケースのよ

上：敵兵の頭の皮をこれから剝ごうとするドニー・ドノウィッツ軍曹（イーライ・ロス）とアルド・レイン中尉（ブラッド・ピット）。『イングロリアス・バスターズ』は、クエンティン・タランティーノが年齢を重ねるとともにより大胆になっていることを存分に証明している映画だ。かつては耳を削ぐ瞬間にカメラを逸らせていた彼だが、この作品では頭の皮を剝ぐ様子を生き生きと直接的に描写している。

うにブレイクするのも、いつだってキャラクター次第なのだ。その快いリズミカルな口調（ちょうどあの貴族的なクリストファー・ウォーケンのようだ）

上：戦中映画……軍事諜報活動中の映画評論家アーチー・ヒコックス中尉（マイケル・ファスベンダー）が二重スパイの女優ブリジット・フォン・ハマーシュマルク（ダイアン・クルーガー）とコンタクトをとる。地下のバーを舞台にした強烈な緊張感満点のこの場面で、ドイツ兵の振りをしてカードゲームに興じる彼らは、皮肉にも、そのゲームの中で有名映画スターの振りをする。

でオーディションの2つの課題シーンを滑らかにこなした彼を見て、タランティーノは心を浮き立たせた。ヴァルツが部屋を出て行くと、タランティーノはベンダーの方を向き、あのいびつでクレイジーな

笑顔を浮かべて「これで映画が撮れるな」[8] と言った。2人はその場でハイタッチした。

　タランティーノは出演者たち全員を集めて"映画の授業"を開き、第二次世界大戦映画の細かい点について教えた。ショシャナ（彼の作品ではジャッキー・ブラウン以来となる良識的な女性キャラクター）を演じたメラニー・ロランにとって、彼から与えられた映画のリストは、単に観ておくべき映画のリストという意味だけではなく、監督の頭の中でキャラクターであるショシャナが好きな映画ベスト10と考

えているもの、という意味もあった。ショシャナが経営するパリのアートハウス系映画館で、新作の（そして架空の）ドイツのプロパガンダ映画（この劇中映画「国家の誇り」を撮ったのは、タランティーノの友人で映画監督で、しかも本編では野球バットを振るうバスターズの一員ドニー・ドノウィッツ役を演じているイーライ・ロス）のプレミア上映会が開催されることになるが、ヒトラーをはじめナチスのトップ10の大物たちが出席するこのプレミアは、彼女にとって敵の中枢を攻撃する絶好の機会なのだ。

　こういった実在の人物（ロッド・テイラー演じるウィンストン・チャーチルも短いが登場する）と架空の人物をミックスさせること（更には、お馴染みのサミュエル・L・ジャクソンをナレーションで使うこと）によって、タランティーノはこの映画でもまた境界線を超えることに熱心に取り組んでいる（ただし、どんな戦争映画もある程度はそれをやっているのかもしれないが……）。

　この走り出した列車に飛び乗る上でピットが抱えていた懸念は、狂気的なほど性急な映画制作期間についてではなく、むしろ、この映画のエンディングのトーンについてだった。本当に歴史を変えて描くつもりなのか？　そんなことをしても華麗に乗り切ることができるのだろうか？　過激な反発をくらうに違いない、とピットには容易に想像がついた。

　いつだって主人公を追おうとすれば幾つかの障害に突き当たるものだ、とタランティーノは説明した。「今回の場合は」と彼は言った、「その大きな障害のひとつが歴史そのものなんだ」[9]と。この監督が（もちろんだが）映画についても、また歴史的事実についても、しっかりと宿題をこなしていたことをピットは確信した（タランティーノは第二次世界大戦の細目について感服するほどの知識があることを見せつけた）。この映画が歴史的事実を究極的な形で弄ぶのであれば、ものすごく意識的に弄ばなければな

らない。とは言え、ヒトラーを（そしてナチス党の上層部を）燃え盛る映画館の中で殺してしまうという展開には、実はタランティーノ自身も、世間の人々と同じくらい驚いていた。

　「あれがこの映画の着地点というわけではなかったんだ」[10]と彼は告白している。障害を乗り越える唯一の方法があれだったのだ。彼は一日中ずっと、いつもそうするように手書きで執筆していたが、インスピレーションを与えてくれるビニール盤レコード（大抵の場合は彼が音楽の神と仰ぐエンニオ・モリコーネ）を聴きながら、このストーリーに不便をもたらしているこの障害をどう取り除くべきか熟慮していた。「そしてついに俺はペンを掴み、紙切れに向かって「とにかく奴をぶっ殺しちまえ」と書いたんだ。そして、その紙切れをベッドサイド・テーブルに置いて寝た。翌朝起きたらすぐにそれが目に入るようにしておいて、一晩眠ってもまだ良いアイデアだと思えるかどうか見極めようと思ってね。翌朝それを見た俺は、しばらく部屋をウロウロしてから、「うん、あれは良いアイデアだ」と言ったんだ」[11]。

　これ以前にもそういう映画が存在していたことをもちろん彼も知っていた。1942年のプロパガンダ映画『Hitler – Dead or Alive』〔日本未公開〕のストーリーは、ある富豪がヒトラーの首に100万ドルの賞金を懸け、この総統の命を奪う計画を立てる3人のギャングスターを追ったものだ。「あれは風変わりな映画で、シリアスなトーンから、ものすごく面白いトーンへと変わって行くね。ギャングスターがヒトラーを捕まえるんだけど、奴らがヒトラーをぶちのめすシーンは本当に楽しいんだ」[12]。

　普通のメン・オン・ア・ミッション映画のままでは前進がないとわかっていたタランティーノは、ヒトラー殺害映画というサブ・サブ・サブジャンルを彼独特のやり方で取り入れることにし、その準備として、フリッツ・ラング（『マンハント』）、ジュー

ルス・ダッシン（『再会のパリ』）、ジャン・ルノワール（『自由への闘い』）などといった、亡命した名監督による1940年代のプロパガンダ映画に身を浸した。タランティーノが感服したのは、彼らがそれらの映画を文字通りナチスの脅威の影の中で制作したという事実だ。「それなのにあれらの映画には娯楽性があり、面白くて、ユーモアがある……。スリリングなアドベンチャー映画として成立しているんだ」[13]。

それは抵抗の一形態だ。

また、『イングロリアス・バスターズ』は、単にヒトラーの死を描いた作品ではなく、興奮を呼ぶクライマックスの死が映画館の中だけで繰り広げられており（フィルムがどのようにして映写機に入れられるのかを見せる映画は珍しい）、その死を呼ぶ手段として映画フィルムが使われている（ショシャナは可燃性の高いフィルムでこの建物を燃えつくさせる）。つまり、映画館が歴史の間違いを正す役目を負っている、という見方もできるだろう。映画が間違いを正す役目を果たす、というテーマは、以前のタランティーノ作品にもほのめかされていた。『キル・ビル』では、ザ・ブライドが武術映画の慣習を演じたときだけに限り、彼女があの世界の間違いを正している。『デス・プルーフ』ではスタント・チーム（本物の映画人たちが演じる本物のスタントたち）があの殺人鬼を止めている。さらには『イングロリアス・バスターズ』には、平時にはドイツ映画に精通した映画評論家であったが戦時下においては英国軍の諜報部員となった、こけた頬と突き出たあごをもつアーチー・ヒコックス（マイケル・ファスベンダーがサイモン・ペッグの代打で起用された）も登場する。

撮影が進むと、ピットは、こういった並外れた独断的発想の数々に納得しただけでなく、この作品のカタルシスをともなうパワーに熱狂している自分に気づいた。これはほとんどSFのような、時間軸の異なる別世界を舞台に描いた映画なのだ、と。

『キル・ビル』、『デス・プルーフ』に次いで、『イングロリアス・バスターズ』の壮大な時代設定も、タランティーノの手腕がロサンゼルスという街の枠を優に超えられることを存分に証明してみせた。『パルプ・フィクション』がヨーロッパから見たアメリカ文化にチューニングを合わせた作品だとすれば、『イングロリアス・バスターズ』はヨーロッパから見たアメリカ文化について吹き替え音声で語る映画と言える（下手くそながらも身分を偽って潜入しているレインが、コテコテのアメリカ南部アクセントで「ボンジョルノ」と発音する素晴らしい場面があるが、この場面全体を通してピットは笑いを誘う声質を保っている）。2008年後半、彼らは、パリのロケ地、ザクセンの緑生い茂る田舎風景、そして、かつてはゲッベルスがプロパガンダの指揮を執ったことでも有名なベルリンのバーベルスベルク撮影所で、ハイペースの撮影を行なった。

タランティーノは、意図的にジャンルを交錯させ、密かにマカロニ・ウエスタンの要素も加えている。この映画の壮麗なオープニングの風景は、それ以前の彼の作品には決してなかったタイプのものだ。「『ジャッキー・ブラウン』を経てこの映画を始めたとき、俺がこの映画でやろうとしていたことのひとつが、『続・夕陽のガンマン』のような映画を作ることだったんだ」[14]と言うタランティーノは、南北戦争を背景にアイロニーと悲劇が絶秒のバランスで描かれたセルジオ・レオーネ監督のその作品が、今では一番のお気に入りとして定着していると宣言している。

レオーネは亡くなる少し前に、スターリングラー

ドを舞台にした第二次世界大戦のストーリーを作ろ
うとしていた。この名イタリア人監督のオペラ的な
感受性に敬意を表して、『イングロリアス・バスター
ズ』のチャプター1は「ワンス・アポン・ア・タイム・
イン・ナチ＝オキュパイド・フランス」（邦題：第
1章「その昔…ナチ占領下のフランスで」）15と題さ
れた。このチャプターでランダが私たち観客の前に
初めて姿を現し、ほとんど犬が鼻をひくつかせるよ

うにしながらフランスの農家の床下に隠れているユ
ダヤ人家族の匂いを嗅ぎ取る。この場面にもまた、
おとぎ話の趣を見ることができる。取り乱しながら
必死に逃げるショシャナは、靴を一足残して走り去っ
ているのだ。おとぎ話では必ず最後の最後に主人公
の願いは叶うものだ。
　とにかく、頭での考え過ぎに蝕まれ、精神錯乱的
過剰さで描かれたようにさえ見える『グラインドハ

ウス』や『キル・ビル』の後で、タランティーノは、今回、いかなる形であっても、自分に好き放題にやる余地を与えないことにしていた。自分への締切をカンヌに定めた彼は、次の春に開催されるその映画祭に間に合うよう、この映画を1年以内に完成させる決意を固めた。その撮影スケジュールでは、1日でひとつのショットを撮り切ることが強いられることも承知の上だった。そうやって再び自分自身に試練を与えることで、初期作品に見られたあの緊迫性を取り戻そうとしていたのだ。ほぼ物語の順序通りに撮影され、物語上の彼らの任務の危険度についても、映画制作上の雰囲気作りの危険度についても、崩壊ギリギリの脅威にさらされる中で、まるで首を絞める手の力が徐々に強まっていくように緊張感が高まっていった。

　タランティーノの目指す緊張感は戦場の戦闘シーンのそれではなかった。「あんなクソみたいなものは退屈だ」[16]。戦争映画によくあるあの手の不要フォーマットは、彼を退屈させるだけだった。そうではなく、人間同士の摩擦や衝突、「部屋の中で起こる出来事」[17]でなければならない。彼はシーンの中にある彼が呼ぶところの「ゴムバンド」[18]を、切れないギリギリのところまで引っ張りたかったのだ。（少なくともチャプター5「巨大な顔の逆襲」までは）銃撃戦ではなく、その代わりに、キャラクターたちが言語の地雷を上手にさばいてゆく。

　「俺が俺の脚本を監督するのが誰よりも上手い理由のひとつは」とタランティーノは言う、「俺は他の誰よりも俺の書く脚本に自信を持っているからさ」[19]。

　ラ・ルイジアーヌという地下のバーを舞台に展開されるチャプター4「映画館作戦」は、演出による抑制を最後まで保ち切った離れ業であり、これまで彼が成し遂げた中でも屈指の場面だろう。30分以上に渡って重苦しく張りつめているこの単一シーンは、酔っぱらったドイツ兵グループのせいで、諜報

活動中のバスターズのヒコックスと、素晴らしきダイアン・クルーガー演じるドイツの映画スターで連合国側の諜報員になっているブリジット・フォン・ハマーシュマルク（彼女はこれから開かれるプレミア上映会に入場する手段を彼らに提供しようとしている）の密会が暴かれてしまうかどうかの瀬戸際を描いている。ここでは発音と身振りが何よりも重大なものになってくる。

　何よりもこれは、『パルプ・フィクション』以来の、言語を巧みに利用した作品だ。言語の巧みな利用は、この段階ではすでに、主要テーマのひとつにまで昇

各国の人間が母国語を喋るわけだが、タランティーノが書いたセリフを字幕という形で見られるのもまた実に楽しい。

　期限の数時間前に完成した（実はこのお披露目後に彼は編集し直して仕上げ直しているが）この映画は、2009年カンヌ映画祭で賛否両論を巻き起こした。そのトーンに懸念を示す評論家もいたが、このようなストーリーを敢えて語ろうとする彼の傲慢さに辟易している、というのが否定的な意見の大半を占めていたようだ。「ここまでキャリアを上り詰めた彼は、正直言って、彼が創作する映画よりも、彼自身の性格の方がずっと強いものになった感がある」とケネス・タランは「ロサンジェルス・タイムズ」紙で不平を漏らしている。タランティーノがタランティーノであることを責められた、というわけだ。一方で今回も彼に感服する者たちもいた。「タランティーノは彼だけしか持ちあわせていない権限を使って歴史を書き換えてみせた」とピーター・トラヴァースが「ローリング・ストーン」誌で確信に満ちた主張をしているほか、フィリップ・フレンチは「ジ・オブザーバー」紙に「この発想には、それが求めている以上に夢中にさせられる」と書いている。

　2009年の夏に『イングロリアス・バスターズ』がアメリカで封切れた頃には、すでにこの論戦は落ち着きを見せていた。それに次いで、助演男優賞と脚本賞を含む8部門でアカデミー賞にノミネートされ、ヴォルツが助演男優賞に輝いている。タランティーノは不可能を可能にしてみせたのだ。そんな彼が次に目を向けたのは、本格的ウエスタン映画、そして奴隷問題に挑むことだった。

華していた。戦争という名の舞台で他者を演じ切るためには、もしくは、単に敵の指令を即座に把握するためには、言語こそが生死の分かれ目になることを知っていたのは、数か国語に堪能で気持ちよく喉を鳴らすように喋るランダだけでなく、タランティーノも同様だった。そこで彼は（たとえばドイツ人役にはドイツ人俳優を起用するなど）厳密に国籍に応じたキャスティングをすることに決めた（いかにもイギリス人の上官らしく喋る将軍役にカナダ人のマイク・マイヤーズを、またヒコックス役にアイルランド人のファスベンダーを起用したことは例外だ）。

……興奮を呼ぶクライマックスの死が映画館の中だけで繰り広げられており……、その死を呼ぶ手段として映画フィルムが使われている

右：そこから出られなくなることも知らずにパリの彼女の映画館に集まってくるナチスの幹部や社交界のゲストたちを見渡すショシャナ（メラニー・ロラン）。クエンティン・タランティーノは映画の中で歴史を書き換えただけでなく、映画館というものをヒトラーに落日と死をもたらす直接的な手段として利用している。

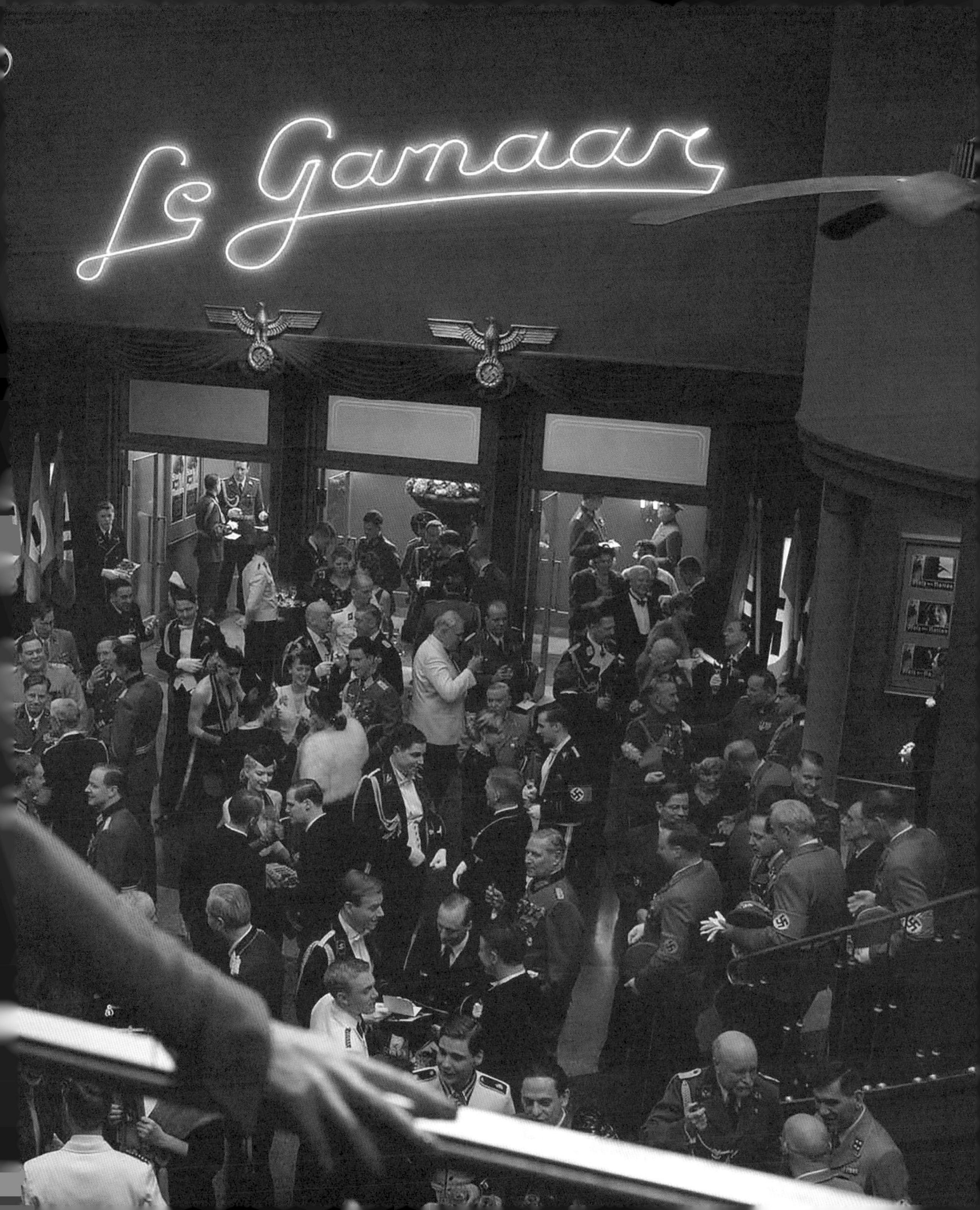
Le Gamaar

「命は安く、クソみたいに扱われ、バッファロー・ニッケル⁽⁵セント⁾の価値しかない」

『ジャンゴ 繋がれざる者』

『イングロリアス・バスターズ』のプレス・ツアーで日本に来ていた彼に創造の女神が降臨した。そのインスピレーションの主が厳密には何であったにせよ（女神だったのか、宇宙霊だったのか、彼の耳にささやく映画史の集合的潜在意識だったのかはともかく）、次の映画のオープニング・シーンの根幹となる閃きがどこから来たものなのか、クエンティン・タランティーノにはわかっている。それは彼が東京のレコード店で見つけた、ほとんど知られていないマカロニ・ウエスタンのサウンドトラック・セットだった。

マカロニ・ウエスタンは、サムライ神話に通じるところがあるからなのか、日本では人気のあるジャンルだ。日本ツアー中の休暇日を丸一日費やしてそれらの映画音楽を聴いていると、彼のイマジネーションの中でオープニング・シーンが形を成し始めた。珍しくノートを持参していなかった彼は、そのアイデアを忘れてしまう前にホテルの備え付けの便箋に書き記した。

屋外。夜。1858年——テキサスのどこか。凍りつくほど寒い森の中で、足鎖をつけて列を成し歩く奴隷たちの姿が霧の中から現れ、外見は歯科医のドイツ人賞金稼ぎと正面から出会う。このチャーミングな男（これまでタランティーノが作り出してきたどのおしゃべりなキャラクターにも引けを取らないほど一方的に喋ることが好きな人物）は、ある奴隷を探している。ジャンゴと呼ばれる男だ。

タランティーノはすでにウエスタン映画を作ろうと決めていた。彼は映画を作り始めた頃からずっとこのジャンルに惹かれていて、これまでの他ジャンルに属する映画にも大好きなマカロニ・ウエスタン

上: クエンティン・タランティーノにとって初となる本当のウエスタン映画のインスピレーション源は、イタリアのマカロニ・ウエスタンの名手セルジオ・コルブッチによる作品の数々だった。中でも特に面白い1966年の映画『続・荒野の用心棒』では、巧みな銃の使い手が南軍の卑劣な一団に復讐する。

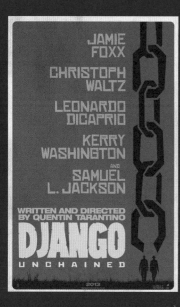

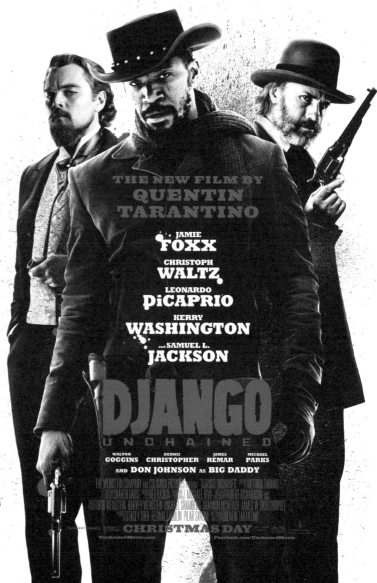

上：『ジャンゴ 繋がれざる者』の宣伝ポスターには、間違いなく、マカロニ・ウエスタン映画のポスターを祖先に持つタイポグラフィーとデザインが反映されているが、この映画の舞台は主にミシシッピであることから、タランティーノはこの新作映画を「ウエスタン（西部劇）」ではなく「サザン（南部劇）」と呼ぶことを好んだ。

上：クエンティン・タランティーノは具体的にクリストフ・ヴァルツを思い浮かべながら賞金稼ぎの歯科医ドクター・キング・シュルツを書いた。しかし、この俳優が落馬事故で骨盤骨を脱臼したことから、シュルツの序盤のシーンは、乗馬ではなく幌馬車を駆る描き方に書き換えられた。

の要素を染み込ませていたほどだ。ようやく率直にこのジャンルに取り組もうと彼に思わせたのは、彼自身が余暇を使って書いていたマカロニ・ウエスタンの小公子セルジオ・コルブッチ（1966年の『続・荒野の用心棒（原題は「ジャンゴ」)』の監督）を題材にしたサブテキスト的な評論原稿の存在だった。タランティーノによれば、サブテキスト的に書くことが最高な理由は、あくまでもその内容は「こっちの主張」[1]なのだから、コルブッチが実際にその論点を意図していたかどうかなど関係ないところだ。

傑作ウエスタン映画と一般に呼ばれている作品はどれも、アンソニー・マンかサム・ペキンパーかセルジオ・レオーネによる作品ばかりだ。コルブッチが描く西部は他のどの監督の西部よりも残忍で

シュールだ。このイタリア人監督は実は第二次世界大戦中のイタリアにはびこったファシズムをウエスタンとして描き直していたのだ、というのがタランティーノの持論だ。そして彼はこう考えるようになり始めた……未来の映画評論家がクエンティン・タランティーノのウエスタン映画を評論するとしたら、どんな評論をするだろう？　彼はそれを確かめることにしたのだ。

　自由になった奴隷が賞金稼ぎとして働くというアイデアは8年間ずっと彼の孵卵器の中で育まれていた……行方をくらませ今では深南部の綿農園で奴隷を管理している無法者たちを追跡するという復讐劇の切り口だ。深く歴史を調べてみると、首に賞金を懸けられたクズどもの多くは南部の人里離れた地所に身を隠していたことがわかった。タランティーノは7本目となるこの映画を「サザン（南部劇）」と呼ぶことを好んでいる。

　いまや彼のお気に入り俳優となったクリストフ・ヴァルツが、このパズルを完成させる最後のピースとなった。ジャンゴの師にして友となる賞金稼ぎのドクター・キング・シュルツは、このオーストリア人俳優の持つ才能を中心にして作り上げられたキャラクターだ……ドイツ人移民で口が上手いところは前作と似ているが、今回の彼には強い道徳心が備わっている（実はこのキャラクターはタランティーノ・ユニバースではとても稀な、立派な考えを持つ人物だ）。このシュルツとジャンゴの2人が、タランティーノの母国アメリカの暗い深層部を進む私たち観客のガイドとなる。

　「アメリカ史の中でも一番暗い時代を描きたかった」と彼は語っている、「本当の意味でこの国の最大の罪をね。この罪はまだ完全に過ぎ去ってはいない。俺たちはそれと向き合うことさえできていないんだ」[2]。あたかも、アメリカンドリームの土台を支えている、人種、犯罪、社会的隔絶といった、彼のこれまでの作品のテーマのルーツを彼自身が掘り出しているかのようだ。

　「誰だって奴隷の残酷さや非人間性を頭では「理解している」ものさ」と彼は言う、「だけど、それについて深く調べてみると、もう頭で理解するとか、単なる歴史の記録とかいう次元ではなくなる……体の奥底からそれを感じるようになるんだ。怒りが湧いて、何かしなければと思うようになる……。この映画でどれほど酷いことが描かれているにせよ、それ以上にずっと酷いクソみたいなことが実際に起こっていたということを、俺はここで声を大にして言いたいんだ」[3]。

　タランティーノには50歳の誕生日が近づいていたが、そんな彼は今まで以上に輪をかけて徹底的に妥協を許さなくなっていた。自分がハリウッドの住人というよりは、むしろハリウッドのエキセントリックな通行人のような存在だということを受け入れるようにもなっていた。「俺はいまだに自分がここに相応しい人間だということを証明しようと躍起になっているような気がする」[4]と彼は告白している。長年の間には、「スピード」や「メン・イン・ブラック」など、そそられる大型企画からの打診もあった。『007／カジノ・ロワイヤル』をロマンティックにほとんどフィルムノワール風にリメイクしてジェームズ・ボンドを60年代に連れ戻すという計画をピアース・ブロスナンと共に立ててもいる。しかし結局はプロデューサーたちが怯えて逃げ去ってしまった。

　ハリウッドの考え方に従うには、彼はあまりにも独創的過ぎるのだ。ウエスタンというジャンルも、奴隷を題材にしたシリアスドラマも、大映画会社が待ち望んでいた企画ではなく、ましてや、その2つをポストモダン（風）に結合させた作品となると問題外だった。しかし彼が提案していたのは、まさにそういう映画だったのだ。

　シュルツによって自由の身になったジャンゴは、

まずは、数発の弾丸が撃ち込まれてしかるべき悪党たちが本人であるかどうかをシュルツのために特定してやる役目を果たし、次いで彼らは2人組を結成して、天候に荒らされた泥だらけの19世紀のアメリカをあちこち移動しながら、そして公認の賞金稼ぎであることをチラつかせながら、さらなる賞金を稼いでゆく。次いで、ジャンゴは相棒となったシュルツに、妻のブルームヒルダ・フォン・シャフト（ケリー・ワシントン）の話をする。今もどこかで奴隷をしている彼女を自由の身にするのだという決心を語る。2人は彼女の居所を突き止める。そこはキャンディランドと呼ばれる巨大農園で、経営者はカルビン・キャンディという名の話上手な悪魔のような男だ。知能的なシュルツが、キャンディのご機嫌をとって内部まで入り込みブルームヒルダを連れて逃げるという計画を立てる。もちろん、計画は失敗するために立てるもの、という意地悪な法則があるのがタランティーノ・ユニバースだ。タランティーノの描くキャラクターたちの本性はいつだって災厄からしか開示されることはないのだから。

　この映画はタランティーノの作品の中で最もスムーズなストーリー展開で描かれている。この映画には（フラッシュバックと味のあるキャプションこそ存在するものの）チャプターもなければ、時間が飛ぶことも、機転の利いた器用な脱線もなく、最初から最後まで順番にストーリーが語られている。ナチス占領下のパリとは違い、今回の歴史の汚点の世界は（相対的特徴として）よりストレートに描かれるべきだと彼は感じていた。

『ジャンゴ 繋がれざる者』は、『イングロリアス・バスターズ』にも、まだ映画になってはいないが復讐に燃える黒人兵の一団が殺されて当然の白人兵たちを狙撃するために脱獄する「キラー・クロウ」にも、ある程度通じるものがある（人種問題については『パルプ・フィクション』や『ジャッキー・ブラ

ウン』でも扱われていた）。今後「キラー・クロウ」が作られれば、過去の時代を舞台にした超暴力的なおとぎ話として復讐を描く映画の三部作が完成することになる。

「映画で奴隷の物語が語られているケースでは」とタランティーノは言う、「そのほとんどが学問的に一定の距離を置いた「歴史」として描いている傾向があるよね。俺はその展示用ガラスケースをぶち割りたかったんだ。大きな石を投げてそのガラスを割り、すっかり粉々にして、皆を連れてその中に入りこみたかったんだ」[5]。

　この映画の後半でキャンディランドを描く際には、エクスプロイテーション映画の持つ毒々しい凶暴さで奴隷問題の恐ろしさを描こうと彼は決めた。自分の感性に引き寄せる形であの時代のビジョンを伝えようと考えた彼は、ちょうど（素手の拳闘試合のために訓練される奴隷たちが描かれる）リチャード・フライシャーの『マンディンゴ』のように、タランティーノ流派の格闘技と呼べそうな奴隷同士の闘いや、逃げようとした奴隷を襲うキャンディの物騒な犬たちを、実に残酷な明快さで描いている。

　どちらの映画も、タランティーノが言うところの「命は安く、クソみたいに扱われ、バッファロー・ニッケル（5セント）の価値しかない」[6]時代の真実に極めて近いものを描いている作品だ。

　彼は「21世紀のポリティカル・コレクトネス」[7]を嘲笑し、それに対する義務感などまったく持ち合わせてはいなかった。論争が起こるなら勝手に起これればいい。彼の義務感は、唯一、現代の観客を南北戦争前の南部ミシシッピに連れて行き、当時の現実を突き付けることだけにあった。「アメリカという国は、国家が過去に犯した罪を真っ向から見つめることが強要されたことのない数少ない国のひとつだと思う」[8]と彼は解説している。ジャンルという名の鏡、ちょうど遊園地のビックリハウスにあるよう

な鏡にアメリカの真実を反映させるという手法は、タランティーノの全作品に当てはまることかもしれない。ただし、この映画がタランティーノにとって初のウエスタン映画であることに疑いの余地はない。サブテキストが何であれ、彼はいつだって必ず娯楽映画を作っているのだ。

　実際のところ、これは身を立てて西部の英雄となった元奴隷の神話的なストーリーだ。そして、身を立てた彼は（ミシシッピという名の）地獄に乗り込み、悪の手から妻を救出する。そういう典型的な内容を

タランティーノのペンによって過激で新しい冒険に仕立て上げたものがこの映画だ。

　最初は彼がこのタイトルロール〔表題の「ジャンゴ」役〕にウィル・スミスを思い浮かべていたという事実を聞いても驚く者はいないだろう。きっと地

球上最もビッグな黒人スターを一度ぶち壊してから更に高めることのできる絶好の機会になっただろう。しかもそれは実現されるに近いところまで迫ってさえいた。「メン・イン・ブラック」（タランティーノが作り手として貢献できたかもしれなかった映画シリーズ）の撮影でスミスがニューヨークに来ていた際に、彼らはこの企画のために何時間も一緒に過ごしていた。「俺たちはこの脚本を一緒にたどりながら深く話し合ったよ」と彼は振り返っている、「とても楽しい時間だったね……彼は賢くてクールな男さ。あのプロセスの半分は一緒につるんで時を過ごすための口実に過ぎなかったんだ。俺はちょうどあの脚本を書き終えたところだった。用心深く口を慎むようなことをしない人物とそれについて話し合えたのはクールだったね」[9]。

スミスはこの脚本に、特にゾッとするようなバイオレンスに懸念を感じると告白した。彼のイメージにとって大きなリスクをともなう作品になるだろう。これほど暗い領域まで彼のファンはついて来てくれるだろうか？　と。脚本を修正する時間は残っていなかったし、タランティーノにも待てるだけの余裕はなかったので、イドリス・エルバ、クリス・タッカー、テレンス・ハワード、M・K・ウィリアムズにも話してみるつもりだと彼に明言した。タランティーノが去る間際、スミスは彼の方を向いて「自分の気持ちを見極めたい。もし君が誰も見つけられなかったら、また話し合おう」[10]と応じた。
「だけど、俺は見つけたんだ」[11]とタランティーノは言う。

ジェイミー・フォックスが部屋に入ってきた瞬間、ジャンゴが見つかったと彼は確信した。ユマ・サーマンやブラッド・ピットの時と同じだった……一度その人物が彼の頭の中に定着したら、もう他の方法を顧みることは一切しない。フォックスはタランティーノのハリウッド・ヒルズの館でこの作品につ

いて話し合うため、文字通りドアをくぐって歩いてきた。その時、この監督は、この俳優の中にまだ開花していないマジカルな素養の欠片を見て取った。彼に「クリント・イーストウッドのクオリティ」[12]を感じ取っているのだ。

上：ケリー・ワシントン演じるブルームヒルダは、キャンディの農場で奴隷をしているジャンゴの妻だ。ドイツ人であるというシュルツのバックグラウンドとブルームヒルダという名前の組み合わせも手伝って、お城に囚われた娘を救おうと奮闘する主人公を描いたグリム兄弟の民話的なオーラに近いものを感じとることができる。この神話的スタイルが、この映画の古典的様相に暗に貢献しているのだ。

左：殺し屋稼業……シュルツ（クリストフ・ヴァルツ）とジャンゴ（ジェイミー・フォックス）の武器を携えた奇妙なパートナー関係には、『パルプ・フィクション』の暴力的なプロの殺し屋ヴィンセントとジュールズの関係に呼応するものがある。ジャンゴが着ている素敵な緑のジャケットと彼が運ぶスタイリッシュな鞍は、どちらも、この次に作られた映画『ヘイトフル・エイト』にも登場している。

　フォックスは1970年代にテキサスで育った。高校アメリカンフットボールのスター選手だったが、それさえも、地元文化特有の人種差別的な風土から彼を守る盾にはならなかった。それが彼に猛烈なプライドを持たせていた。アメリカの矛盾した魂を攻撃するこの映画に具体的な形で貢献したいという彼の欲求の燃料はそのプライドだ。実際に、ヴァルツとフォックスの2人の出演者で行なわれたリハーサルの初日に、フォックスはその熱意を演技の中に出し過ぎたほどだった。タランティーノは一旦止めて

上：クエンティン・タランティーノがごく最近に一番のお気に入り作品だと明言したセルジオ・レオーネ監督作品『続・夕陽のガンマン』のクリント・イーストウッド演じる神秘的な「名無しの男（実はこの映画の作中、彼は「ブロンディ」と呼ばれているが）」。

彼と話し合い、それによってこのキャラクターのたどる道のりは更に深いものになった。

「あれは、強い黒人男性のジェイミーが強い黒人男性を演じたいと思っていた、という状況だね」[13]とタランティーノはその時のことを振り返っている。

彼は説得力を持って演者たちに説明できる監督だ。もしこの時点ですでにジャンゴを「威厳ある英雄的キャラクター」[14]として描いてしまったら、もうそれ以上語るべきストーリーはなくなってしまう、と彼はフォックスに説いた。ジャンゴは徐々にジャンゴになってゆかなければならない。震撼のオープニング・シーンで最初に登場する時、彼はミシシッピからテキサスまでずっと歩いて来たのだから、半死状態でなければおかしいし、ほとんど壊れ切ってい

上：フランコ・ネロ演じる奴隷所有者アメリゴ・ヴェセッピと知り合うジェイミー・フォックス演じるジャンゴ。ネロがこの役に起用されたのは、もちろん、彼がセルジオ・コルブッチ監督のオリジナル版『続・荒野の用心棒』でオリジナルの銃使いのアンチヒーロー、ジャンゴを演じていたからだ。ジャンゴという名の正しい発音の仕方についての（わかる人にだけわかる）ジョークもまたオリジナル版から受け継がれている。

るはずなのだ、とタランティーノは主張した。「彼はジム・ブラウンではない。スーパーヒーローなんかじゃないんだ」[15]と。この映画はリアリズムの上着を羽織ったジャンル映画なのだ。

　ハリウッド俳優のヘヴィウェイト・チャンピオンたるレオナルド・ディカプリオにかかれば、自分がタランティーノのキャスティング・リストに含まれてはいなくとも、タランティーノの最新脚本を入手することができた。彼は『イングロリアス・バスターズ』のランダ役に興味があると突如表明していた。彼にはドイツ語を流暢に話すこともできたが、まるでテニスでサーブを打つように音節を発音できるヴァルツほどまでではなかった。そんな彼が『ジャンゴ 繋がれざる者』に提供したのは、ハチミツのように甘い南部のアクセントと大鉈で刈ったような笑顔だ。キャンディの年齢についてタランティーノは脚本で

特定こそしていなかったが、もう少し上の年齢をイメージしていた。それが誰だったのか決して明かそうとはしないが、彼はある俳優のことを頭の中で思い描いていた。問題は、その人物を思い描き始めたのがもう20年も前のことだったことだ。今となっては、その人物は年齢が行き過ぎていた。

　キャスティングに関して言えば、『ジャンゴ 繋がれざる者』は、〔タランティーノが〕予め具体的に思い浮かべていた俳優が最も使われなかった作品だ。その意味では、彼は運に見放されていた。ベストだ

と思っていたプランの数々が崩れ、慌てて書き直さなければならなかった。エース・ウッディ役にはケヴィン・コスナーを考えていたが、スケジュールの都合でその計画も頓挫している。

　このマンディンゴ闘士たちを訓練する、キャンディの右腕役の次の候補者として彼が考えたのはカート・ラッセルだったが、製作が遅れたことで、彼もまた降りざるを得なくなってしまったため、タランティーノはそのチャプター自体を諦め、この役のために書かれたセリフの大半をビリー・クラッシュ（ウォルトン・ゴギンズ）に回している。カードゲームでブルームヒルダに負けるスコッティという名のキャラクターにサシャ・バロン・コーエンが配されたが、この回想シーンもボツになった。タランティーノがカメオ出演で演じた鉱業会社の社員フランキーが不確かなオーストラリア訛りで喋る理由は、人種のるつぼであるアメリカの主な移民のひとつを示すこのアクセントを残すというアイデアを気に入った彼が、この役にオーストラリア人俳優アンソニー・ラパリアをキャスティングしていたからだ。制作期間のずれ込みによってラパリアが降板したとき、タランティーノはこの役柄だけでなくこのアクセントも継承することにした。コルブッチへの敬意を表して、『続・荒野の用心棒』の主役ジャンゴを演じたフランコ・ネロが記憶に残るカメオ出演をしてジェイミー・フォックスを相手に演じている。

　卑劣なキャンディ役にディカプリオが興味を持ったことは幸運だった。この俳優はまだ38歳だったが、この映画の悪役を若様的な皇帝として描くというアイデアにタランティーノは胸を躍らせた。蒸し暑い

デルタ郡の65マイルに広がるキャンディランドは、それ自体が王国のようなところであり、そこでの階級の底辺にいる奴隷や白人労働者の誰もが、堕落した生活を送るこの支配者の近くに仕える地位に、他を押しのけてでも就きたいと思っている。「ちょうどヨーロッパの上流社会の急ごしらえ版といったところだね」[16] というのが彼の直感的な解釈だ。その発想から気に入ったものだけを取り入れ、それを中心にして、様々なものをでっち上げていったのだ。そんな中にあって、キャンディは「すぐにすねる若様皇帝」[17] であると彼は認識した。キャンディは自分のことを皇帝カリグラのように思っている、綿のビジネスに飽き飽きした快楽主義者で、気まぐれに暴力的欲求を満足させて喜んでいる。この人物はタランティーノがこれまで書いてきた悪役の中で初めてとなる、彼が嫌いな人物だ。

　作中最も挑発的な役柄は、ほとんど必然的に、サミュエル・L・ジャクソンの手中に収まった。このスティーヴンはキャンディ家の執事で、邪で、残酷さと主人への痛ましいほどの卑屈さを凝結させた奴隷の典型とでも呼べsuch存在だ。ジャクソンは最初、ジャンゴ役は彼のために書かれているものだと思っていた。この友人監督はもう、ここ3本の映画で実質的な役柄を彼に依頼していなかったからだ。実際に初期段階でタランティーノはその案も考えてはいたが、後にその案はボツになっていた。そちらのバージョンでは、ジャンゴが誕生した経緯を示すシーンを幾つかたどってから、南北戦争後の混沌の時代（それは後に『ヘイトフル・エイト』の舞台となった）まで一気に時を飛ばし、もっと年齢を重ねた英雄として彼を描くというものだった。そのバージョンを発展させてみると、ジャクソンはこの役を演じるには15歳ほど年齢が行き過ぎていた。その代わりとして、この下劣なスティーヴン役をオファーされてさえも、ジャクソンはその状況に全面的理解

左ページ：キャンディの右腕ビリー・クラッシュ役を演じるアラバマ生まれのウォルトン・ゴギンズ。クエンティン・タランティーノは、テレビでヒットしたネオ・ウエスタン作品「JUSTIFIED 俺の正義」で、早口で喋るゴギンズを見つけた。彼の印象的な南部人らしい存在感は『ヘイトフル・エイト』にも使われている。

を示している。

　脚本を送ったタランティーノは、彼に、この役を演じるのは嫌かと尋ねた。

　「世界史上最強に卑劣な黒人下種野郎を演じることを俺が嫌がるかどうかだって？」と彼は答えた。「嫌がるわけないに決まっているじゃないか」[18]。

　ジャクソンはすでに役作りに入っており、頭の左右を白髪にし、片脚を引きずって歩く特徴をスティーヴンに与えていた。このキャラクターによって、この映画で描かれる二組のパートナー関係が見事に鏡映しになっている。シュルツとジャンゴの敬意に裏打ちされた関係と、キャンディとスティーヴンの正道を踏み外した依存関係がコントラストを成しているのだ。

　2011年終盤から2012年にかけて行なわれた撮影では、キャンディランドの屋外シーンに、ルイジアナ州ニューオーリンズの奥地エドガードにあるエヴァーグリーン農園が使用された。脳裏に焼きついて離れない杉の木々と壮観なオークの並木道を持つこの農園は、過去の姿のまま残っている農園としては南部屈指のもので、そこには22戸の奴隷小屋まで残っていた。『ジャッキー・ブラウン』のサウス・ベイ・エリアのショッピングモールやバーがことごとくリアルだったのと同じように、この農園のすべてがリアルだったのだ。そこでの滞在中、タランティーノは地元映画館を借り切って、この映画のキャストやスタッフのために、ウエスタン映画二本立て上映を催している。

　『ジャンゴ 繋がれざる者』はタランティーノの新時代到来を告げる作品となった。『グラインドハウス』を除けば、それまでずっと彼の横にいつもあったローレンス・ベンダーの静かな存在感抜きで作られた初めての映画にあたる。この離別は決して苦いものではなく、単純にどちらも新しいことにトライしようとしていただけのことだ。つまり、彼らが作品制作のために再び手を組むことをまだやっていないというだけのこと、彼らの制作会社ア・バンド・アパートが単に休止状態にあるというだけのことでしかない。この映画はまた、かの偉大なるサリー・メンケが編集を手がけていない初のタランティーノ作品でもある。彼女はロサンジェルスのグリフィス公園で犬の散歩中に熱中症で突然死してしまっていた。

　シュルツとジャンゴのイコノグラフィ的なアメリカの旅を描く（それはちょうど『キル・ビル Vol.1』でも行なわれているが、今回のそれには『キル・ビル Vol.2』に見られるような粗野さもある）にあたって、彼らはカリフォルニアとワイオミングの各ロケ地を採用した。「闇の奥」[19]に入ってゆくこのジャーニーの中で、シュルツのノートに名が記された賞金首を次々と狩りながら、ジャンゴは自らの目的を果たす準備を整えてゆく。『イングロリアス・バスターズ』と同じく、この作品もまた過去の罪を正す復讐ファンタジー映画だった。ただし今回の場合、タランティーノは、『國民の創生』（1915）でD・W・グリフィスがKKK（ク・クラックス・クラン）をポジティブに描いたことは映画そのものの罪である、という持論を表明したいとも考えていた。

　間に合わせの頭巾のせいで視界が悪いまま馬に乗るのに苦戦する、創成期のKKKを描いた滑稽な場面で、タランティーノは、グリフィスだけでなく、あの映画にKKKの一員として出演していたジョン・フォードのことも意図的にパロディ化している。彼はフォードのファンではなかった。サブテキスト的リサーチをしているうちに、フォードが「アングロサクソン人属性というあの発想を生かし続けた」[20]ことを知り、嫌悪するようになっていたのだ。

　ジャンゴがキャンディ農園の武器を持つ男たちの集団と最終対決する段階で、この映画は私たち観客をマカロニ・ウエスタンの世界に完全に連れ戻し、最先端スタイルで見事に構成された銃撃戦が繰り広

げられる。タランティーノはジャンゴの放つ弾丸が
相手に最大限の身体的ダメージを生じさせるように
描いている。それは、この作品とパラレルワールド
に存在しているように思える『イングロリアス・バ
スターズ』をも上回るものだ。タランティーノは、
冷酷な現実とスリルを重視するジャンルの間を、芸
術と過度に騒々しいばか騒ぎの間を、実に巧みに行
き来させている。

上：カルビン・キャンディを演じるレオナルド・ディカプリオ。ディカプリ
オは撮影中、手に持っていたハンマーのヘッド部分が抜けて額に当たり怪
我をした。そこでこの小道具はゴム製のものに挿げ替えなければならなく
なった。

　その相反する2つを合わせ持たせたことを高く評
価する評論家もいた。「この作品では奇妙にして見
事な仕事がなされている。それはダークに沸き立つ
芸術とジャンクの錬金術だ」とロビー・コリンは「テ

右：キャンディ（レオナルド・ディカプリオ）
と気難しいスティーヴン（サミュエル・L・
ジャクソン）の正道を踏み外した関係は、
シュルツ（クリストフ・ヴァルツ）とジャ
ンゴ（ジェイミー・フォックス）の関係を
反転させた邪悪な関係性である。

レグラフ」紙で祝福した。フィリップ・フレンチは「ジ・オブザーバー」紙の記事の中で「自分の狙いや目的のためにマカロニ・ウエスタンを器用に扱ってみせた」タランティーノを崇敬している。

しかしスパイク・リーは、今回もまた抗議の姿勢をみせ、彼の奴隷の扱いは無礼なものだからこの映画は絶対に観ない、と宣言した。「結局のところ、『ジャンゴ 繋がれざる者』が表している（自由を奪われることの）恐ろしさは、奴隷のそれではない」とニック・ピンカートンは「サイト&サウンド」誌で叱咤している、「そうではなく、歴史の悲劇を描こうとしたひとりの映画作家が自身の横柄な人格に自由を奪われ得てしまうことの恐ろしさを表しているのだ」と。武器を持っていない白人女性をショットガンで撃ちドア口に吹っ飛ばす場面は、笑いを引き起こす目的で描かれたものだと彼は解釈していた。

どちらにせよ、この映画のダークさ、強度のアドベンチャー感覚、気取った下品さ、そしてタランティーノの男性的言語といった様々な要素のバランスは、観客の心をしっかりと捉えている。この映画は全世界で4億2500万ドルという、彼にとって最大のヒット作になった。自らの作品についての（まだ書かれてはいない）サブテキスト的論文の一段落を書き記すかのように、タランティー

左ページ：撮影の合間に自分の王国を見渡しているキャンディに扮したレオナルド・ディカプリオ。脚本執筆時には、このキャラクターは若い人物として書かれてはいなかったが、大金持ちの生活に飽き飽きしている短気な若殿というアイデアを得てタランティーノは興奮した。

上：鉱業会社の社員役でカメオ出演するため衣裳を身に着けたままショットの構図を決めるクエンティン・タランティーノ。『ジャンゴ 繋がれざる者』は、そのスケールこそ間違いなくオペラ的だが、タランティーノの倫理的な熱を最も帯びた作品であることを、幾つかのシーンからしっかりと見て取ることができる。

ノは、なぜこの映画の相反する数々の要素が彼にとってしっくり来るものだったのかを論じている。「俺は、真っ黒なブラックユーモアを伴うバイオレンスと恐ろしさを持たせることで、（この時代を）神話的、そしてオペラ的に強調したんだ。どれもマカロニ・ウエスタンというジャンルの映画の一部でもあるけど、俺はそれを歴史の一部分として扱っているから、ある角度から見ればこれ以上ないほどシュールだったり、異様だったり、残酷だったり、ひねくれた滑稽さがあったりするんだ。そのすべてが手を取り合って機能しているのさ」[21]。言うなれば、この作品でクエンティンも"繋がれざる者"になったということだ。

　皮肉なことに、この映画が彼にとって初めて道徳律の境界線がはっきりし過ぎた作品であることを懸念する声もあった。善良さを恥じることなく前面に出すことがタランティーノに相応しいとは確かに言い難い。クリストファー・ベンフェイは「ニューヨーク・レビュー・オブ・ブックス」誌の記事で「醜さや曖昧さやその中間を描く余地が残されていない」ことが心配だという懸念を表明している。しかし、心配する必要などまったくなかったようだ。タランティーノは次の作品で道徳的清廉さの完全なる欠如をしっかりと享受し、しかもその作品を「ヘイトフル（憎むべき）」とさえ題することになるのだから。

タランティーノは、
冷酷な現実とスリルを
重視するジャンルの間を、
芸術と過度に騒々しい
ばか騒ぎの間を、
実に巧みに行き来させている。

「まるで一度も時代映画を作ったことが ないような気分にさせられるよ」

『ヘイトフル・エイト』『ワンス・アポン・ア・タイム・イン・ハリウッド』

「俺は映画を救うためにこれをやったんだ」とクエンティン・タランティーノは宣言している、「俺にはそれが できるからさ」[1]。これは彼の8本目の映画を70ミリという旧式フォーマットで撮影したことへの正当性につ いて語る発言だ。そのために彼は、1966年の『カーツーム』以来使われていなかった複数のレンズを、 カメラ会社のパナビジョンに掘り出してもらわなければならなかった。

彼の友人や同業者が便利なデジタルカメ ラを信奉し使っている中にあって、タ ランティーノは時代遅れなアプローチ を享受していた。彼のイマジネーションはいつも未 来からよりも過去からの影響をずっと強く受けたも のだ。

しかも過去のまま立ち止まっていたわけでもない。 彼の要請で、ザ・ワインスタイン・カンパニー（ワ インスタイン兄弟はついにミラマックスを離れてい た）は、この新作映画の大々的なロードショウ上映 を開始した。このロードショウ上映は、厳選された 映画館でオリジナルの70ミリ（まさにレターボッ クス）フォーマットの拡張版を上映するというもの だ。「俺は、あの時代の喧噪、あのショーマンシッ プを復刻させたいんだ」[2]と彼は声高に吠えている。

現代の観客は、自分のラップトップやスマホで、 彼の映画も含めて色々な映画をストリーミングして 視聴することに満足しているが、そんな中で『ヘイ トフル・エイト』は映画館で観ることの意味を強固 に主張する作品だ。煙草の箱ほどのサイズのスクリー

上：2015年、『ヘイトフル・エイト』のプレミア上映時のクエンティン・タ ランティーノ。宣言通り、この業界での25年間、彼は自身の作品にわず かでも妥協することはしていない。ファッションについても妥協しないとこ ろは同じで、彼は今やあらゆる意味で芸術家なのだ。

上：タランティーノは『ヘイトフル・エイト』のことを本質的にはウエスタン映画とは考えていなかった。彼に言わせれば、雪に閉じ込められた舞台設定や、疑わしい他人ばかりが集まっているところなどは、伝統的推理小説の装いなのだという。もっとも彼らが犯した罪の全貌についてクリアに明かされることはないのだが。

右：新作映画を飾るウエスタンの要素として、クエンティン・タランティーノは大好きなマカロニ・ウエスタンを引用することをせず、むしろ、「ボナンザ」のような1960年代のテレビシリーズにおける簡潔なストーリーテリング様式を引用している。写真はジャック・ロードとスーザン・オリヴァー。

ンに映し出される映画を人々が観ていることに彼はがっかりしていた。彼がビニール盤レコードの熱愛者だということも決して偶然ではないし、原稿はいまだに手書きで執筆している。「詩情にテクノロジーは必要ない」[3]と彼は冷笑する。オープニング・チャプターの息を呑むような景観を除いては、つむじ曲がりな詩情を持つ彼の素晴らしき70ミリフィルムの豪華なショーは、ボロボロのひとつの部屋の中を舞台にして描かれている。そして、今回もまたウエスタン映画だ。

　ただし『ヘイトフル・エイト』は敢えて混同を誘うように作られている。時代設定だけに騙されてはいけないのだ。タランティーノはからかうようにこう語っている、「実は俺はちょっとしたアガサ・クリスティー的な作品を作ろうとしていたんだ」[4]。

　幸先は良くなかった。脚本がインターネット上にリークされてしまったのだ。フェイントやヒネリの複雑な連鎖に重きを置いたストーリーであるだけに、それは致命的だ。腹を立てたタランティーノは、『ヘイトフル・エイト』は映画にするのはやめて小説にすると公表した。

　彼はアメリカ監督組合のステージ・インタビューで、監督仲間のクリストファー・ノーランを相手に、この脚本についてはこれまでとは違う方法で臨んだことについて説明している。「この脚本には時間をかけたよ、自分でどう感じるかを見極めるためにね」[5]。下書きを3度書いているが、そのどれもが違うエンディングに向かうものだ。また、あのリーク事件に対する自分の反応は少し過剰気味だったことも彼は認めている。というのも、リークされたのは最初に書いた下書きだったからだ。「（だけど）創作プロセスにとっては、むこう脛を蹴られたほどの痛打だったんだ」[6]。

　彼がやる気を取り戻したのは、友人で映画評論家のエルビス・ミッチェルからあることを説得された

からだ。それは、ロサンジェルス・コミュニティ芸術博物館が毎年行なっているライブ朗読シリーズの一環として、その脚本を舞台上でライブで読み合わせ朗読してみたらどうか、というものだった。それをして失うものなどあるだろうか？　このストーリーはググりさえすれば誰にだって読むことができるのだから。そもそも彼は『レザボア・ドッグス』からずっと、こういう演劇的素地を持つ作品に取り組み続けていた。すなわち、彼の8本目の映画の最初のインスピレーションは彼の1本目の映画だったと言うこともできる。タランティーノは一周回って戻ってきていた。ティム・ロスに至っては、今一度はらわたに弾丸を喰らって血を流しながら死んでさえいる。

　ワイオミングの山の上にポツンと建つ小屋に、不健全な魂を持つ者たちが籠っている。「ミニーの紳士服飾店」という名のこの建物は、実質的にはその店名とは裏腹に、レッド・ロックという架空の街へ

上・左：南部同盟の遺物サンディ・スミザーズ将軍を演じる1970年代の名優ブルース・ダーン。ダーンもまた、作品に適切な事物を持ち込む俳優のひとりだ。今回彼が持ち込んだのは、「ガンスモーク」や「幌馬車隊」といった西部劇テレビ・シリーズの歴史であり、それらの作品のセリフをタランティーノは何度もそのまま撮影現場で引用している。

上・右：恐るべき賞金稼ぎジョン・ルースを演じるカート・ラッセル。ラッセルが役作りしたデリケートな（時にはあからさまな）ジョン・ウェイン的な雰囲気は、100パーセント意図的なものだ……彼は『捜索者』の名台詞「ザットル・ビー・ザ・デイ〔That'll be the day〕」を発してさえいる。

向かう駅馬車ルートの途中にある宿屋でしかない。時代は南北戦争後だが、終戦からどれくらい経過しているのかについては明確には言及されない。6年かもしれないし、8年とか10年とか経過しているのかもしれないが、少なくともあの戦争の残煙は今なお大気中にしっかりと残っている。その名残として、この紳士服飾店にいる連中にしても、誰が北派で誰が南派なのか概ねはっきりしている。中でも特に明白なのは、かつての奴隷で元北軍将校のマーキス・

上：『ヘイトフル・エイト』はサミュエル・L・ジャクソンにとってクエンティン・タランティーノと組む6本目の映画だ。マーキス・ウォーレン少佐は、もちろん、ジャクソンを念頭に置いて書かれた役柄だった。

ウォーレン少佐と南部同盟の遺物で人種差別者の老人スタンフォード・スミザーズ将軍だろう。後に起こる虐殺の促進剤的な働きをするのは、悪名高き賞金稼ぎのジョン・ルースと、彼に捕らえられて手錠で彼の手首と繋がれているデイジー・ドメルグだ。殺人強盗ギャングの一員であるデイジーは、吹雪が

おさまり次第、絞首刑にされることになっている。「この映画は出来上がってみると、南北戦争の戦中と戦後を生き残った者たちをとてもシリアスに検証する作品になっていたね」[7]とタランティーノは説明している。彼が追い求めた雰囲気は、世界の滅亡後にほとんど近い雰囲気であり、極寒の荒野に閉じ込められた生存者たちは、あたかも世界の滅亡はお前のせいだとお互いを非難し合うようなものだった。「ただし、ここでの世界の滅亡は南北戦争なんだ」[8]とタランティーノは注釈している。『レザボア・ドッ

グス』に見られたような密閉空間の中で展開される主導権の推移に加えて、タランティーノはジョン・カーペンター監督の『遊星からの物体X』（この作品もカート・ラッセル主演だ）に見られる凍てつく世界ならではのパラノイアも巧みに引き出している。評論家の中には、グリニッジ・ヴィレッジの酒場の客たちを描いたユージン・オニールの有名な戯曲『氷人来たる』を思い起こした者もいた。タランティーノ自身は彼が子供の頃に食い入るように見ていた「ボナンザ」や「ハイ・シャパラル」や「バージニアン」といった、どこか落ち着きのあるテレビのウエスタン・シリーズからの影響を指摘している。

『ヘイトフル・エイト』は、その題名が示すように、タランティーノの想像力の中で生まれた中でも最悪に救いがたい邪悪な心を持つ者たちの集まりだが、そんな中で最も異常なのが、ニタニタと笑う唯一の白人女性、デイジーだ。彼女はまた、えげつなく首つりにされて息絶えるのだが、殺されてから死ぬまでに最も電池が長持ちしている人物でもある。タランティーノは女性嫌悪の領域に入ってしまう描き方になることを恐れた。そこで2度目の下書きでは、全てをデイジーの視点から書いてみた。すると、彼自身も驚いたことに、喜んで「彼女を一番高い梁から吊るしたい」[9]と思えたという。

緊張感は、心臓の鼓動と同じで、一瞬も欠かしてはならない。いつの瞬間にバイオレンスが噴出してもおかしくないように描かなければならないのだ。この監督は、今回もまた、趣向性の制限がほとんどない媒体である小説のように、自分の映画を捉えていた。「小説はどこにだって行けるんだ」と彼は言う、「映画では許されないような形でね」[10]。8人の内のひとりを、ただ女性だという理由だけで他とは違う扱いにしてしまったら、ストーリーは弱まってしまうだろう。デイジーが最初にルースに殴られるシーンは「観客席に衝撃を走らせるためのものだ」[11]と

タランティーノは隠そうともせず告白している。

ライブの読み合わせ朗読は、ジョン・ルース役にカート・ラッセル、ウォーレン役にお馴染みのサミュエル・L・ジャクソン、スミザーズ役にブルース・ダーン、孤高のカウボーイのジョー・ゲージ役にマイケル・マドセン、絞首刑巡回執行人のイギリス人（クリストフ・ヴァルツを思わせる多弁な男）のオズワルド・モブレー役にティム・ロス、クリス・マナックス（レッド・ロックの保安官に新たに着任したと自称している）役にウォルトン・ゴギンズを配して、2014年4月19日、ロサンジェルスのエース・ホテルで行われた。今挙げた全員が映画版にもキャスティングされている。どのキャラクターもデイジーと関係があるのかないのか定かではない。そのデイジー役には、朗読ではアンバー・タンブリンが起用された。フランス人のボブ役はフランス人俳優ドゥニ・メノーシェが受け持ったが、映画版ではこのキャラクターの国籍はメキシコ人に変更され、デミアン・ビチルがキャスティングされた。バンダナを身に着けたタランティーノが舞台演出（と時々客席に向かって「シーッ」と注意する役）を担った。潮のように満ち引きする裏切り、予想外の共闘、突発的な銃撃で構成されるこの物語は、間違いなくスリリングなものだった。

これでタランティーノは映画化しないという選択が間違っていたことを悟り、第3稿を完成させ、エンディングを書き直した。撮影は、かつてタランティーノが長ったらしく喋るばかりのシーンは避けるべきだとアドバイスされたサンダンス・ラボからさほど遠くない、コロラド州テルユライドにある900エイカーのシュミット農場で2014年12月に開始された。

彼は一時、『ヘイトフル・エイト』を『ジャンゴ 繋がらざる者』の直接的な続編として「ジャンゴ・イン・ホワイト・ヘル」というタイトルで作ってみ

ようと考えたこともあった。しかし、英雄的な主人公がいるとミステリー要素が埋没してしまうことから、そのアイデアはボツになった。それでもこの映画は（ジャクソンとゴギンズが異なるキャラクターを演じているとは言え）同じタランティーノ・ユニバースで展開される作品だ……ジャクソン演じるウォーレンが吹雪の中で登場するとき、彼はジャンゴのそれとわかる鞍の上に座っているし、紳士服飾店にはあの銃使いの緑色のコーデュロイのジャケットを見ることもできる。また、几帳面なオズワルドは、『イングロリアス・バスターズ』でマイケル・ファスベンダーが演じたアーチー・ヒコックスの先祖だとされている。

　この作品に『レザボア・ドッグス』のリズムを求めていたタランティーノは、ロスやマドセンなど、年齢を重ねた「90年代にクールだった役者たち」[12] を使うことにした。その一方で、恐るべき口髭を蓄えた輝かしきラッセルは、1980年代に彼自身が演じた『ニューヨーク1997』のスネーク・プリスキンや『遊星からの物体X』のR・J・マクレディが経験と年齢を重ねたようなバージョンの人物像を提供している。タランティーノはかなり意識的にビッグ・スターの起用を避けてきた。この作品はアンサンブルでなければならず、そのアンサンブルで演者間の間に自然に出来上がるヒエラルキーを観客が読み取れてしまってはいけないからだ。この映画のポスターには、チャニング・テイタムの名が書かれていることから、この映画のプロットがヘイトフルな8人の八重唱に限るものではなさそうだと人々は予想することができた。

　ジェニファー・ジェイソン・リーはタランティーノが頭の中で思い描いていたデイジーよりも若かった。しかし彼女がオーディションで見せた「血も凍るような絶叫」[13] を彼は忘れることができなかった。もしもオーディション会場が誰かの自宅だったら、

きっと警察に通報されていたことだろう、と思ったほどだ。彼はこの役柄の候補を3人に絞ったが、その「全員が90年代に自らの骨を作った（ステイタスを確立させた）」[14]者たちだった。彼はまるで私的映画祭でも開いたかのように、この3人の出演する作品ばかりを観まくってみた。「そして、正直言って、俺が一番楽しんだのがジェニファー・ジェイソン・リーだったというわけさ」[15]。
『ルームメイト』、『ミセス・パーカー／ジャズエイジの華』、『マイアミ・ブルース』、『ヒッチャー』……「彼女はまるで女版のショーン・ペンだった」[16] とタランティーノ はしゃべりたてている。ストーリーの進展と共にこの紳士服飾店にいる者たちの誰と誰が彼女のギャングの一員なのかが徐々に明かされてゆくが、その中で、デイジーが狂気的な虚勢という見せかけの下で、実は策動的に頭を働かせていたことをリーは実にデリケートに伝えている（デイジーの真の本性は、かつてのMr.オレンジと同じで、欺く者なのだ）。

　あのライブ朗読と同様に、タランティーノは、天の声、つまり全てを知るストーリーテラーによるナレーションとして、ちょっとした進行役を務めた。

　撮影はコロラドの美しい屋外で、必要不可欠な降雪が彼らへの協力を拒むという、実に困難な状況下で行なわれた。タルディスのように外見と比べて中がとても広い紳士服飾店のひと続きの屋内は、ロサンジェルスに組まれたセットだったため、そこでの撮影はずっとやりやすいものだった。タランティーノはこのセットを冷蔵庫のように冷却し続けることで、演者が話せば本物らしく白い息が漏れ、コーヒー

（毒入りもそうでないものも）は
ムーディなランプの明かりに向
かって湯気をたなびかせている。

　この作品のように主に屋内を舞
台にした映画にとって、70ミリフィ
ルムで撮影するという選択は直観
に反する選択にも思えるが、タラ
ンティーノによるこのワイドスク
リーンへの狂気的こだわりはごく
自然な流れだった。「俺は何かを
特別扱いするようなことはしない
んだ」と彼はノーランに語ってい
る、「ただ必要なことをやっただ
けのことさ」[17]。フレーム内にあ
れほど多くの情報が含まれている
ために、もはやその場を飾り立て
る必要はまったくなかったのだ。
またワイド・フレームを採用した
ことにより親密性も生まれている。
「俺はこれまでにもサム・ジャク
ソンをたくさんクロースアップで
撮ってきたけど、この映画のよう
な撮り方でそれをやったのは初め
てだよ」と彼は自慢げに語ってい
る、「観客が彼の目の中で背泳ぎ
をしている気分になるクロースアップさ」[18]。

　このワイド・フレームのフォーマットによって観
客はこの空間の中に取り込まれる。どのフレームも
二元的なレベルで取り扱われている。ひとつは重要
にして痛烈なタランティーノ独特のセリフを炸裂さ
せながら展開される画面手前での出来事、そしても
うひとつはそのバックグラウンドで何かをやってい
るキャラクターたち。どのシーンもそういった複数
の層で出来ていることが一目見るだけでわかるのだ。
脚本にはどこか高潔さのようなものがあるが、当然、

映画音楽にもそれが求められた。彼はマカロニ・ウェ
スタン映画のテーマだけでなく『遊星からの物体X』
に切々たる伴奏を提供しているエンニオ・モリコー
ネにアプローチした。「あなたは私の一番好きな作
曲家です」とタランティーノは彼に言った、「とこ
ろで、1カ月で作曲をしてほしいんだけど」[19]。

　誰でも理解できる通り、87歳だったモリコーネ
はこのオファーを断った。が、その上で脚本を読ん
でみると、いきなりこのマエストロの頭の中でテー
マが生まれたのだ……それは暴力の始まりを想起さ

左：時代設定を南北戦争後にしたことで、クエンティン・タランティーノは現代のアメリカにおける人種問題を探究するためのテンプレートを手に入れることができた。『ヘイトフル・エイト』は、様々な意味で、彼が政治性を最も表に向けて作った映画だろう。その一方で、雪は、ビジュアル的に魅力的でありながらも、終末的な雰囲気を提供している……彼らが地球に残された最後の人類ではないかと思えるほどだ。

上：非社交的な集まり……ジョン・ルース（カート・ラッセル）とデイジー・ドメルグ（ジェニファー・ジェイソン・リー）がフリーランスの処刑人オズワルド・モブレイ（ティム・ロス）と知り合う。クエンティン・タランティーノは、屋内セットであるにもかかわらず70ミリ・ワイドスクリーン・レンズを使用することで、画面の後方で起こっていることに着目するよう観客を仕向けるというアイデアを気に入っていた。

せるような、旅する駅馬車のゴロゴロした伴奏曲だった。彼はタランティーノに幾つかのメインのテーマを私が書こうと伝えた。実は、『遊星からの物体X』で最終的に使われなかった曲が適切な形で何曲か使われてもいるが、7割は書き下ろしのオリジナル音楽で、どれもウェスタンの天に抜けるようなオペラ的要素を避けて、もっとジメジメさせたものになっており、おぼろげな不安に満ちた1960年代スタイルのサスペンスのグルーヴを秘めている。

ウエスタン映画というジャンルについてタラン

ティーノが特に好きな要素は、作られた時代によって温度の扱い方が異なっているところだった。1950年代のウエスタン映画は灼熱の日光がアイゼンハウアー時代の楽観主義を象徴している。1970年代になるとウエスタンも修正主義的になっており、そういったポストモダンのウォーターゲート・ウエスタンとも呼べそうな作品の数々には擬人暗鬼に包まれた質感がある。1980年代には『シルバラード』に代表されるような映画が、レーガン政権下のイケイケな感情をたたえている。「誰であれ、自分バージョ

ンのウエスタンを作らなければならないものさ」[20]
と彼は主張している。彼のそれは必然的に2010年
代という時代を象徴したものになる。

　ミニーの紳士服飾店はアメリカ社会の縮図であり、
憎悪に燃えている……その憎悪の多くは人種に関す
る憎悪だ。この映画は、それぞれバルティモアと
ファーガソンで起きた、武器不携帯の黒人を警察が
射殺した事件の直後に書かれたものであり、タラン
ティーノ自身もテレビでこの暴力のルーツについて
掘り下げてもいた。「ようやく白人至上主義の問題
が語られたり取り扱われたりするようになってきた
ということだね」[21]。

　タランティーノは政治的なことをやりたい気分だっ
た。この映画の公開に先がけて、オープンにバラク・
オバマの支持を表明したり、ニューヨーク・シティ
で行なわれた反警察のブラック・ライヴズ・マター
集会に参加したりしている。「俺は殺された被害者
の味方だと言うためにここに来た」[22]と彼はこの集

会で宣言している。警察組合はその報復としてこの映画へのボイコットを呼びかけた。その結果、高額なコマーシャル・タイアップを失ったとタランティーノは告白している。

この映画は1億5600万ドルという立派な数字を残したが、その成績は彼の近々のスマッシュヒットと比較すると、失敗の域に入るものだ。タランティーノはその事実を無視しようとした。「俺の名前には牛乳パックみたいに賞味期限が書かれているわけじゃないからね」[23]と彼は粋がっている。

『ヘイトフル・エイト』は、公開時の評論こそ絶賛から酷評まで全領域に渡るものだった（「ザ・ネーション」紙のスチュワート・クラワンズの評「自発的にカモられることを好む観客のために仕掛けられた不快なドッキリ」、「タイムアウト」誌のジョシュア・ロスコプフィンの評「閉所ならではのパラノイアとハワード・ホークス的なセリフの応酬がしみ通ったサスペンス」）が、今ではこの映画は彼の作品群の中で毅然とした凄みを放っており、強烈で、人を夢中にさせ、卑劣さと可笑しさの両方を（大抵は同時的に）併せ持ち、挑発的で、熟達している。タランティーノ本人も「この映画は今から20年後、30年後、願わくば100年後にも観られるような映画になるだろう」[24]と宣言したほどだ。

次に彼の中にある芸術の女神はどこに向かうのだろうか？　その答えは文字通りハリウッドだった。ただしそれは、クエンティン・タランティーノの頭の中で産み出されたハリウッドであり、活力と芸術がビビッドに華々しく結合した作品、彼にとって最も私的な映画になった。

「キル・ビル Vol.3」の可能性に関してはまだ除外していないものの、これまで何度も机上にのぼったそれ以外の前章や続編の企画（「ザ・ヴェガ・ブラザーズ」、「キラー・クロウ」、「ジャンゴ／ゾロ」）は、時間の経過とともに興味が薄れた、とタランティーノは告白している。そんな彼にとって、まだ証明していないものが残されていたとすれば、それはタランティーノ自身だ。2017年7月11日、2年間の沈黙を経て、そして『レザボア・ドッグス』から25年の歳月を経て、彼は『ワンス・アポン・ア・タイム・イン・ハリウッド』を撮り始めた。この作品は実際にあった出来事にフィクションを混ぜ合わせたもので、主にカルト指導者チャールズ・マンソンの指示で行なわれた犯罪を元にしたものになっている。

タランティーノがマンソンに強い興味を抱いていたという証拠は、遡れば『ナチュラル・ボーン・キラーズ』に見ることができ、あの作品で描かれたメディアによるサイコパスの疑似定義のインスピレーションにもなっている。あの映画の主人公の連続殺人犯カップルが出廷している裁判所の外階段には、ファンが大勢集まり、歯を見せて笑いながら、ミッキーとマロリーの派手な連続殺人は「マンソン以来の最高な殺戮だ」[25]とばかりにプラカードを掲げている。また、『ヘイトフル・エイト』のプロモーションでは、タランティーノはデイジーについて「西部の女版マンソン」[26]という表現を好んで使っている。『イングロリアス・バスターズ』にカートゥーン的にカメオ出演したチャーチルとヒトラーとその仲間たちを除けば、マンソン、彼の信奉者たち、そして最も有名な被害者である女優のシャロン・テートは、タランティーノのこれまでの全作品の中で初めて登場する歴史的に実在した人物だ。

マンソン・ファミリーのメンバーがシエロ・ドライブのテートの自宅に乱入し、妊娠中だった彼女を殺すという事件が起こったとき、タランティーノはまだ7歳だったが、彼は当時のことを明確に覚えている。実のところ、この映画のストーリーは彼自身の記憶のレンズを通す（1960年代から70年代のロサンジェルスの後背地の光景や音や特異性）という

『ヘイトフル・エイト』のプロモーションでは、
タランティーノはデイジーについて
「西部の女版マンソン」という表現を好んで使っている。

新しい方法で語られたものだ。これは1969年の歴史を記録した作品ではない。これは「ワンス・アポン・ア・タイム・イン・ハリウッド（むかしむかしハリウッドで）」で始まるおとぎ話なのだ。もちろんそのタイトルはセルジオ・レオーネのあのマカロニ・ウエスタン映画に敬意を表したものである。「バウンティ・ロウ」というタイトルの「ボナンザ」的な西部劇テレビシリーズの主演話がキャンセルになった、架空のテレビ俳優リック・ダルトンを追うという、実にタランティーノイスクな筋道を私たち観客はたどることになる。リック・ダルトンのプランは、忠実な彼専用のスタントマンを従えて、クリント・イーストウッドがやったように自分もマカロニ・ウエスタン映画の世界に乗り込もう、というものだ。両者ともタランティーノ監督作出演が2度目となるが、レオナルド・ディカプリオがこの似非銃使い俳優を、そしてブラッド・ピットが彼のスタントマン兼雑用係のクリフ・ブース役を演じている。映画業界のジョークや心の歪んだスタントマンが登場する『デス・プルーフ』は、『ワンス・アポン・ア・タイム・イン・ハリウッド』の名刺代わりのような作品だったのかもしれない。

タランティーノは「リックはある意味今まで登ってきた梯子を降りようとしている……そしてクリフもまた自分の梯子を降りようとしているんだ」[27]と説明している。ハリウッドの歴史と掛け合わされたこの架空パートで、ダルトンはたまたまテートの隣の家に住んでいる。一方のブースは（ちょうど『キル・ビル Vol.2』のバドのように）トレーラー住まいで、そのトレーラーはドライブインシアターの向かいに停められている。

この映画でタランティーノがやっていることは、彼が『パルプ・フィクション』でやったことにとても近い。「この映画の舞台はロサンジェルスだ」と彼は静かに語っている、「そして3つのストーリーが同時進行しているんだ……シャロンのストーリー、リックのストーリー、クリフのストーリーとね。『パルプ・フィクション』のように色々なキャラクターが登場し、『パルプ・フィクション』のように数日の間に起こっている出来事が描かれてゆくんだ」[28]。

ハリウッドの伝説を描くにあたって、特に行き詰まりそうになったのは、スターダムにのし上がったスティーヴ・マックィーン（ダミアン・ルイス）の台頭によって、名声が萎れてゆくリックをどう描くかだった。古風なタイプのダルトンはまた、洗練されたヨーロッパ映画業界のやり方に倣い始めたハリウッドのスタジオシステムにも困惑している。ハリウッドのこの時代が意味深いのはマンソン事件があったからだけでなく、ハリウッド黄金時代が断末魔を迎えようとしていた時代でもあったからだ。2016年にリヨン映画祭の「1970」と題されたマスター・クラス講義でタランティーノはマーク・ハリスの著書『Scenes From a Revolution』〔未邦訳〕を引き合いに出しながら講演している。ハリスのこ

の本は、1967年に作品賞にノミネートされた5本の映画の製作について概説したものだ。この年の作品賞ノミネートは、『卒業』と『ボニーとクライド／俺たちに明日はない』というハリウッドの先駆的作品が、『夜の大捜査線』と『招かれざる客』という社会問題を扱った教養系映画や『ドリトル先生不思議な旅』という人気主義的ナンセンス映画に対峙するという構図だった。「何かが死にかけていたことが、そして何かが創造されようとしていたことが」とハリスは述べている、「いよいよ明らかになっていたのだ」[29]。

この映画はタランティーノがハリウッドの伝統的な時代を描いた映画だ。役者、監督、プロデューサー、エージェント、スタントマン、モデル、そして血迷った者たち……映画業界全体が、彼が普段から描く情婦たちや殺し屋たちに占領されている。「1967年の終わりにはニュー・ハリウッドが勝利をおさめていたんだ。彼らはまだ勝ったことに気づいていなかったけどね」とタランティーノは集った映画ファンたちに説明した、「そしてオールド・ハリウッドは1967年の終わりには終わっていたけれど、彼らもまだ負けたことに気づいていなかった……。1970年の時点ではもうとっくにニュー・ハリウッドが勝っていたんだよ」[30]。タランティーノが初めて意識的に映画を経験した時代がその時代だったことも意味深い。その時代は彼が変わり始めた時代、という言い方もできるのだ。

2014年、タランティーノは、ニュー・ビバリー・シネマのプログラム業務を引き継ぎ、この映画館を、明らかにビデオ・アーカイブスの新たな生まれ変わりのようなリバイバル上映館として運営し始めた。タランティーノは昔の映画のことを心に留めていたのだ。リックの困惑は、もしかしたら、現代ハリウッドの旋風の中で自分は過去の存在になっているのかもしれない、というこの監督自身の懸念の現れなの

上：タランティーノは、自身9本目の映画で、カルト指導者のチャールズ・マンソンの指示で行なわれた女優シャロン・テート殺人事件の実話と、広範囲にわたるロサンジェルスの犯罪ストーリーを混ぜ合わせる。1969年の夏に起こったこの出来事に彼が強い興味を持っていたという事実は、『ナチュラル・ボーン・キラーズ』に遡って見ることができる。

だろうか、と考えずにはいられない。

いつもそうであるように、この映画のコンセプトはまず小説形式で試されているが、その原稿は『ジャンゴ 繋がれざる者』の製作中に書かれたものだ。閉塞感のあるフレーミングで悪漢たちを描いた『ヘイトフル・エイト』とは正反対で、タランティーノは5年をかけて脚本を進化させていく間に、セリフを発する100人以上もの役柄を登場させる余地を見い出している。これによって、事実とフィクション

上：映画セットのセットでタランティーノと話し合うウエスタン映画スターのリック・ダルトンに扮したレオナルド・ディカプリオ。『ワンス・アポン・ア・タイム・イン・ハリウッド』はそのタイトルが示す通り、この監督が自身の脚本の中でフィルムメイキングの世界を探究した最初の映画となった。

と彼のこれまでの映画のタペストリーという3領域の境界線がほとんど判別できないようになっている。当時饗宴に明け暮れていたロマン・ポランスキー監督（ポーランド人俳優ラファウ・ザビエルチャが演じた）の妻で26歳の女優テートに関して、この被害者の実妹デボラ・テートからの了承をとりつける以前から、タランティーノはこの役にオーストラリアの女優マーゴット・ロビーしか考えていなかった。タランティーノの作り事のユニバースに初めて足を踏み入れるアル・パチーノが演じるのは、ダルトンのエージェントで多弁なマーヴィン・シュワーズだが、この人物はバート・レイノルズが出演した1969年のウエスタン映画『100挺のライフル』を作った広報担当者でプロデューサーのマーヴィン・シュワルツを思い起こさせる。ダコタ・ファニングはマンソンの信奉者リネット・"スクウィーキー"・フロムを傑出した演技で描き、レナ・ダナムはファミ

リーのメンバーの一員キャサリン・シェアを演じ、また、この卑劣なグルの適役として起用されたのはオーストラリア人俳優のデイモン・ヘリマンだった。

故ルーク・ペリーが演じたスコット・ランサーは、実在した「ボナンザ」のクローン版的作品に位置づけられる「対決ランサー牧場」に登場する「本物の」キャラクターだ。一方のスクート・マクネイリーが演じたビジネス・ボブ・ギルバートは、でっち上げの番組「バウンティ・ロウ」に登場する架空のキャラクターだ。他にも、エミール・ハーシュ、ティモシー・オリファント、ジェームズ・マースデン、そしてまた、タランティーノ作品のレギュラーメンバーのロスとラッセルらが出演するだけの余地まであっ

た。

これだけでもめまいがするほどの登場人物の混在だが、さらに武術家のマイク・モーがブルース・リーを演じている。このスターが着ているアイコン的なカナリア色のジャージ衣裳は『キル・ビル Vol.1』でザ・ブライドが使っていたのと同じものだ。その他にも『キル・ビル』のユマ・サーマンの実の娘であるマヤ・ホークがフラワーガール役で、『パルプ・フィクション』のブルース・ウィリスの実の娘であるルーマー・ウィリスが、テートが殺される数時間前に一緒にランチを食べていたジョアンナ・ペティ役で出演している。

（タランティーノがジャッキー・ブラウンと共にこの街角に立ったちょうど20年後にあたる）2017年、夏の4カ月間をかけてこの映画は撮影された。この監督は、かつての本拠地であり、インスピレーション源でもあったこの街を、あちこち歩き回ることはしたが、この撮影期間中は実家に行くことを意識的に避けている。それは心理的なもの……自分は撮影ロケーションにいるのだという思考態度を確立するためのものだった。フィルムメイキングとは関係のない人生にまつわる様々な想いにとらわれないようにしていたのだ。

誰もが知るあのスキャンダルと破産に見舞われたザ・ワインスタイン・カンパニーと縁を切ったタランティーノは、意外なことに（「ハリー・ポッター」シリーズや「パディントン」シリーズの仕掛け人として有名な）英国人プロデューサーのデヴィッド・ハイマンと組んだ。この映画がまだ一コマも撮影されていない時点で、ハイマンは、9800万ドルでこのハリウッド風刺映画をバックアップする権利をメジャー映画会社間で競わせている。かつて映画会社の脚本選定委員から嫌悪と共に脚本を突き返された若き日の彼が、自分の次回作の権利争奪戦で大騒ぎするCEOたちに挟まれてちやほやされる将来の自

分の姿を見たらどう思っただろう？　争奪戦はワーナーブラザーズとパラマウントとソニー・ピクチャーズに絞られた。ワーナーブラザーズは重役会議室を1960年代の装飾で飾り立てることまでしてみせたが、タランティーノはソニーを選んだ。『ジャンゴ 繋がれざる者』で、奴隷を描いたウエスタン映画であるにもかかわらず2億5千万ドル超を売り上げ、世界市場でボックスオフィス・ヒットさせた彼らのマーケティングのノウハウに頼ることにしたのだ。

「この映画は俺がこれまで作った中でダントツで一番大変な映画だ」と彼はインタビューに答えている。「というのも1969年は2018年とは全然違うからさ。まるで一度も時代映画を作ったことがないような気分にさせられるよ」[31]。しかもバート・レイノルズが（実在した）かつての無声ウエスタン映画のスターで、自分の牧場にマンソン・ファミリーが隠れ暮らすことに文字通り目をつむるジョージ・スパーンを演じるシーンの撮影前に心臓発作で亡くなってしまったことも、大変さに拍車をかけていた。大慌てでこの役に起用されたのはブルース・ダーンだ。

あの時代を改めて一から作り上げなければならなかった。1969年の騒々しい時代以来、ロサンゼルスはその名残りをほとんど見ることができないほど変貌していた。それは、この監督が好んで何度も映画に使っているあの荒れた地区にさえ言えることだった。この映画全体に渡って、タランティーノはかつてのビデオ・アーカイブスの仲間たちさえ見分けがつかないほどの生き生きしたディテールを追求している。

その結果、驚くべきタイムトラベルが実現された。外看板はどれもまさにその当時上映されていた映画の広告だ。今はマンソン・ファミリーの隠れ家であり、かつては「ボナンザ」の野外撮影場だったスパーン牧場は、カリフォルニア州シミバレーにあるコリガン牧場を使って注意深く再現されたものだ。また、

テートが仲間たちと最後の食事を楽しんだビバリー・ブルーバードにあるエル・コヨーテ・カフェも見事に時間を巻き戻している。

　本能的にカルト映画を引用するタランティーノだが、それ以上に、この9本目の映画は彼が暇だった若者時代に見まくったテレビ作品の引用に満ちている（それは『ヘイトフル・エイト』にもにじみ出ていた）。偶然かどうかはわからないが、マンソンはテレビの西部劇の熱愛者だったと言われている。リックの出演がキャンセルになった「バウンティ・ロウ」は架空の作品だが、「対決ランサー牧場」や「FBI」や「グリーン・ホーネット」のような実在する番組にも彼はゲスト出演していたことになっている。この映画は、カルト集団とテレビのカルト作品を調合したカクテルなのだ。

　今のテレビが持つ可能性や製作費にタランティーノが魅力を感じてもおかしくはないというのは、きっと誰もが思っていることだろう。10本の映画を撮り終えたら、テレビを試してみるかもしれないという発想を彼は否定してはいない。

　その一方で、映画「スター・トレック」シリーズのプロデューサー、J・J・エイブラムスがタランティーノからプレゼンされたシリーズ次回作のストーリー・アイデアを気に入り、企画が動き出したりもしている。ちなみにSF映画に関して言うなら自分は「スター・トレック」派だとタランティーノは主張している。詳細はまだうやむやだが、おそらく今の乗組員（カーク役にクリス・パイン、スポック役にザカリー・クイント、スコッティ役にサイモン・ペッグ）がそのまま使われるのではないかという噂だ。しかも驚くべきことに、あの「フェイザー」が殺戮に使われてR指定になるらしい。ただし、この企画の脚本部門を立ち上げたのがエイブラムスであることを考えると、タランティーノがこの映画を監督する可能性はまずないと考えていいだろう。

　現在55歳のタランティーノは中年の生き残り組だ。つまり今の彼は、地を揺るがすようなインパクトを与えて映画業界の様相を一変させたかつての若者ではなく、容易に消えてしまっても、新鮮な風味が失われてしまってもまったく不思議ではない時期と立場にいる。それでもなお、あの途方もない自分への信念（または神に授かった才能）のゴリ押しと、名声（と信頼性）を上手に利用できる能力を併せ持つクエンティン・タランティーノが次に作る映画は、いまだにハリウッドを黙らせ注視させる出来事になるだろう。しかもこれが最後になるかもしれないのだから。

　「もし俺が心変わりしたら、もし俺が新しいストーリーを思いついたら、戻ってくることだってあり得ると思う」と彼は認めている、「だけど、10本でやめたとしたら、それはそれで、芸術的声明として悪くないんじゃないかな」[32]。

　そう言ってから彼は少しだけ口をつぐんだ。その姿はまるで自身の使命について、今なお書かれているこれからの人生のチャプターについて検証しているように（そしておそらくは過去のページをパラパラと読み返したりもしているように）見えた。それから再び口を開いた彼はこう言葉を継いだ、「まあその内にわかるよ。まだ何かを欲している観客を置いてけぼりにすることが俺はマジで好きなんだ」[33]。

右ページ：「ファミリー」の名で知られるチャールズ・マンソンのカルト集団メンバーに殺された、実在の人物シャロン・テートを演じるマーゴット・ロビー。『イングロリアス・バスターズ』ではコミカルにデフォルメされたバージョンでヒトラーとチャーチルが登場しているが、タランティーノが作り上げるユニバースに真の意味で過去の本当の出来事が入り込んだのは今回の映画が初めてだ。

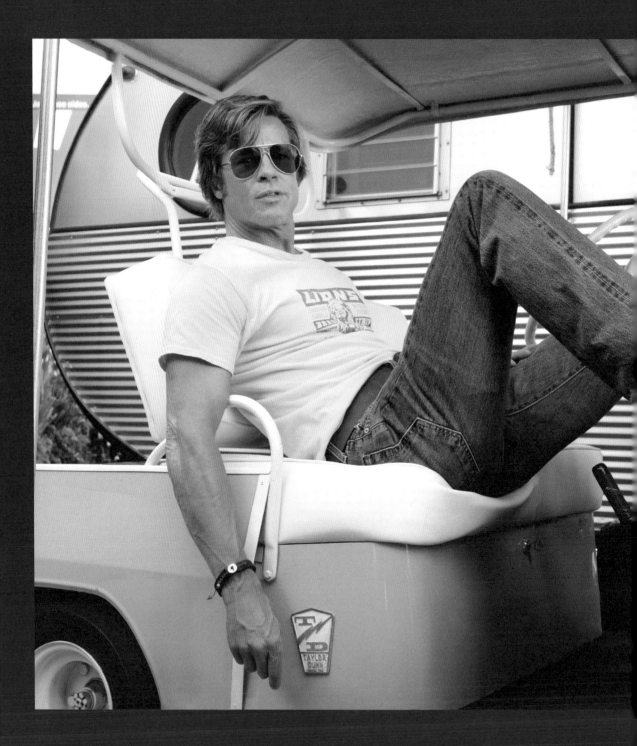

左：物事に動じないスタントマン、クリフ・ブースを演じるブラッド・ピット。ブースの仕事も人生もダルトンの運命に強く左右されるが、彼の持つ彼自身のストーリーも複雑に絡み合ったものだ。『ワンス・アポン・ア・タイム・イン・ハリウッド』は、『キル・ビル』にも似た遊び心を発揮しながら、偽の「映画用の暴力」と「本物の暴力」の違いについて探究している。

最上図：人気テレビ番組「ハラバルー」に出演するリック・ダルトン（ディカプリオ）。「ハラバルー」は1965～66年にかけて放映された音楽のトレンドを網羅する実在の総合番組だ。もちろんタランティーノはこの番組の熱烈なファンだった。

上：タランティーノの地元の街を歩くシャロン・テート（ロビー／お馴染みの撮影監督ロバート・リチャードソンがカメラを回している。監督が具体的に思い描いている1960年代のロサンジェルスの様相を再現しているため、この映画は、彼がこれまで作った中で最も技術的に難しい作品となった。

……クエンティン・タランティーノが
次に作る映画は、
いまだにハリウッドを黙らせ
注視させる出来事になるだろう。

右：いかにもテレビのスターらしくアクションを決めるディカプリオ。リック・
ダルトンというキャラクターは、ディカプリオにとって皮肉なチャレンジとな
った……彼のようなビッグなスーパースターになれるほどの才能がない俳
優を適確に演じることが求められたのだ。

出典

*1 書籍が出典となる場合、初出時は〔〕内に邦訳あり・なしの区別を記した上で、邦訳書の情報、あるいは日本語による原書の情報を併記した。以降、同じ書籍が用いられる際には原書情報のみ記載している。

*2 雑誌・新聞記事、ラジオ放送、記者会見等が出典となる場合、初出時には〔〕内に日本語での情報を併記。以降、同じ史料が用いられる場合には原語の情報のみを記載している。

*3 邦訳のある資料が引用されている場合、基本的に文脈に合わせて訳者が新たに訳出し直している。

*4 資料の原語が日本語である場合、原文を参照のうえで、本原書での記述を尊重すべく基本的に英文での記載から訳出している。

まえがき

1 Gavin Smith, *Film Comment*, August 1994. 〔ギャヴィン・スミス、「フィルム・コメント」誌、1994年8月〕

2 Quentin Tarantino, *Pulp Fiction Original Screenplay*, Faber & Faber, 1994.〔未邦訳：クエンティン・タランティーノ、『パルプ・フィクション オリジナル・スクリーンプレイ』〕

「俺は映画学校じゃなく、映画に通ったんだ」
ビデオ・アーカイブス

1 Jeff Dawson, *Quentin Tarantino: The Cinema of Cool*, Applause, 1995.〔未邦訳：ジェフ・ドーソン、『クエンティン・タランティーノ：ザ・シネマ・オブ・クール』〕

2 *True Romance* press conference, Los Angeles, August 1993.〔『トゥルー・ロマンス』記者会見、ロサンジェルス、1993年夏〕

3 Jeff Dawson, *Quentin Tarantino: The Cinema of Cool*, Applause, 1995.

4 Jami Bernard, *Quentin Tarantino: The Man and His Movies*, Harper Perennial, 1995.〔邦訳：ジェイミー・バーナード（著）、島田陽子（訳）、『タランティーノ・バイ・タランティーノ』、ロッキング・オン、1995年〕

5 Jeff Dawson, *Quentin Tarantino: The Cinema of Cool*, Applause, 1995.

6 Terry Gross, *Fresh Air with Terry Gross* (transcript), 27 August 2009.〔ラジオ番組「Fresh Air」2009年8月27日回（文字起こし）、聞き手：テリー・グロス〕

7 Ibid.

8 Ibid.

9 Michel Ciment and Hubert Niogret, *Positif*, September 1992.〔聞き手：ミシェル・シマン、ユベール・ニオグレによるインタビュー、「ポジティフ」誌、1992年9月〕

10 Ibid.

11 Jeff Dawson, *Quentin Tarantino: The Cinema of Cool*, Applause, 1995.

12 Terry Gross, *Fresh Air with Terry Gross* (radio transcript), 27 August 2009.

13 Ibid.

14 Kristen Coates, *TheFilmStage.com*, 26 June 2010.〔クリステン・コーテス、TheFilmStage.com、2010年6月26日〕

15 Michel Ciment and Hubert Niogret, *Positif*, September 1992.

16 Jami Bernard, *Quentin Tarantino: The Man and His Movies*, Harper Perennial, 1995.

17 Peter Biskind, *Down and Dirty Pictures*, Simon & Schuster, 2004.〔邦訳：ピーター・ビスカインド、『ダウン・アンド・ダーティ・ピクチャーズ』〕

18 Ibid.

19 Ibid.

20 Ihid.

21 Michel Ciment and Hubert Niogret, *Positif*, September 1992.

22 Jeff Dawson, *Quentin Tarantino: The Cinema of Cool*, Applause, 1995.

23 Peter Biskind, *Down and Dirty Pictures*, Simon & Schuster, 2004.

24 Ibid.

25 Peter Biskind, *Down and Dirty Pictures*, Simon & Schuster, 2004.

「この映画は自分のために作ったんだ、みんな勝手に楽しんでくれたらそれでいいけどね」
『レザボア・ドッグス』

1 Peter Biskind, *Down and Dirty Pictures*, Simon & Schuster, 2004.

2 Jami Bernard, *Quentin Tarantino: The Man and His Movies*, Harper Perennial, 1995.

3 Jeff Dawson, *Quentin Tarantino: The Cinema of Cool*, Applause, 1995.

4 Ibid.

5 Ibid.

6 Jami Bernard, *Quentin Tarantino: The Man and His Movies*, Harper Perennial, 1995.

7 Quentin Tarantino, *Reservoir Dogs Original Screenplay*, Faber & Faber Classics, 2000.〔未邦訳：クエンティン・タランティーノ、『レザボア・ドッグス オリジナル・スクリーンプレイ』〕

8 Jami Bernard, *Quentin Tarantino: The Man and His Movies*, Harper Perennial, 1995.

9 Quentin Tarantino, *Reservoir Dogs Original Screenplay*, Faber & Faber Classics, 2000.

10 Michel Ciment and Hubert Niogret, *Positif*, September 1992.

11 Ibid.

12 Jeff Dawson, *Quentin Tarantino: The Cinema of Cool*, Applause, 1995.

13 Jami Bernard, *Quentin Tarantino: The Man and His Movies*, Harper Perennial, 1995.

14 *Reservoir Dogs* press conference, Toronto Film Festival, 1992.〔『レザボア・ドッグス』記者会見、トロント映画祭、1992年〕

15 Gavin Smith, *Film Comment*, August 1994.〔ギャヴィン・スミス、「フィルム・コメント」誌、1994年8月〕

16 *Reservoir Dogs* press conference, Toronto Film Festival, 1992.

17 Peter Biskind, *Down and Dirty Pictures*, Simon & Schuster, 2004.

18 Jami Bernard, *Quentin Tarantino: The Man and His Movies*, Harper Perennial, 1995.

19 Ella Taylor, *LA Weekly*, 16 October 1992.〔エラ・テイラー、「LAウィークリー」誌、1992年10月16日〕

20 Ibid.

21 Ibid.

22 Ibid.

23 Peter Biskind, *Down and Dirty Pictures*, Simon & Schuster, 2004.

24 *Reservoir Dogs* press conference, Toronto Film Festival, 1992.

25 Peter Biskind, *Down and Dirty Pictures*, Simon & Schuster, 2004.

26 Quentin Tarantino, *Kaleidoscope*, BBC Radio 4, 1995.〔クエンティン・タランティーノ、BBCラジオ4「Kaleidoscope」、1995年〕

27 Jeff Dawson, *Empire*, November 1994.〔ジェフ・ドーソン、「エンパイア」誌、1994年11月〕

「どれも別れた元カノみたいなもの……」
『トゥルー・ロマンス』『ナチュラル・ボーン・キラーズ』『フロム・ダスク・ティル・ドーン』

1 *True Romance* press conference, Los Angeles, August 1993.〔『トゥルー・ロマンス』記者会見 ロサンジェルス 1993年8月〕

2 Graham Fuller, *Projections 3*, Faber & Faber, 1994.〔グレアム・フラーによるインタビュー、「プロジェクションズ3」誌〕

3 Quentin Tarantino, *True Romance Original Screenplay*, Grove Press, 1995.〔未邦訳：クエンティン・タランティーノ、『トゥルー・ロマンス オリジナル・スクリーンプレイ』〕

4 Jami Bernard, *Quentin Tarantino: The Man and His Movies*, Harper Perennial, 1995.

5 Ibid.

6 Jeff Dawson, *Quentin Tarantino: The Cinema of Cool*, Applause, 1995.

7 Graham Fuller, *Projections 3*, Faber & Faber, 1994.

8 Gavin Smith, *Film Comment*, August 1994.

9 *True Romance* press conference, Los Angeles, August 1993.

10 Ibid.

11 Jami Bernard, *Quentin Tarantino: The Man and His Movies*, Harper Perennial, 1995.

12 Jeff Dawson,*Quentin Tarantino: The Cinema of Cool*, Applause, 1995.

13 Peter Biskind, *Premiere*, November 1994.〔ピーター・ビスカインドによるインタビュー、「プレミア」誌、1994年11月〕

14 Jami Bernard, *Quentin Tarantino: The Man and His Movies*, Harper Perennial, 1995.

15 Ibid.

16 Quentin Tarantino, *Natural Born Killers Original Screenplay*, Grove Press, 2000.〔未邦訳:クエンティン・タランティーノ、『ナチュラル・ボーン・キラーズ オリジナル・スクリーンプレイ』〕

17 Jami Bernard, *Quentin Tarantino: The Man and His Movies*, Harper Perennial, 1995.

18 Ibid.

19 Don Gibalevich, *Axcess 4* No.1, February-March 1996.〔ドン・ギバレヴィッチによるインタビュー、「アクセス4」誌、第1号、1996年2-3月〕

20 Michael Beeler, *Cinefantastique*, January 1996.〔マイケル・ビーラーによるインタビュー、「シネファンタスティーク」誌、1996年1月〕

21 J. Hoberman, *US*, January 1996.〔J・ホバーマンによるインタビュー、「US」誌 1996年1月〕

22 Don Gibalevich, *Axcess 4* No.1, February-March 1996.

23 Mim Udovitch, *Details,* February 1996.〔ミム・アドヴィッチによるインタビュー、「ディテール」誌、1996年2月〕

24 J. Hoberman, *US*, January 1996.

25 Ibid.

26 Ibid.

27 Ibid.

28 Quentin Tarantino, *Inglourious Basterds Original Screenplay*, Little Brown, 2009.〔未邦訳:クエンティン・タランティーノ、『イングロリアス・バスターズ オリジナル・スクリーンプレイ』〕

29 Mim Udovitch, Details, February 1996.

「このキャラクターたちはいつまでもおしゃべりをやめようとしないんだ……」
『パルプ・フィクション』

1 Graham Fuller, *Projections 3*, Faber & Faber, 1994.

2 Manhola Dargis, *Sight & Sound,* May 1994.〔マノーラ・ダーギスによるインタビュー、「サイト&サウンド」誌、1994年5月〕

3 Graham Fuller, *Projections 3*, Faber & Faber, 1994.

4 Manhola Dargis, *Sight & Sound,* May 1994.

5 Quentin Tarantino, *Pulp Fiction Original Screenplay*, Faber & Faber, 1994.〔未邦訳:ク

エンティン・タランティーノ、『パルプ・フィクション オリジナル・スクリーンプレイ』クエンティン・タランティーノ』〕

6 Peter Biskind, *Down and Dirty Pictures*, Simon & Schuster, 2004.

7 Larissa MacFarquhar, *The New Yorker*, 20 October 2005.〔ラリッサ・マクファークアー、「ニューヨーカー」誌 、2005年10月20日〕

8 Peter Biskind, *Down and Dirty Pictures*, Simon & Schuster, 2004.

9 Michel Ciment and Hubert Niogret, *Positif*, September 1992.

10 Jami Bernard, *Quentin Tarantino: The Man and His Movies*, Harper Perennial, 1995.

11 Peter Biskind, *Down and Dirty Pictures*, Simon & Schuster, 2004.

12 Martin Amis, *The New Yorker*, 1995.〔マーティン・エイミスによるインタビュー、「ニューヨーカー」誌、1995年〕

13 Ibid.

14 Manhola Dargis, *Sight & Sound,* May 1994.

15 Jami Bernard, *Quentin Tarantino: The Man and His Movies*, Harper Perennial, 1995.

16 Ibid.

17 Sean O'Hagan, *Magazine,* May 1994.〔ショーン・オヘイガンによるインタビュー、「マガジン」誌、1994年5月〕

18 Jami Bernard, *Quentin Tarantino: The Man and His Movies*, Harper Perennial, 1995.

19 Michel Ciment and Hubert Niogret, *Positif*, September 1992.

20 Ibid.

21 Jami Bernard, *Quentin Tarantino: The Man and His Movies*, Harper Perennial, 1995.

22 Sean O'Hagan, *Magazine*, May 1994.

23 Michel Ciment and Hubert Niogret, *Positif*, September 1992.

24 Peter Biskind, *Down and Dirty Pictures*, Simon & Schuster, 2004.

25 Jami Bernard, *Quentin Tarantino: The Man and His Movies*, Harper Perennial, 1995.

26 Ibid.

27 Ibid.

28 Peter Biskind, *Down and Dirty Pictures*, Simon & Schuster, 2004.

29 Ibid.

30 *Oscar broadcast*, 27 March 1995.〔アカデミー賞中継、1995年3月27日〕

「向こうから俺に忍び寄ってきたような感じだね」
『フォー・ルームス』『ジャッキー・ブラウン』

1 Tom Charity, *Time Out*, 25 March 1998.〔トム・チャリティによるインタビュー、「タイムアウト」誌、1998年3月25日〕

2 Ibid.

3 Simon Hattenstone,*The Guardian*, 27 February 1998.〔サイモン・ハッテンストーンに

よるインタビュー、「ガーディアン」紙、1998年2月27日〕

4 Peter Biskind, *Premiere*, November 1995.〔ピーター・ビスカインドによるインタビュー、「プレミア」誌、1995年11月〕

5 Jami Bernard, *Quentin Tarantino: The Man and His Movies*, Harper Perennial, 1995.

6 Peter Biskind, *Premiere*, November 1995.

7 Ibid.

8 Jami Bernard, *Quentin Tarantino: The Man and His Movies*, Harper Perennial, 1995.

9 Ibid.

10 Peter Biskind, *Premiere*, November 1995.

11 Jami Bernard, *Quentin Tarantino: The Man and His Movies*, Harper Perennial, 1995.

12 Ibid.

13 J. Hoberman, *US*, January 1996.

14 Ibid.

15 *Jackie Brown* press conference, Los Angeles, December 1997.〔『ジャッキー・ブラウン』記者会見、ロサンジェルス、1997年12月〕

16 Graham Fuller, *Projections 3*, Faber & Faber, 1994.

17 Tom Charity, *Time Out*, 25 March 1998.

18 Roger Ebert, *The Chicago Sun Times*, 21 December 1997.〔ロジャー・エバートによるインタビュー、「シカゴ・サン・タイムズ」紙、1997年12月21日〕

19 *Jackie Brown* press conference, Los Angeles, December 1997.

20 Adrian Wootton, *The Guardian*, 5 January 1998.〔エイドリアン・ウットンによるインタビュー、「ガーディアン」紙、1998年1月5日〕

21 Jeff Otto, *IGN*, 10 October 2003.〔ジェフ・オットーによるインタビュー、「IGN.com」、2003年10月10日〕

22 Ibid.

23 Tom Charity, *Time Out*, 25 March 1998.

24 Ibid.

25 *Jackie Brown* press conference, Los Angeles, December 1997.

26 Ibid.

27 Simon Hattenstone,*The Guardian*, 27 February 1998.

28 *Jackie Brown* press conference, Los Angeles, December 1997.

29 Adrian Wootton, *The Guardian*, 5 January 1998.

30 Ibid.

31 Larissa MacFarquhar, *The New Yorker*, 20 October 2005.

32 Ibid.

33 Simon Hattenstone,*The Guardian*, 27 February 1998.

34 Tom Charity, *Time Out*, 25 March 1998.

**「自分のことをアメリカ人映画作家だと思ったこと
なんて一度もないよ……」**
『キル・ビル Vol. 1』『キル・ビル Vol. 2』

1 Jeff Otto, *IGN*, 10 October 2003.

2 Michaela Latham, *BBC Films*, October 2003.
〔マイケル・ラッサムによるインタビュー、「BBC フィ
ルムズ」、2003年10月〕

3 Ibid.

4 Ibid.

5 Mary Kaye Schilling, *Entertainment Weekly*,
9 April 2004.〔メアリー・ケイ・シリングによるイン
タビュー、「エンターテインメント・ウィークリー」
誌、2004年4月9日〕

6 Matt Miller, *Esquire Online*, 21 January
2016.〔マット・ミラーによるインタビュー、エス
クワイア・オンライン、2016年1月21日〕

7 Quentin Tarantino, *Kill Bill Original
Screenplay*, Fourth Estate 1989.〔未邦訳:ク
エンティン・タランティーノ『キル・ビル オリジナル・
スクリーンプレイ』〕

8 Mali Elfman, *Screencrave*, 25 August 2009.
〔マリ・エルフマンによるインタビュー、「スクリー
ンクレイヴ」、2009年8月25日〕

9 Tomohiro Machiyama, Quentin Tarantino
Reveals Almost Everything That Inspired Kill
Bill, in *Quentin Tarantino: Interviews, Revised
and Updated (Conversations with Filmmakers
Series)*, Univ Pr of Mississippi, 2013.〔初出:
町山智浩、「クエンティン・タランティーノ ロング・
インタビュー」、『キル・ビル&タランティーノ・
ムービーインサイダー』所収、洋泉社、2003年〕

10 Jeff Otto, *IGN*, 10 October 2003.

11 Ibid.

12 Tomohiro Machiyama, Quentin Tarantino
Reveals Almost Everything That Inspired Kill
Bill, in *Quentin Tarantino: Interviews, Revised
and Updated (Conversations with Filmmakers
Series)*, Univ Pr of Mississippi, 2013.

13 Ibid.

14 Fred Topel, *Screenwriters Monthly*, February
2007.〔フレッド・トーベルによるインタビュー、「ス
クリーンライターズ・マンスリー」誌、2007年2月〕

15 R.J. Smith, *Village Voice*, 1 October 2003.
〔R・J・スミス、「ヴィレッジ・ヴォイス」誌、2003年
10月1日〕

16 Uma Thurman, *The Making of Kill Bill*
documentary, DVD.〔ユマ・サーマン、ドキュメ
ンタリー「メイキング・オブ・キル・ビル」DVD〕

17 Jeff Otto, *IGN*, 10 October 2003.

18 R.J. Smith, *Village Voice*, 1 October 2003.
〔R・J・スミス、「ヴィレッジ・ヴォイス」、2003年10
月1日〕

19 Ibid.

20 Uncredited, *Tarantino enjoys 'S&M
relationship' with audiences,* irishexaminer.
com, 28 January, 2004.〔署名なし、「アイリッ
シュ・エグザミナー・ドットコム」、2004年1月28
日〕

21 Fred Topel, *Screenwriters Monthly*, February
2007.

22 Jeff Otto, *IGN*, 10 October 2003.

23 Ibid.

24 Fred Topel, *Screenwriters Monthly*, February
2007.

25 Tomohiro Machiyama, Quentin Tarantino
Reveals Almost Everything That Inspired Kill
Bill, in *Quentin Tarantino: Interviews, Revised
and Updated (Conversations with Filmmakers
Series)*, Univ Pr of Mississippi, 2013.

26 Mary Kaye Schilling, *Entertainment Weekly*,
9 April 2004.〔メアリー・ケイ・シリングによるイン
タビュー、「エンターテインメント・ウィークリー」
誌、2004年4月9日〕

27 Ibid.

28 Quentin Tarantino, *Kill Bill Original
Screenplay*, Fourth Estate 1989.

「スラッシャー・ムービーは正統派さ・・・」
『グラインドハウス』(『デス・プルーフ in グライン
ドハウス』)

1 *Charlie Rose Show*, PBS, 4 May 2007.〔PBS
「チャーリー・ローズ・ショー」、2007年5月4日〕

2 Ibid.

3 Ibid.

4 Chris Nashawaty, *Entertainment Weekly*, 23
June 2006.〔クリス・ナシャワティ、「エンターテ
インメント・ウィークリー」誌、2006年6月23日〕

5 *Charlie Rose Show*, PBS, 4 May 2007.

6 Ibid.

7 Sebastian Haselbeck, *The Quentin Tarantino
Archives*, 22 December 2008.〔セバスチャン・
ヘイゼルベック、「ザ・クエンティン・タランティーノ・
アーカイブス」、2008年12月22日〕

8 Nick James, *Sight & Sound*, February 2008.
〔ニック・ジェームズ、「サイト&サウンド」誌、
2008年2月〕

9 *Charlie Rose Show*, PBS, 4 May 2007.

10 Nick James, *Sight & Sound*, February 2008.

11 Sebastian Haselbeck, *The Quentin Tarantino
Archives*, 22 December 2008.

12 Nick James, *Sight & Sound*, February 2008.

13 *Charlie Rose Show*, PBS, 4 May 2007.

14 Nick James, *Sight & Sound*, February 2008.

15 Ibid.

16 Sebastian Haselbeck, *The Quentin Tarantino
Archives*, 22 December 2008.

17 Uncredited, *IndieLondon*, September 2008.
〔署名なし、「インディロンドン」、2008年9月〕

18 Nick James, *Sight & Sound*, February 2008.

19 Amanda Demme, *Vulture*, 23 August 2015.
〔アマンダ・デミー、「ヴァルチャー」、2015年8月
23日〕

20 Stephen Galloway, *The Hollywood Reporter*
roundtable discussion, 28 November 2012.

〔スティーヴン・ギャロウェイ、「ザ・ハリウッド・リ
ポーター」座談会、2012年11月28日〕

21 Ibid.

22 Ibid.

「とにかく奴をぶっ殺しちまえ」
『イングロリアス・バスターズ』

1 Fred Topel, *Screenwriters Monthly*, February
2007.

2 Ella Taylor, *Village Voice*, 18 August 2009.〔エ
ラ・テイラーによるインタビュー、「ヴィレッジ・ヴォ
イス」、2009年8月18日〕

3 Ibid.

4 *Charlie Rose Show*, PBS, 21 August 2009.
〔PBS「チャーリー・ローズ・ショー」、2009年8月
21日〕

5 Ibid.

6 Ella Taylor, *Village Voice*, 18 August 2009.

7 Ibid.

8 *Inglourious Basterds*, Cannes press
conference, May 2007.〔『イングロリアス・バ
スターズ』カンヌ記者会見、2007年5月〕

9 Sean O'Hagan, *The Gurdian*, 9 August 2009.
〔ショーン・オヘイガンによるインタビュー、「ガー
ディアン」紙、2009年8月9日〕

10 Michael Fleming, *Playboy*, 3 December 2012.
〔マイケル・フレミング、「プレイボーイ」誌、2012
年12月3日〕

11 Ibid.

12 Ibid.

13 Ella Taylor, *Village Voice*, 18 August 2009.

14 Mali Elfman, *Screencrave*, 25 August 2009.

15 Quentin Tarantino, *Inglourious Basterds
Original Screenplay*, Little Brown, 2009.

16 Tom Huddleston, *Time Out*, July 2009.〔トム・
ハドルストンによるインタビュー、「タイムアウト」
誌、2009年7月〕

17 *Inglourious Basterds*, Cannes press
conference, May 2007.〔『イングロリアス・バ
スターズ』カンヌ記者会見、2007年5月〕

18 Tom Huddleston, *Time Out*, July 2009.タイム
アウト誌 トム・ハドルストン 2009年7月

19 Ibid.

**「命は安く、クソみたいに扱われ、バッファロー・ニッ
ケル(5セント)の価値しかない」**
『ジャンゴ 繋がれざる者』

1 *Charlie Rose Show*, PBS, 21 December 2012.
〔PBS チャーリー・ローズ・ショー、2012年12月
21日〕

2 Ibid.

3 BAFTA Q&A, 6 December 2012.〔BAFTA
Q&Aセッション、2012年12月6日〕

4 Michael Fleming, *Playboy*, 3 December 2012.
〔マイケル・フレミング、「プレイボーイ」誌、2012

年12月3日〕

5　BAFTA Q&A, 6 December 2012.

6　Henry Louis Gates Jr., *The Roott, 23-25 December 2012.*〔ヘンリー・ルイス・ゲーツJr.、ザ・ルート」2012年12月23-25日〕

7　Kam Williams, AALBC.com, December 2012.〔カム・ウィリアムズによるインタビュー、AALBC.com、2012年12月〕

8　Henry Louis Gates Jr., *The Root* 23-25 December 2012.

9　Michael Fleming, *Playboy*, 3 December 2012.

10　Henry Louis Gates Jr., *The Root*, 23-25 December 2012.

11　Ibid.

12　Michael Fleming, *Playboy*, 3 December 2012.

13　Ibid.

14　Ibid.

15　Henry Louis Gates Jr., *The Root*, 23-25 December 2012.

16　BAFTA Q&A, 6 December 2012.

17　Henry Louis Gates Jr., *The Root*, 23-25 December 2012.

18　Ibid.

19　BAFTA Q&A, 6 December 2012.

20　Matt Singer, *IndieWire*, 27 December 2012.〔マット・シンガーによるインタビュー、「インディワイアー」、2020年12月7日〕

21　Michael Fleming, *Playboy*, 3 December 2012.

「まるで一度も時代映画を作ったことがないような気分にさせられるよ」
『ヘイトフル・エイト』『ワンス・アポン・ア・タイム・イン・ハリウッド』

1　Dan Rather, AXS TV, 24 November 2015.〔ダン・ラザーによるインタビュー、AXSTV、2015年11月〕

2　Ibid.

3　Amanda Demme, *Vulture*, 23 August 2015.

4　Jeff Labrecque, *Entertainment Weekly*, 31 December 2015.〔ジェフ・ラブレックによるインタビュー、「エンターテインメント・ウィークリー」誌、2015年12月31日〕

5　Christopher Nolan, Directors Guild of America Q&A, 29 December 2015.〔クリストファー・ノーラン、アメリカ監督組合Q&A、2015年12月29日〕

6　Ibid.

7　Jessica Derschowitz, *Entertainment Weekly*, 4 January 2016.〔ジェシカ・ダーショウィッツによるインタビュー、「エンターテインメント・ウィークリー」誌、2016年1月4日〕

8　Ibid.

9　Christopher Nolan, Directors Guild of America Q&A, 29 December 2015.

10　Ibid.

11　Ibid.

12　Amanda Demme, *Vulture*, 23 August 2015.

13　Ibid.

14　Jeff Labrecque, *Entertainment Weekly*, 31 December 2015.

15　Ibid.

16　Ibid.

17　Dan Rather, AXS TV, 24 November 2015.

18　Christina Raddish, *Collider*, 23 December 2015.〔クリスティーナ・ラディッシュによるインタビュー、「コライダー」、2015年12月23日〕

19　Uncredited, *The Telegraph*, 11 December 2015.〔署名なし、「テレグラフ」紙、2015年12月11日〕

20　Christopher Nolan, Directors Guild of America Q&A, 29 December 2015.

21　Lane Brown, *New York Magazine*, 23 August 2015.〔レーン・ブラウンによるインタビュー、「ニューヨーク・マガジン」誌、2015年8月23日〕

22　Uncredited,《Rally against police brutality》, *Zinn Education Project* New York, 26 October 2015.〔署名なし、「警察による暴力を訴えるラリー」、ジン・エデュケイション・プロジェクト、ニューヨーク、2015年10月26日〕

23　Jeff Labrecque, *Entertainment Weekly*, 31 December 2015.〔ジェフ・ラブレックによるインタビュー、「エンターテインメント・ウィークリー」誌、2015年12月31日〕

24　Ibid.

25　Quentin Tarantino, *Natural Born Killers Original Screenplay*, Grove Press, 2000.

26　Brian Truitt, *USA Today*, December 25, 2015.〔ブライアン・トゥルートによるインタビュー、「USAトゥデイ」紙、2015年12月25日〕

27　Damon Wise, Total Film, July 2019.〔デイモン・ワイズによるインタビュー、「トータル・フィルム」誌、2019年7月〕

28　Ibid.

29　Mark Harris, Scenes From a Revolution, Canongate Books, 2009.〔未邦訳：マーク・ハリス、『シーンズ・フロム・ア・レヴォリューション』〕

30　Lyon Film Festival Q&A, October 12, 2016.〔リヨン映画祭Q&A、2016年10月12日〕

31　Damon Wise, Total Film, July 2019.

32　Michael Fleming, *Playboy*, 3 December 2012.

33　Mike Fleming, American Film Market Q&A, 20 November 2014.〔マイク・フレミングによるインタビュー、アメリカ・フィルム・マーケットQ&A、2014年11月20日〕

献辞

とにもかくにも、まずはクエンティン・タランティーノその人に感謝するところから始めなければならないだろう。私の人生の中で、ライターとしての私にこれほど激震のインパクトを与えてくれた映画監督は、この精力にあふれるカリフォルニア人をおいて誰もいない。人物としての彼は人々が彼に持つイメージそのもので……頭が切れて我意が強く博学なおしゃべりだ。しかし、スクリーン上ではそれが有意義に働いており……様々な古い映画の色々な身体部位から新しくスリリングな映画体験を創作している。本書のまえがきでも述べたように、『パルプ・フィクション』がロンドンで初めて上映された時の試写会のような上映会は、今日まで私は他に一度たりとも経験していない。90年代初頭、QTにすっかり脳をぶっ飛ばされた私たちは、更なる作品が発表される度に、それを観に行かずにはいられなくなっていたのだ。

素晴らしきチームの助けがなければ作家などできるものではない。というわけで、ジュリア・ショーンと冷静なスー・ブレスリーと明敏な献身をしてくれたフィリップ・デ・ステ・クロックスに心から感謝の意を贈りたい。最後に、ここ数年にわたって多くの貢献をしてくれた私の友人、仲間、「アーカイヴィスト」たちにも謝意を表したいと思う。デイモン・ワイズ、イアン・フリーア、ニック・デ・セムリエン、マーク・ソールズベリー、マーク・ディニング、ダン・ジョーリン。そしてもちろん、極上にグルーヴィな女性、キャット（彼女はいまだに『パルプ・フィクション』が良い映画かどうか決めかねている）へ私から永遠の謝意を贈ろう。

イアン・ネイサン

著者

Ian Nathan　イアン・ネイサン
イギリスで広く知られる映画ライター。本書以前には、リドリー・スコットの名作『エイリアン』の歴史について著したベストセラー『エイリアン・コンプリートブック』『スティーヴン・キング　映画&テレビ コンプリートガイド』（以上、竹書房）をはじめ『ティム・バートン　鬼才と呼ばれる映画監督の名作と奇妙な物語』（玄光社）、『魔法への招待：『ファンタスティック・ビーストと魔法使いの旅』メイキング・ブック』（ハーパーコリンズ・ジャパン）など、計8冊の書籍が出版されている。
世界最大の映画雑誌「エンパイア」の編集者およびエグゼクティブ・エディターをつとめた後、現在は寄稿編集者として引き続き同誌に貢献している。他にも「タイムズ」紙、「インディペンデント」紙、「メイル・オン・サンデー」紙、「カイエ・デュ・シネマ」誌、スカイ・アーツ・チャンネルのドキュメンタリー・シリーズ「ディスカバリング・フィルム」などに定期的に貢献している。

訳者

吉田俊太郎　よしだ・しゅんたろう
英国と日本を頻繁に行き来しながら主に映画・映像とライフスタイルの両分野で翻訳活動をしている。訳書に『物語のひねり方』、『空想映画地図［シネマップ］』、『映画の瞬き［新装版］』、『ストーリーの解剖学』、『あるミニマリストの物語』、『minimalism 〜30歳からはじめるミニマル・ライフ』、（以上、フィルムアート社）『習得への情熱チェスから武術へ』、『映画もまた編集であるウォルター・マーチとの対話』（以上、みすず書房）など多数。

クエンティン・タランティーノ
映画に魂を売った男

2020年6月26日　初版発行

著者　　　　　イアン・ネイサン
翻訳　　　　　吉田俊太郎
ブックデザイン　石島章輝（イシジマデザイン制作室）
DTP　　　　　山根佐保（ream）
編集　　　　　田中竜輔
発行者　　　　上原哲郎
発行所　　　　株式会社フィルムアート社
　　　　　　　〒150-0022
　　　　　　　東京都渋谷区恵比寿南1-20-6
　　　　　　　第21荒井ビル
　　　　　　　Tel. 03-5725-2001
　　　　　　　Fax. 03-5725-2626
　　　　　　　http://filmart.co.jp

印刷・製本　　シナノ印刷株式会社

Printed in Japan
ISBN978-4-8459-1918-5　C0074